U1001843

冯　刚　主编
孙　雷
王　帅　副主编
唐华山

新时代大中小学思想道德建设理论与实践研究

中国书籍出版社
China Book Press

图书在版编目（CIP）数据

新时代大中小学思想道德建设理论与实践研究/冯刚，孙雷主编.—北京：中国书籍出版社，2020.7

ISBN 978-7-5068-7865-4

Ⅰ.①新… Ⅱ.①冯… ②孙… Ⅲ.①青少年教育—思想政治教育—研究—中国 Ⅳ.①D432.62

中国版本图书馆CIP数据核字（2020）第090989号

新时代大中小学思想道德建设理论与实践研究

冯刚 孙雷 主编

责任编辑 姚 红 李雯璐
责任印制 孙马飞 马 芝
封面设计 中联华文
出版发行 中国书籍出版社
地　　址 北京市丰台区三路居路97号（邮编：100073）
电　　话 （010）52257143（总编室） （010）52257140（发行部）
电子邮箱 eo@chinabp.com.cn
经　　销 全国新华书店
印　　刷 三河市华东印刷有限公司
开　　本 710毫米×1000毫米 1/16
字　　数 288千字
印　　张 19.5
版　　次 2020年7月第1版 2020年7月第1次印刷
书　　号 ISBN 978-7-5068-7865-4
定　　价 78.00元

版权所有 翻印必究

目　录
CONTENTS

绪　论

大中小思想政治教育一体化建设是我国教育改革创新的重要一环，是立德树人的必然要求。进入新时代，教育的基础性、先导性、全局性作用愈发凸显，唯有创设大中小一体化的思想政治教育才能更有力地支撑教育事业的发展，培养德智体美劳全面发展的社会主义建设者和接班人。大中小思想政治教育一体化是指在加强统筹协调的前提下对大中小学的思想政治教育进行分层设计，使其有机衔接层层递进，形成横向贯通、纵向连接的育人共同体。大中小思想政治教育一体化建设是教育现代化发展的内在要求、是遵循教育规律的重要表现、是深化思想政治教育学科建设的题中之义。在新形势下，我们要着力构建纵横结合的网络化思想政治教育新格局。

一、大中小思想政治教育一体化建设是教育现代化发展的内在要求

教育是民族振兴、社会进步的重要基石，建设教育强国是是中华民族伟大复兴的基础工程，我们必须将教育事业放在优先发展的位置，全力实现教育现代化。“教育现代化”最早于 1983 年被邓小平同志首次提出，他为北京景山学校题词“教育要面向现代化、面向世界、面向未来”；1985 年《中共中央关于教育体制改革的决定》中明确指出“社会主义现代化建设的宏伟任务，要求我们不但必须放手使用和努力提高现有的人才，而且必须极大地提高全党对教育工作的认识，面向现代化、面向世界、面向未来”①，党和国家开始认识到，只有达成教育的现代化才实现社会主义的现代化；2010 年发布的《国家中长期教育改革和发展规划纲要（2010－2020 年）》中提出“优先

① 《中共中央关于教育体制改革的决定》，《人民日报》1985 年 5 月 27 日。

发展教育、提高教育现代化水平，对实现全面建设小康社会奋斗目标、建设富强民主文明和谐的社会主义现代化国家具有决定性意义”①，昭示了教育现代化在国家发展全局中的战略地位；在十九大报告中，习近平总书记强调“深化教育改革，加快教育现代化，办好人民满意的教育”②，教育现代化的重要性不言自明。那么何为教育现代化，教育现代化是指传统教育向现代教育转化的历史进程，作为一个动态发展的概念，教育现代化蕴含着开放、包容、贡献社会以及合作共赢的时代特质。③ 教育现代化关键在于人的现代化、人的全面发展，纵观历史，我们党始终把立德树人作为促进人全面发展的中心环节和重要手段。立德树人是中国教育现代化的核心，培养德智体美劳全面发展的社会主义建设者和接班人则是中国教育现代化发展的方向和目标。

关于大中小思想政治教育一体化，我们的认识经历了一个由浅至深、逐步推进的过程。2004 年《关于进一步加强和改进大学生思想政治教育的意见》中的“高等学校各门课程都具有育人功能，所有教师都负有育人职责”“贯穿于教育教学的全过程”“形成全党全社会共同关心支持大学生思想政治教育的强大合力”④ 的种种表述已经显示出整体、协力的理念；2005 年《关于整体规划大中小德育体系的意见》明确规范了小学中学大学分别的德育目标、内容、课程、开展途径，明确了整体统筹、分层培育的方向和举措；2010 年《国家中长期教育改革和发展规划纲要（2010－2020 年）》提出“构建大中小有效衔接的德育体系”“树立系统培养观念，推进小学、中学、大学有机衔接”⑤ 的构想，“衔接”一词强调了不同教育年段的内在联系；2013 年教育部召开的立德树人研讨会提出五个统筹，其中之一就是统筹设置好小学、初中、高中、本专科、研究生五个学段；2017 年《关于深化教育体制机制改革的意见》提出要构建以社会主义核心价值观为引领的大中小幼一体化德育体系⑥，以核心价值观来凝聚和串联大中小学的德育，一体化建设向纵深发

① 《国家中长期教育改革和发展规划纲要（2010－2020 年）》，《人民日报》2010 年 7 月 31 日。

② 《决胜全面建成小康社会 夺取新时代中国特色社会主义伟大胜利》，《人民日报》2017 年 10 月 19 日。

③ 冯刚，金国峰：《论中国教育现代化的方向目标》，《中国高等教育》2019 年第 1 期。

④ 《中共中央国务院发出 <关于进一步加强和改进大学生思想政治教育的意见>》，《人民日报》2004 年 10 月 15 日。

⑤ 《国家中长期教育改革和发展规划纲要（2010－2020 年）》，《人民日报》2010 年 7 月 31 日。

⑥ 《中办国办印发 <关于深化教育体制机制改革的意见>》，《人民日报》2017 年 9 月 25 日。

展；在2019年3月18日学校思想政治理论课教师座谈会上，习近平总书记强调“在大中小学循序渐进、螺旋上升地开设思想政治理论课非常必要”①，其中“循序渐进、螺旋上升”点明了一体化设计的要义。进入新时代，我们不仅要倡导思想政治理论课的一体化，更要将这种全方位、系统化的思维纳入整个思想政治教育，推动思想政治教育的大中小一体化建设。我们不仅要在思想政治理论课还要在日常思想政治教育、不仅要在德育还要在涉及人全面发展的方方面面进行整体规划分层设计，科学建构适合不同年龄段学生的思想政治教育，使大、中、小学各个学段的思想政治教育既各有侧重又相互联系有机衔接，更好地实现全员育人、全过程育人、全方位育人，形成育人的强大合力。

教育现代化本身就是对人才培养的整体设计，大中小思想政治教育一体化是按照人的发展的不同阶段去具体地实施教育、培养人才，所以教育现代化内在地包含着大中小思想政治教育一体化。首先，立德树人是一项复杂的系统性工程。系统化任务需要系统化落实，要将立德树人融注于各个领域各个环节，必须健全立德树人系统化落实机制。大中小思想政治教育一体化建设通过坚持各个学段的纵向衔接和家庭学校社会的的横向贯通，坚持课内课外的深度融合，坚持德育、智育、体育、美育、劳育的并举，搭建起统筹协调的机制，使立德树人工程得以在现实中顺利推行。其次，在大中小学进行一体化建构是破解当前思想政治教育发展难题的重要手段。十九大报告中提到：“我国社会主要矛盾已经转化为人民日益增长的美好生活需要和不平衡不充分的发展之间的矛盾”②，具体到思想政治教育领域，这种不平衡不充分主要体现在大、中、小学的协同发展不够，各学段出现相互分离的情形。进行大中小思想政治教育一体化建设，对不同年龄段学生的思想政治教育内容进行序列化设计，区分层次突出重点，使大学、中学、小学三者之间无缝衔接相互融入共同作用，从而促进思想政治教育领域的均衡、健康发展，提高教育现代化水平。最后，在培养德智体美劳全面发展的社会主义建设者和接班

① 《用新时代中国特色社会主义思想铸魂育人 贯彻党的教育方针落实立德树人根本任务》，《人民日报》2019年3月19日。

② 《决胜全面建成小康社会 夺取新时代中国特色社会主义伟大胜利》，《人民日报》2017年10月19日。

人的过程中，大中小思想政治教育一体化建设通过对学生进行联合、一致的观照，发挥一加一加一大于三的作用，使学生能够在持续、连贯、有效的教育培养下养成稳定的政治人格、高尚的道德修养、丰富的文化知识和良好的实践能力，从而提升人才培养的质量，更好地实现教育现代化的目标要求。

二、大中小思想政治教育一体化建设是遵循教育发展规律的重要表现

人的认知发展是有规律的，根据柯尔伯格的道德认知发展阶段论，人的道德发展可分为前习俗水平、习俗水平和后习俗水平，每一水平都包含两个阶段。首先，不同的阶段道德认知的特点、依据、尺度都有所差别，是一个由低级向高级演变的过程；其次，这几个阶段之间具有恒定的顺序性，既不能后退也不能僭越。这就要求我们开展教育工作时要遵循人的认知发展的阶段性和顺序性，而大中小思想政治教育一体化建设在进行内容构建时处处贯穿着其要求。一方面，一体化建设在仔细甄别每个阶段学生的认知水平和接受特点的基础上制定适合不同年龄层学生的思想政治教育内容，既不是一味重复没有提高，也不是揠苗助长"凌节而施"，而是有所区别错落有致；另一方面，"一体化"落实到内容方面即加强统筹安排，使大学、中学和小学的思想政治教育内容形成一个由表及里、由浅入深、由抽象到具体的循序渐进、相互联系的整体。如在上海举办的大中小学同上一堂"宪法课"活动中，同样是对宪法的学习，不同学龄段的教学内容具有明显的递升性：小学阶段是从学生最能直观接触和理解的"班规"讲起，使孩子们懂得宪法即是一个国家的"班规"；初中阶段是通过交通规则的讲授向学生们阐释权利与义务的关系以及如何依法行使权力的问题；高中阶段是从高中生的十八岁成人礼和国家工作人员手持宪法宣誓的就职仪式的对比中讲解成人身份所带来的权利与义务的转变及国家权力与公民权利的关系；大学则是通过讲授权力来源的传统观点和马克思主义权力来源观来引发青年大学生对宪法的深层次思考。

大中小学思想政治教育一体化在搭建方法体系时也力求遵循规律，体现科学性。首先，人的思维能力是一个由低级到高级、由感性认识到理性认识、由只能依赖具体经验到能够进行逻辑抽象的发展过程。在传授思想政治教育内容时要根据学生当下的思维水平去合理地选择教育方法，要提高适配性，反对"一刀切"。例如在小学阶段多采用讲故事、做游戏等形象生动的方法使

学生理解教育内容；中学阶段更多的使用讨论法、情景教学等帮助学生形成正确的世界观、人生观、价值观；大学阶段则多是运用理论灌输、调查研究等方法来激发学生的理性思考。其次，人的需求是一个逐步提高、渐次丰富的过程，尤其是当今的“90 后”“00 后”学生对自身的学习和生活有着个性十足的规划和期许。“人的需要的丰富性……是人的本质力量的新的显现和人的存在的新的充实”①，思想政治教育教育方法要不断寻求多样多变、创新协同以满足学生的需要、促进学生的发展。基于不同年龄段学生对思想政治教育的期待和成长发展的需求，大中小思想政治教育一体化建设即富有针对性地去设计方法，体现阶段性和渐进性。另外，“一体化”也注重各个年段教育方法的承接，比如在中学阶段引入大学的案例分析法、实践调研法等，进行适当的“拔高”，对学生形成启发，引导其追求更高层次的理想。最后，大中小学思想政治教育一体化在构建富有层次性的方法体系的同时也强调一些原则方法在各级学校一以贯之的运用。例如，理论与实际相结合、灌输与疏导相结合、教育与自我教育相结合的方法要贯穿大学、中学和小学教育的始末。“一体化”着眼学生成长的全程性，在把握不同阶段教育方法的内在联系的基础上统一地运用这些方法去培养人，使思想政治教育内容真正入脑入心。

首先，大中小思想政治教育一体化中评价目标的一体化是遵循教育教学规律的体现。关于思想政治教育的评价“直接影响思想政治教育各个环节的信息反馈、教育活动的调整”②，我国各级学校在进行思想政治教育评价时所期待获得的具体反馈信息和达到的调整效果虽有所不同，但都以“立德树人”作为评价的终极目标。“立德树人”为大中小学评价所开展的思想政治教育是否合格提供了根本的标准，如指南针般指引着“教育的航向”，可以有效避免教育方向的偏离和教育过程的失序。另外，各级学校的评价活动围绕着共同的目标相互衔接有序配合，由此形成科学高效的反馈机制，更好地了解掌握各类信息和情况，推动思想政治教育的发展。其次，大中小学各个学段的思想政治教育评价有分层有深化但又是互为递进相辅相成的，同样体现着教书育人规律和学生成长规律。例如，对小学教育效果的评价要到中学才能体现出来、中学的评价在大学方可显现，对大学新生的评价恰恰也反映了中小学

① 《马克思恩格斯选集》（第 42 卷），人民出版社 1995 年版，第 132 页。
② 《思想政治教育学原理》，高等教育出版社 2016 年版，第 356 页。

的教育效果。另外，由评价到反馈再到作出调整存在一个时间差，所以评价存在延时性。例如，中小学思想政治教育的效果会影响到大学培育人才的效果。最后，大中小思想政治教育一体化建设在评价环节追求动态评价和静态评价、过程评价和结果评价的统一，“不仅要将是否促进了学生的成长成才、全面发展纳入到思想政治教育评价体系，而且要将其放在更重要的位置”①用发展的多元的眼光看待学生的成长成才，以评价的可持续性促进人的发展的可持续性。

三、大中小思想政治教育一体化建设是深化思政学科建设的题中之义

课程是开展教育工作最基本最重要的载体之一，承载着教育思想、教育目标和教育内容，是各级各类学校进行教学活动的直接依据，深刻影响着“立德树人”的根本任务。2014 年出台的《关于全面深化课程改革落实立德树人根本任务的意见》指出了全面深化课程改革的重要性和紧迫性，思想政治教育的课程改革势在必行。当前，思想政治教育的课程展开的主要问题在于大中小学在课程目标、课程内容、课程标准等方面分离割裂、衔接不畅，大大降低了思想政治教育课程的育人质量。进行大中小思想政治教育一体化建设就是要求加强思想政治教育课程的顶层设计、整体谋划，再将这种顶层框架转化为具体的教育年段分谱，明确课程目标、理顺课程内容、完善课程标准，从根本上改变大学、中学和小学在课程设计中“各自为政”的现象，形成环环相扣、层级递升的课程体系。如在课程目标方面，“大学阶段重在增强使命担当，引导学生矢志不渝听党话跟党走，争做社会主义合格建设者和可靠接班人。高中阶段重在提升政治素养，引导学生衷心拥护党的领导和我国社会主义制度，形成做社会主义建设者和接班人的政治认同。初中阶段重在打牢思想基础，引导学生把党、祖国、人民装在心中，强化做社会主义建设者和接班人的思想意识。小学阶段重在启蒙道德情感，引导学生形成爱党、爱国、爱社会主义、爱人民、爱集体的情感，具有做社会主义建设者和接班人的美好愿望。”② 进行大中小一体化建设是办好新时代思想政治理论课的必

---

① 冯刚：《新时代中国特色社会主义思想政治教育的创新发展》，《中国高等教育》2018 年 Z1 期.

② 《深化新时代学校思想政治理论课改革创新》，《人民日报》2019 年 8 月 15 日。

然要求、是完善新时代思想政治教育课程体系的应有之义。

教材是教育教学的基本载体，是学科育人的重要依托，是学科建设的有力抓手。习近平总书记在2018年的全国教育大会上提出教材建设要做到“五个体现”：体现马克思主义中国化要求，体现中国和中华民族风格，体现党和国家对教育的基本要求，体现国家和民族基本价值观，体现人类文化知识积累和创新成果①。要打造更具思想性科学性民族性时代性系统性的学科教材体系，关键在于加强教材的大中小一体化编排。2014年颁布的《教育部关于全面深化课程改革落实立德树人根本任务的意见中》提出“教材编写、修订要根据课程标准和教学大纲等要求，加强各学段教材上下衔接、横向配合”，要求教材在不同学段体现连续性、递进性；2016年中办、国办印发的《关于加强和改进新形势下大中小学教材建设的意见》指出要整体规划教材，推进教材的系统建设，再次强调了教材制定中的整体性和系统性；2019年中办、国办印发了《关于深化新时代学校思想政治理论课改革创新的若干意见》，《意见》要求统筹大中小思政课教材建设，科学地制定有关教材建设的规划，为新时代思想政治教育的教材建设指明了方向。思想政治教育一体化建设在教材改革中遵循学科知识的内在逻辑和学生对教学内容的接受程度，在坚持不同学段教材内容的连续性与贯通性的同时又注重体现一定的梯度和层次，改变以往各个阶段教材内容的重复、错位、脱节的现象，实现大中小学思想政治教育教材的有机衔接、有序过渡，提升教材的政治性、时代性、科学性和可读性，优化教材体系。思想政治教育的教材是否科学合理直接关系到“培养什么人，怎样培养人，为谁培养人”这个问题，在教材建设方面推行大中小学的一体化有助于发挥思想政治教育学科在立德树人工程中的关键作用，是深化思想政治教育学科建设的应有之义。

思想政治教育学科建设的根本是人才。人是开展一切活动的主体，思想政治理论课的讲授需要人才、组织思想政治教育实践活动需要人才、学科拓展研究和理论创新需要人才，由此可见，打造一支高水平高素质的人才队伍是支撑思想政治教育学科发展的关键。当前，“随着信息技术的日新月异和对外开放的不断扩大，思想政治教育对象、环境、方式、内容都发生了很大变

① 《坚持中国特色社会主义教育发展道路 培养德智体美劳全面发展的社会主义建设者和接班人》，《人民日报》2018年9月11日。

化，新媒体技术思想政治教育实践产生越来越深远的影响，社会新变革对思想政治教育理论创新产生越来越迫切的需要，青少年的成长特点对思想政治教育模式变革产生越来越强烈的诉求。青少年受环境、个人成长经历、社会思潮的影响等问题，比以往任何时候都要突出，学生的独立性、选择性、差异性比以往任何时候都更要明显。”① 这些都对思想政治教育学科提出了挑战，加强队伍建设比以往任何时候都显得迫切。习近平总书记曾强调：“国家繁荣，民族振兴、教育发展，需要我们大力培养造就一支师德高尚、业务精湛、结构合理、充满活力的高素质专业化教师队伍”，这为新时期加强学科队伍的建设提供了指引。大中小思想政治教育一体化的推进要求教师能够深刻领会思想政治教育的总目标总要求，对本学段的教育内容要精神，对相邻学段的内容也要了解。大中小学的每一位教师都要树立全局观、整体观，避免使教育狭隘化、单一化，要有“知识视野、国际视野、历史视野，通过生动、深入、具体的纵横比较，把一些道理讲明白、讲清楚”②，要懂得融会贯通承前启后。首先，大中小思想政治教育一体化在队伍建设方面通过一体化的要求、一体化的培养、一体化的评价等，提升教师队伍的整体素质，优化教师队伍的结构，使各个学段的教师配备合理、互为补充、协同育人，更好地发挥学科育人的效果。其次，思想政治教育的研究不能只关注高校而漠视中小学环节，通过组建专业化一体化的教师队伍，思政学科的教研力量得到了补充、研究队伍得以壮大完善，结构合理的学术梯队有利于形成整体性的研究，拓展学科发展的研究领域。

四、大中小思想政治教育一体化要着力构建纵横结合的网络化思想政治教育新格局

近年来，思想政治教育领域愈发关注“合力”“协作”的问题，提出了一系列新想法新概念，如“合力育人”“大思政”“育人共同体”等。习近平总书记在2016年12月8日的全国高校思想政治工作会议强调“要坚持把立德树人作为中心环节，把思想政治工作贯穿教育教学全过程，实现全程育人、

---

① 冯刚：《探索思想政治教育发展的内生动力》，人民出版社2017年版，第162页。

② 《用新时代中国特色社会主义思想铸魂育人 贯彻党的教育方针落实立德树人根本任务》，《人民日报》2019年3月19日。

全方位育人”①。进入新时代，构建一体化的育人机制、增强思想政治教育的合力是回应教育革新诉求、顺应人才培养发展趋势的必然要求。回顾历史可以发现，这种“一体”“协同”的理念更多地聚焦于思想政治教育的横向联结上。例如在高校内部，思想政治教育不仅要靠教学部门来管，学校的各个部门如组织部门、宣传部门、行政管理部门、后勤部门等都要参与；不仅思想政治课教师要管，党政干部、共青团干部、哲学社会科学课教师、辅导员、班主任、各级各类行政人员、教辅人员和后勤服务人员也要负责，在此基础上形成“教书育人、科研育人、实践育人、管理育人、服务育人、文化育人、组织育人长效机制”②。思想政治教育横向的协同还体现在校内校外协同之中，强调家庭、学校、社会三者的密切配合。家庭是孩子成长的第一课堂，父母是每个人的第一任老师，家庭教育对一个人美好的品德、积极的性格和健全的心理的养成起着至关重要、难以磨灭的影响。如果一个人的家庭教育出现了偏差，后期的思想政治工作往往需要投入大量的人力物力来纠偏。家庭要通过良好的家教家风的感染熏陶、父母长辈的言传身教来培养孩子优良的道德思想和道德品质，帮助他们扣好人生第一颗扣子，这将大大提高学校教育的效率和质量。人是社会中的人，社会是人成长发展的大环境，学校思想政治教育的开展同样需要社会的承接和配合。社会要更多地将社会资源如资金等引向思想政治教育领域，为其提供物质支持，还要构筑有利于育人育德的良好社会氛围。

随着人们对“一体化”认识的逐渐深入，思想政治教育的纵向联结也开始受到关注。在过去颁布的一系列方针政策中，虽然也提出了要统筹大学、中学、小学的理念，但并未得到充足的研究和系统的落实。在教育开展的过程中，大中小学相互隔绝、“各自为政”的弊端也逐渐显现出来：思想政治教育的脱节、越位、重复导致了学生的矛盾和困惑、教育资源的浪费、教育效果的不理想。实践告诉我们，只有横向联结没有纵向贯通的思想政治教育同样是不科学的。大中小思想一体化建设本着“整体规划、分层设计、有机衔

① 《把思想政治工作贯穿教育教学全过程 开创我国高等教育事业发展新局面》，《人民日报》2016年12月9日。

② 《中共中央国务院印发<关于加强和改进新形势下高校思想政治工作的意见>》，《人民日报》2017年2月28日。

接、系统推进”的原则，对大中小学各阶段、各板块的思想政治教育内容进行序列化建构，既有分段又有整体、即体现层次性又加强关联性，使不同教育年段相互配合互为补充，串起一个连续一体的育人机制。大中小学思想政治教育的内在的逻辑和价值是一致的，纵向的一体化建设就是在阶段性和贯通性之间找到一个平衡，循序渐进螺旋上升地教导培养，使各个学段的思想政治教育各有特色又一脉相承。人的道德认知的发展、道德情感的成熟和道德行为的养成非朝夕之功，而是一个连续的漫长的过程，学校作为人接受教育的主要场所，更应当进行沟通合作，持续发力、久久为功，给予学生持续、一致、全面、长久的引导，助力学生的成长发展。

进入新时代，思想政治教育面临的环境发生了极大的变化，全球经济政治形势风起云涌、社会思潮愈加泛滥、新媒体广泛使用；思想政治教育的对象尤其是青年大学生也表现出新的特点，他们每天接触大量信息资源，头脑敏捷个性突出，这些都对思想政治教育工作的开展提出了巨大的挑战。思想政治教育要想落实“立德树人”的根本任务，仅有横向的机制或是纵向的链接都不足以满足要求。如果将大中小思想政治教育一体化建设单纯地理解为纵向沟通，那就将其内涵窄化了，它的真正要旨是构筑纵横结合的网络化新格局。打造这样一种新格局首要的就是加强顶层设计，在宏观上把准方向、明确目标，整合各类资源、统筹各个阶段，将思想政治教育的每一个要素、每一个过程和每一方参与者都纳入全局来考量，形成一个整体框架。在将顶层设计转化为具体操作时，要把思想政治教育的“横向”和“纵向”结合起来，实现两者的交叉、协同。在大学、中学、小学的对接融通中要寻求家庭、政府和社会的参与，帮助各个学段实现平稳过渡无缝连接；在家庭、学校、社会的合作沟通当中又要渗透“渐进”“分层”的思想。这种纵横结合的网络化新格局力图在时间上覆盖学生成长的全过程，在空间上囊括有关的各领域，打造校际联动、家校联动、校地联动的齐抓共管、协同配合的机制。这也是补足现有人才培养体系的短板、推进教育治理体系和治理能力现代化的有力措施。

第一篇

01

基础理论研究

第一章

新时代培育践行社会主义核心价值观重点内容

党的十九大作出了“中国特色社会主义进入了新时代”① 的重大政治判断，明确了我国发展新的历史方位，并在总结实践经验、深化规律性认识、回应时代问题的基础上，对新时代培育和践行社会主义核心价值观作出了一系列重要部署。习近平指出“社会主义核心价值观是当代中国精神的集中体现，凝结着全体人民共同的价值追求”②，在全国宣传思想工作会议上，习近平进一步指出，“把社会主义核心价值观融入社会发展各方面，引导全体人民自觉践行”③。近期，中共中央、国务院印发的《新时代公民道德建设实施纲要》进一步要求，坚持以社会主义核心价值观为引领，将国家、社会、个人层面的价值要求贯穿到道德建设各方面，以主流价值构建道德规范、强化道德认同、指引道德实践。这一系列重要论述和部署，体现了以习近平为核心的党中央领导集体对培育和践行社会主义核心价值观并以此提升思想道德建设质量和水平的高度重视和更高要求。立足新时代新要求，培育和践行社会主义核心价值观应更加注重凸显其重要价值，更加注重彰显其主体责任，更加注重突出实践引领、更加注重发挥红色精神的重要作用。

一、更加注重凸显新时代培育和践行社会主义核心价值观的重要价值

价值作为主客体之间的一种关系范畴，回答的是价值客体“有何好处”

---

① 习近平：《决胜全面建成小康社会 夺取新时代中国特色社会主义伟大胜利——在中国共产党第十九次全国代表大会上的报告》，人民出版社 2017 年版，第 10 页。

② 习近平：《决胜全面建成小康社会 夺取新时代中国特色社会主义伟大胜利——在中国共产党第十九次全国代表大会上的报告》，人民出版社 2017 年版，第 42 页。

③《习近平在全国宣传思想工作会议上强调 举旗帜聚民心育新人兴文化展形象 更好完成新形势下宣传思想工作使命任务》，《人民日报》，2018 年 8 月 23 日第 1 版。

和“对谁有好处”的问题。新时代培育和践行社会主义核心价值观的价值，便在于对新时代公民、社会与国家三重价值主体需要的契合与满足。“在多元文化中，有一种价值体系能够代表民族、国家的文化传统，能够彰显时代精神和现代文化气息，并且对于现代人的道德培养、价值判断和语言、行为方式选择发挥主导作用。这一体系就是核心价值。”① 新时代培育和践行社会主义核心价值观有利于促进公民全面发展、社会有序运转和国家繁荣发展，应注重凸显其为公民发展赋值、为社会发展立序、为国家发展塑形的重要价值。

（一）为公民发展赋值

新时代培育和践行社会主义核心价值观注重凸显对公民发展的价值，主要体现为内在价值引领和外在环境支持两个方面。进入新时代，“我国社会主要矛盾已经转化为人民日益增长的美好生活需要和不平衡不充分的发展之间的矛盾”②，“人民美好生活需要日益广泛，不仅对物质文化生活提出了更高要求，而且在民主、法治、公平、正义、安全、环境等方面的要求日益增长”③。如何在“乱花渐欲迷人眼”的价值观影响中拥有一种合理而自洽的价值观，在引领人精神向善向上、健康发展的同时，又能促成对包含物质在内的美好生活需要的满足，成为每一位新时代公民面临的重要课题。正所谓“夫道不欲杂，杂则多，多则扰，扰则忧，忧而不救”（语出《庄子·内篇·人间世》），面对多元价值观带给人的思想混乱和精神焦虑，十九大报告着眼于培养担当民族复兴大任的时代新人，作出了培育和践行社会主义核心价值观的进一步部署，以解决好公民的“总开关”问题，促进公民完善内在尺度、匡正价值认知、提升价值审美和价值品质，通过“强化教育引导、实践养成、制度保障，发挥社会主义核心价值观对国民教育、精神文明创建、精神文化产品创作生产传播的引领作用”④，引导公民在思想的“游离徘徊”、行为的“矛盾冲突”中找到思之边界、行之规范。同时，新时代培育和践行社会主义

① 李建华：《公民认同：核心价值构建的现代政治伦理基础》，《南昌大学学报》2014 年第 5 期。

② 习近平：《决胜全面建成小康社会 夺取新时代中国特色社会主义伟大胜利——在中国共产党第十九次全国代表大会上的报告》，人民出版社 2017 年版，第 11 页。

③ 习近平：《决胜全面建成小康社会 夺取新时代中国特色社会主义伟大胜利——在中国共产党第十九次全国代表大会上的报告》，人民出版社 2017 年版，第 11 页。

④ 习近平：《决胜全面建成小康社会 夺取新时代中国特色社会主义伟大胜利——在中国共产党第十九次全国代表大会上的报告》，人民出版社 2017 年版，第 42 页。

核心价值观还为公民发展提供必要的环境支持。人民对美好生活的需要在外在环境上主要体现为对民主、法治、公平、正义、安全等诉求，社会主义核心价值观倡导的价值目标、价值原则、价值规范则全面涵盖了人民的美好生活需求。“国家层面的价值目标指向全社会的共同利益，而不是专属某个阶层的狭隘利益。社会层面的价值原则维护的是每个人的利益，而不是把某些人的利益排除在外。个人层面的价值规范是对所有人的要求，遵守这些规范不会给个人带来损害，相反会增进个人的利益，特别是有助于个人的自我实现。社会主义核心价值观有共同生活作为基础，更重要的是这些价值观体现了全体社会成员的共同利益。”① “人的本质不是单个人所固有的抽象物，在其现实性上，它是一切社会关系的总和。”② 新时代培育和践行社会主义核心价值观绝不能忽视社会关系、社会环境对人的影响，绝不能停留在观念宣传、典型示范层面，而要融入到社会发展方方面面，体现到全面深化改革、保障和改善民生、全面依法治国等国家发展方略中，扭转权利本位、金钱价值本位造成人民群众根本利益“共输”而非“共赢”的不利局面，在团结奋斗、共享共建中，不断提升公民的规则感、安全感、归属感和认同感，进而使其拥有持久的获得感和幸福感。

（二）为社会发展立序

新时代培育和践行社会主义核心价值观注重凸显对社会发展的价值，主要体现为构建、整合、控制与完善社会意识，促进社会秩序的良性运转和协调发展。社会转型往往带来社会秩序的变革，社会秩序的稳定性与协调性通常伴随社会转型而出现波动甚至震荡，在社会系统功能进入协调进程、原有社会生活稳定状态被暂时打破之时，社会秩序最容易出现失调状态，这也是中国在现代化进程中面临的一大挑战。“法律和道德就是能够把我们自身和我们与社会联系起来的所有纽带，它能够将一群乌合之众变成一个具有凝聚力的团体。”③ 社会秩序内在地体现为价值内核、社会规则和社会权威等各要素的有机统一，而“价值内核的各要素通过社会主体的各种社会活动或各种社会

---

① 兰久富：《倡导社会主义核心价值观的理论前提》，《哲学研究》2014 年第 8 期。

② 《马克思恩格斯选集》（第 1 卷），人民出版社 2012 年版，第 135 页。

③ ［法］埃米尔·涂尔干：《社会分工论》，渠东译，生活·读书·新知三联书店 2000 年版，第 356 页。

机制、环节反作用于社会生活，对社会主体的精神世界和实践活动形成规范效应，把分散的社会主体的价值倾向统一或整合到主导性的价值内核上来”①。习近平指出：“培育和弘扬核心价值观，有效整合社会意识，是社会系统得以正常运转、社会秩序得以有效维护的重要途径，也是国家治理体系和治理能力的重要方面。”② 根据十九大报告的新要求和新部署，新时代培育和践行社会主义核心价值观，有效整合社会意识，既要建构当代中国精神、凝聚中华民族共同体意识、增强意识形态领域主导权和话语权，又要完善政策导向、道德约束、制度规范、公民监督，全面实现经济行为和价值导向统一、经济效益与社会效益统一、市场经济和道德建设良性互动，有效扭转精神物质化、信仰虚无化、无视道德只讲利益、无视社会效益只讲经济效益的错误价值取向，进而实现对社会秩序的调适，防止社会陷入失序、无序的危机。

（三）为国家发展塑形

新时代培育和践行社会主义核心价值观注重凸显对国家发展的价值，主要体现为对内推进全面深化改革、增进人民国家认同和民族自豪感，对外塑造良好的国家内部形象、增强国际影响力两个方面。首先，新时代培育和践行社会主义核心价值观，对更好地坚持全面深化改革开放方向不动摇、信心不动摇、决心不动摇，实现富强、民主、文明、和谐的国家价值目标，增进人民的文化自信、国家认同与民族自豪感有着重要的价值功能。习近平在十九大报告中指出，“文化自信是一个国家、一个民族发展中更基本、更深沉、更持久的力量”③，进入新时代，作为中国特色社会主义文化核心与灵魂的社会主义核心价值观，对中华民族文化自信的培育与提升有着更为基础、更为深刻的时代价值。其次，全面深化改革是新时代党和国家面临的重要战略任务，改革成败直接关系到人民幸福生活需要能否得到满足，关系到中国特色社会主义能否焕发持久的生命力与活力。在原有的改革基础上要求更新、水平更高，改革深度与广度有赖于价值观领域实现深刻变革，既“触动灵魂”，又回应利益关切、对准利益交汇、找准思想共鸣。最后，新时代培育和践行

① 高峰：《论社会秩序的功能》，《理论探讨》2013年第2期。

② 习近平：《习近平谈治国理政》，外文出版社2014年版，第163页。

③ 习近平：《决胜全面建成小康社会 夺取新时代中国特色社会主义伟大胜利——在中国共产党第十九次全国代表大会上的报告》，人民出版社2017年版，第23页。

社会主义核心价值观，还有助于塑造良好的国家文化形象、增强中国精神和中国价值的国际影响力，推动世界文明发展进步。一个国家对外形象的塑造至少包含了物质、文化、行为和制度等方面的形象塑造，新时代培育和践行社会主义核心价值观对国家的形象塑造主要体现在文化方面。一方面，“以培养担当民族复兴大任的时代新人为着眼点，强化教育引导、实践养成、制度保障”①，立德树人、以文化人，以奋斗中的时代新人为文化载体，对外展示中国良好的国家形象；另一方面，“深入挖掘中华优秀传统文化蕴含的思想观念、人文精神、道德规范，结合时代要求继承创新，让中华文化展现出永久魅力和时代风采”②，通过文化影响力提升国家软实力，使中国拥有影响世界的思想力量。

社会主义核心价值观体现着国家民族文化的深刻底蕴和品质象征，具有“站位最高”“影响最深远”“内涵最深刻”等特征，是全体中国人民价值观念的依托、支撑与灵魂。新时代面临新问题、新挑战，来自意识形态领域的斗争、国家安全方面的新情况就是思想领域最大的挑战。对发生着全球化、现代化和全面深化改革重大社会历史变革的中国而言，国人的价值观念伴随着思想领域的“价值重估”而发生碰撞与冲突。作为体现社会主义本质规定的价值言说，社会主义核心价值观应时代之需而凝练提出，有利于调解、整合与重构多元价值，谋求社会成员价值共识、消弭思想对立，为公民赋值、为社会立序、为国家塑形。

二、更加注重彰显新时代培育和践行社会主义核心价值观的主体责任

“人是一切价值的主体，是一切价值产生的根据、标准和归宿，是价值的实现者和享有者。”③ 新时代培育和践行社会主义核心价值观，不能脱离人的主体性而实现，应注重彰显主体责任，在认识和把握主体关系的基础上，明确和落实好主体责任，实现“应然主体”向“事实主体”过渡。

---

① 习近平：《决胜全面建成小康社会 夺取新时代中国特色社会主义伟大胜利——在中国共产党第十九次全国代表大会上的报告》，人民出版社 2017 年版，第 42 页。

② 习近平：《决胜全面建成小康社会 夺取新时代中国特色社会主义伟大胜利——在中国共产党第十九次全国代表大会上的报告》，人民出版社 2017 年版，第 42 页。

③ 李德顺：《价值论：一种主体性的研究》，中国人民大学出版社 2013 年版，第 99 页。

（一）充分认识、把握新时代培育和践行社会主义核心价值观的主体关系

充分认识、把握新时代培育和践行社会主义核心价值观的主体关系，是解决好新时代培育和践行社会主义核心价值观“人的问题”的关键。如果没有中华民族共同体价值与智慧的传承与实践，中华民族就不可能迎来从站起来、富起来到强起来的伟大飞跃，不可能迎来实现中华民族伟大复兴的光明前景。习近平命运共同体思想蕴含着传承千年的中国智慧，也为把握好新时代培育和践行社会主义核心价值观主体关系提供了重要启示。新时代培育和践行社会主义核心价值观的主体关系，不是分散、单一和孤立的个人或集体间关系，更不是利益此消彼长的对立关系，而是利益相关、责任相接、命运相连的共同体关系。

对国家和社会而言，公民的生存与发展是在国家与社会这个背景下进行的，个体秉持何种价值观往往取决于其生活所处的环境奉行何种价值观，因而国家与社会对社会主义核心价值观的认同与践行必须上升到责任主体的高度，把实现人民对美好生活的向往作为根本目标，尤其是涉及教育、医疗卫生、住房、食品安全、生态环境等民生领域的政府管理部门、企事业单位和个人，更应具备反求诸己、身体力行的担当与自觉，维护和保障公民的基本合法利益，为培育和践行社会主义核心价值观排除现实冲突和利益阻碍，激发内在动力、唤醒行动热情，最大限度地保障社会主义核心价值观的“信度”与“效度”；对公民而言，尽管每个人在个人经历、社会角色、社会关系上各有差异，但国家公民身份是其最本质的文化属性和身份标签，蕴含着国家身份的归属和基于契约条件下对社会公利的尊重，十几亿公民的价值观汇聚在一起将对整个社会和国家的价值结构、价值品质、价值评价产生着深远而深刻的影响，因此，每个人都应当是社会主义核心价值观的认同者、践行者和坚守者，新时代培育和践行社会主义核心价值观是全社会的共同责任。而共同体意识缺位、共同体思维缺失，将国家、社会和公民关系割裂起来，将人与人的关系对立起来，忽略培育和践行社会主义核心价值观主体的同源、同构、共生性，忽略国家治理、社会管理、个人社会生活的有机联系，忽略个人与他者的有机联系，往往成为价值共识凝聚的现实阻力。“单丝难成线，独木不成林”，新时代培育和践行社会主义核心价值观的主体关系要由孤立、分

散向共生、凝聚的共同体转化，应该在共同奋斗目标的指引下，实现利益关系由对立向共建共享转化、价值取向由个体本位向共同体价值转化。

（二）落实新时代培育和践行社会主义核心价值观的主体责任

落实主体责任，是新时代培育和践行社会主义核心价值观的应有之义。社会主义核心价值观契合了社会和谐进步、人民追求幸福生活的需要，也契合了中华民族伟大复兴、中国特色社会主义繁荣发展的需要，从价值主旨到内涵要义，公民、社会和国家都明确了培育和践行社会主义核心价值观的主体身份。“抓落实”“抓兑现”历来是习近平治国理政理念的鲜明特色，新时代培育和践行社会主义核心价值观必须落实主体责任。

从实践唯物主义看，作为主体的“人”是实践结构中的实体性要素。“对于具体的历史的人而言，如果他或自然不进入现实的实践—认识活动中，那么他们就不能成为现实的主体和客体”①，实体性作为主体的基本特性，集中体现在人是否事实上参与了“实践—认识”活动。培育和践行社会主义核心价值观的本质不在于把社会主义核心价值观打造为“无懈可击”的绝对意识，而是要把符合国家和社会发展需要、符合最广大人民诉求的社会核心价值观念切实融入国家社会治理和人民社会生活中，使整个国家与社会、每一位公民都在自己的主体实践场域中合力实现社会主义核心价值观的价值地位确认、价值内容认同、价值实践展开、价值意义升华、价值行为落地。而事实上，不少主体的身份觉察、自我体认、主动作为仍然处于虚浮、游离状态，在一定程度上存在的“社会主体眼中的公民是主体，公民主体眼中的他人是主体”等思想倾向阻碍着价值共识的形成和价值实践的深入，其根源就在于主体责任不明、价值标准缺乏细化落实。

要落实主体责任，实现“应然主体”向“事实主体”的过渡。一方面，要把“匿名”主体的责任与担当展露出来，突出主体意识，突破“我说你未必听”的“独白”窘境，将党员干部、知识分子、公众人物、社会各类组织与社会大众共同放置于培育与践行的社会主义核心价值观主体框架以内，解决主体缺位、责任推诿等突出问题。另一方面，要充分尊重主体的异质性和角色的差异性，把市场经济主体、家庭教育主体、学校教育主体、舆论宣传

① 李德顺等：《马克思主义哲学范畴研究》，中国社会科学出版社 2010 年版，第 95 页。

主体、模范践行主体、政策执行主体、管理组织主体、理论研究主体的主体责任与行为规则加以细化落实，加强法制约束，将核心价值观嵌入具象化表达的职业价值观、单位价值观、家庭价值观、教育价值观中，让抽象不可量化的价值观变得具体化、可分解、可执行、可评价，让主体在各领域、多空间的行为有丈量尺度、能约定俗成，有效提升主体培育和践行社会主义核心价值观的合力。同时，各主体因在社会生活中的分工角色不同又体现出辐射力大小和影响度深浅的差异，党员干部、公众人物、教育工作者、知识分子群体、企业家群体往往比普通群众具有更大的影响力和更强的引导力，因此，在培育和践行社会主义核心价值观过程中既要全民行动，又要突出重点主体的责任担当。

三、更加注重新时代培育和践行社会主义核心价值观的实践引领

"真正的价值追求是价值认知、价值认同和价值实践三个方面的有机统一，没有付诸实践的价值追求是空想或者是价值追求不够强烈的表现。价值追求的力量也在于从认知、认同上的追求转化为实践上的追求。"① 新时代培育和践行社会主义核心价值观，应当注重实践引领，坚持认识与实践的有机统一，不断提升引领者的素质，不断增强教育引导话语的影响力。

（一）坚持认识与实践的有机统一

坚持认识和实践的统一是辩证唯物主义的基本原理和方法论原则。党的十九大报告指出："我们必须在理论上跟上时代，不断认识规律，不断推进理论创新、实践创新、制度创新、文化创新以及其他各方面创新。"② 认识是实践的先导，新时代培育和践行社会主义核心价值观只有不断认识和总结规律，在对价值观形成问题上深化规律性认识，才能推进价值观培育与践行的实践创新。习近平在党的十九大报告中对培育和践行社会主义核心价值观作出重要部署，在全国宣传思想工作会议又做了进一步强调，这既是对价值观形成和发展规律、对社会主义核心价值观培育和践行规律的认识不断深化的新成

① 潘玉腾：《推进社会主义核心价值体系大众化研究》，社会科学文献出版社 2012 年版，第 187 页。

② 习近平：《决胜全面建成小康社会 夺取新时代中国特色社会主义伟大胜利——在中国共产党第十九次全国代表大会上的报告》，人民出版社 2017 年版，第 26 页。

果，也是新时代培育和践行社会主义核心价值观的实践指南。

价值观是在实践中形成的，价值观念深刻地反映着人的实践性。价值观在本质上是个体社会化存在的精神表征，是个体与社会双向关联与互动的结果，是人在长期的社会生活实践中自觉体认、积淀和建构，对其行为判断和选择具有定向、激励与约束效果的相对稳定的深层观念系统。“全部社会生活在本质上是实践的。凡是把理论诱入神秘主义的神秘东西，都能在人的实践中以及对这种实践的理解中得到合理的解决。”① 犹如树叶的生长与阳光、气候、整棵树之间有着千丝万缕的血肉联系一样，价值观的形成也与人的生存样态、实践活动环境密不可分。价值观的形成是一项丰富生动的、与“人”及其所处的复杂社会环境深刻联系的实践活动。人的丰满个性与复杂性思维在实践中不断发展，在价值的认知、甄别、选择、认同和践行中扮演着重要角色。在思维活动中，对价值观的关注离不开对作为价值信息源的整体社会环境的追踪，社会现实、社会思潮、群体意识、传统文化、家庭环境、生存样态、利益诉求都是整体环境系统中的子系统，以鲜活、丰富而流动的特质或潜或显地影响着价值观的形成。

坚持实践的眼光是达成科学认识并用以指导实践、改进实践效果的关键。从实践的观点出发，认识价值观及其形成发展规律，就不能用固化、僵硬、静态、切割式的分析方式去加以模式化和程序化解读，而要尊重价值观形成的实践性、社会性、复杂性和动态性。传统的知识传播使用的是理性化的、程序清晰的分析范型，在价值观传播中如果简单移植这种范型，不仅会在认识上产生对价值观生成的误读，还会在实践上导致价值观培育和践行的错位。现实中，培育和践行社会主义核心价值观往往容易忽视价值观形成的实践性，出现知行脱节，导致培育和践行社会主义核心价值观的低效甚至无效，其症结就在于没有坚持从实践出发看待、落实社会主义核心价值观的培育和践行，缺乏与实践环境的有效互动。

习近平在党的十九大报告中作出了“把社会主义核心价值观融入社会发展各方面，转化为人们的情感认同和行为习惯”② 的重要部署，是充分尊重

---

① 《马克思恩格斯选集》(第 1 卷)，人民出版社 2012 年版，第 135－136 页。

② 习近平：《决胜全面建成小康社会 夺取新时代中国特色社会主义伟大胜利——在中国共产党第十九次全国代表大会上的报告》，人民出版社 2017 年版，第 42 页。

人的主体性和社会性本质，坚持实践性并以实践思维、实践原则、实践要求和实践规格来培育和践行社会主义核心价值观的充分体现，是新时代培育和践行社会主义核心价值观更好地坚持认识与实践统一的生动诠释。社会主义核心价值观在实践中动态地形成，是主体在思维活动中对来自社会实践环境的多样价值信息进行比较甄别、加工选择、判断抉择后，使社会主义核心价值观融入自身价值结构并用以规范价值行为的复杂成果。社会主义核心价值观培育与践行要提升实效，不能回避与价值观念形成的实践环境展开真对话与真沟通。因此，培育和践行社会主义核心价值观不能满足于千人一面的单向灌输和轰动一时的宣传动员，要突破孤立、静态、原子式思维的局限，把视野拓展到广阔的社会空间中，从脱离实际走向实质性的融入与型铸；要尊重和直面人的丰富性、差异性和观念异质性，重视不同价值观念之间的相互影响，营造向善向上、积极健康的价值观培育氛围，全面推进经济、政治、文化、社会、生态协调发展；要重视人的生活经验、价值素养、先在观念、利益需求、理想道德在价值观形成中的重要影响，广泛开展理想信念教育，深入实施公民道德建设工程，提高社会文明程度，将落实人民价值诉求、解决人民现实问题与加强思想道德建设结合起来，体现社会主义核心价值观春风化雨、润物无声的魅力，实现“日用而不觉”的理想效果。

（二）提升引领者素质

党的十九大报告指出，“发挥社会主义核心价值观对国民教育、精神文明创建、精神文化产品创作生产传播的引领作用”①，“牢牢掌握意识形态工作领导权”②，“建设具有强大凝聚力和引领力的社会主义意识形态”③，“旗帜鲜明反对和抵制各种错误观点”④，为新时代社会主义核心价值观引领多元价值提出了更高的要求，更为新时代的价值引领者素质提出了更高的要求。从一定意义上讲，人人都是多元价值的引领者，从实际操作意义来看，党政工

---

① 习近平：《决胜全面建成小康社会 夺取新时代中国特色社会主义伟大胜利——在中国共产党第十九次全国代表大会上的报告》，人民出版社 2017 年版，第 42 页。

② 习近平：《决胜全面建成小康社会 夺取新时代中国特色社会主义伟大胜利——在中国共产党第十九次全国代表大会上的报告》，人民出版社 2017 年版，第 41 页。

③ 习近平：《决胜全面建成小康社会 夺取新时代中国特色社会主义伟大胜利——在中国共产党第十九次全国代表大会上的报告》，人民出版社 2017 年版，第 41 页。

④ 习近平：《决胜全面建成小康社会 夺取新时代中国特色社会主义伟大胜利——在中国共产党第十九次全国代表大会上的报告》，人民出版社 2017 年版，第 42 页。

团，社科理论界，文化艺术、新闻、教育等部门及相关社会团体尤其需要发挥好作为价值引领者的引领作用，更加主动地提升引领素质。

引领者要掌握思想利器，学懂弄通做实新时代中国特色社会主义思想。习近平在全国宣传思想工作会议上指出，“要做好做强马克思主义宣传教育工作，特别是要在学懂弄通做实新时代中国特色社会主义思想上下功夫”①。引领多元价值的利器是彻底的理论，是发展中的马克思主义，新时代中国特色社会主义思想就是发展中的马克思主义，是新时代引领多元价值的思想利器；利器在手要善于运用，所以还要有理论联系实际、理论关照现实的功力，否则便会困在“空中楼阁”。新时代要加强马克思主义理论自身建设，更要加强引领者的理论素质培养、思想觉悟锻炼和工作能力提升。

引领者还要有知其甚解、理性客观的态度。面对意识形态领域的复杂斗争局面，新时代的价值引领者更要具备雾里看花的本领，更要具备披荆斩棘的勇气，更要具备有实事求是的品质。多元价值观往往挟裹着群体的利益诉求和社会心态，以温情的隐喻、忧伤的讽刺，或是暴风骤雨式的批判，来煽动人和影响人，通过扩大队伍阵营和发声响度，来获取和谋求该群体的利益诉求。因此研究和回应多元价值，必须要弄清楚它代表谁，想达到什么目的，在此基础上要做到区别对待。既要理性看待、妥善解决多元价值观背后的合理诉求，在解决问题和理解接纳中谋求最大社会共识，扩大主流阵营；对于多元价值中不合理甚至具有危害性的成分，必须善于辨别、及时判清、有力回击，旗帜鲜明地予以批判和抵制。

引领者要有广阔视野，在多元价值观涌动中善于捕捉现象、谨慎判断风向。在价值观培育中，我们必须面对看似无意识、潜意识的多元价值影响和改变，这种不可捉摸的、相对隐性的价值观改变与相对显性的价值观培育之间形成了价值观传播、接受与认同中最为尖锐的冲突。多元价值观的传播渠道十分广泛，网络空间、高校课堂、校园文化、影视娱乐、文学出版物都充斥着多元价值观。价值引领者要善于在网络空间、文学艺术作品中发现以被解构、碎片化、非理性、零散形式呈现出来的多元价值观，辨识网络大V、知识分子代表的利益诉求和价值观取向，“注意区分政治原则问题、思想认识

① 《习近平在全国宣传思想工作会议上强调 举旗帜聚民心育新人兴文化展形象 更好完成新形势下宣传思想工作使命任务》，《人民日报》，2018年8月23日。

问题、学术观点问题，旗帜鲜明反对和抵制各种错误观点”①。

（三）提升话语传播的影响力

一种价值观能获得多少人的情感认同、转化为多少人的日常行为习惯，深刻体现着价值观培育的话语影响力。党的十九大报告指出，社会主义核心价值观要“强化教育引导、实践养成、制度保障……转化为人们的情感认同和行为习惯”②，重申教育引导在价值观培育中的基础性作用，强调停留在观念认知、理念认同层面的价值观培育需要更进一步，实现向情感认同、行为习惯的更深层次转化。关注对象实际、契合对象需求是获得话语影响力的关键。教育引导人们认同和践行社会主义核心价值观，唯有贴近人民生活、契合人民需求才能使价值观话语获得人民赋予的影响力，才能取得根本实效。

新时代培育和践行社会主义核心价值观，要更加注重话语影响力提升，在教育引导的话语姿态上从“隔空喊话”转向“亲切对话”。如果一味用政治话语（如标语或口号）和学术话语对大众“隔空喊话”，极易筑起社会主义核心价值观与大众社会生活及其思维疆域的“对话鸿沟”，弱化大众对社会主义核心价值观话语的情感接受，话语本身的表达意图也难以进入大众“事实”上的认知视野。因此，要注意和改变对社会主义核心价值观的“形式认同—形式遵循”以及误解甚至矮化社会主义核心价值观内涵和意义的现象，在同频共振中提升话语影响力，促进社会主义核心价值观入脑入心，不断深化社会主义核心价值观的培育和践行。

教育引导要实现“亲切对话”，一要丰富社会主义核心价值观的话语言说方式，畅通表达渠道，推动载体融合，善用社交网络资源，有效利用图像、行为、器物、人物等叙事方式，在贴近人民生活、便于人民理解和传播的话语言说中增进价值观共鸣；二要实现话语内容的情感渗透，激活社会主义核心价值观所蕴含的深刻价值情感，将社会主义核心价值观的思想力和审美性充分结合起来，唤醒人们向上向善的价值情感，涵育其对国家、对民族、对人民的深沉的爱；三要全面开发社会主义核心价值观教育引导的体验式资源，

① 习近平：《决胜全面建成小康社会 夺取新时代中国特色社会主义伟大胜利——在中国共产党第十九次全国代表大会上的报告》，人民出版社 2017 年版，第 42 页。

② 习近平：《决胜全面建成小康社会 夺取新时代中国特色社会主义伟大胜利——在中国共产党第十九次全国代表大会上的报告》，人民出版社 2017 年版，第 42 页。

将观念形态的“德”之理解与实践形态的“德”之感悟结合起来，让人们深切感受到社会主义核心价值观的生动与鲜活。

四、更加注重发挥红色精神对培育和践行社会主义核心价值观的作用

党的十九大报告指出：“社会主义核心价值观是当代中国精神的集中体现，凝结着全体人民共同的价值追求。”① “中国特色社会主义文化，源自于中华民族五千多年文明历史所孕育的中华优秀传统文化，熔铸于党领导人民在革命、建设、改革中创造的革命文化和社会主义先进文化，植根于中国特色社会主义伟大实践。”② 党领导人民在追求中华民族独立、民主、富强的道路中，在积极投身新民主主义革命、社会主义建设和改革开放的伟大实践中，孕育了承载不同历史主题、富有时代风貌的革命精神、奋斗精神、改革开放精神、英模精神等红色精神，作为中国精神的重要组成部分，它们或作为诞生地域的精神象征，或传导着历史事件的恒久价值，或成为时代奋进的价值标杆，或彰显着榜样人物的道德追求，是新时代培育和践行社会主义核心价值观的宝贵精神财富，亦是新时代推进思想道德建设的重要支撑。新时代培育和践行社会主义核心价值观，应注重弘扬红色精神，赓续中国精神谱系，发挥其在培育和践行社会主义核心价值观中的信仰感召、具象诠释、社会动员作用，切实增强核心价值观的思想生命力、情感穿透力和实践影响力。

（一）发挥红色精神的信仰感召作用

“价值观念以价值关系为对象和内容，以信念、信仰、理想为其特有的思想形式……在人生必备的价值观念即信念、信仰、理想体系中，信仰是核心和最高形态。”③ 作为价值观的最高境界，信仰对主体的行为决策、终极追求、精神生命具有强大的激励与支撑作用，决定着实践主体一以贯之地追寻什么、忠诚不渝地信赖什么、坚定不移地维护什么。社会主义核心价值观以追求人类自由解放的马克思主义理论为思想根基凝炼而成，对助人摆脱多元

① 习近平：《决胜全面建成小康社会 夺取新时代中国特色社会主义伟大胜利——在中国共产党第十九次全国代表大会上的报告》，人民出版社2017年版，第42页。

② 习近平：《决胜全面建成小康社会 夺取新时代中国特色社会主义伟大胜利——在中国共产党第十九次全国代表大会上的报告》，人民出版社2017年版，第41页。

③ 李德顺：《价值观教育的哲学理路》，《中国德育》2015年第9期。

价值的凌乱琐碎与无意义纠缠，突破原生性、朴素性、自发性价值观念对人构筑的精神藩篱具有重要意义。要实现全社会对社会主义核心价值观的普遍认同和自觉践行，必须直面精神文化领域的嬗变，直面人们信仰信念方面出现的错位与缺失，在信仰的语境中提升培育和践行社会主义核心价值观的思想境界。

习近平指出，“每到井冈山、延安、西柏坡等革命圣地，都是一种精神上、思想上的洗礼。每来一次，都能受到一次党的性质和宗旨的生动教育，就更加坚定了我们的公仆意识和为民情怀。”① 弘扬红色精神有利于更加坚定对中国共产党的信任、更加坚定走中国特色社会主义道路的信念、更加坚定中华民族伟大复兴的信心。“‘从哪里出发’‘为什么出发’，这是我们回答社会主义核心价值观中国特质必须首先回答的问题。”② 井冈山精神、长征精神、西柏坡精神、红岩精神、延安精神、大别山精神、红船精神、南泥湾精神等诸多红色精神，在党领导人民谱写革命史、奋斗史、英雄史的伟大实践中闪耀着信仰的熠熠光辉，无不传导着坚定的马克思主义信仰和共产主义远大理想，无不把国家、民族、家庭、个人的命运紧密地联系在一起，实现了价值目标的内在统一，对新时代培育和践行社会主义核心价值观具有强大的信仰感召作用。

以井冈山精神和长征精神为例。“坚定信念、艰苦奋斗、实事求是、敢闯新路、依靠群众、勇于胜利”是井冈山精神的思想内核，是革命处于低潮，党和红军面对军事围剿和经济封锁中迸发出的战斗精神、奋斗精神和开创精神的集中体现，蕴藏着“星星之火，可以燎原”的坚定信念、“敌军围困千万重，我自岿然不动”的革命乐观主义、“斗争中创造新局面”的创新气概和“为主义而牺牲”的奉献精神，彰显了共产主义理想、信念、道德和情操，体现了向善向上的精神能量；堪称中国革命精神风范的长征精神，形成于红军历时1年零4天，艰难跋涉25000里，翻越18座山脉，渡过24条江河，转战11个省的长征途中，凝结着中国共产党人和红军将士对革命理想和革命事业的忠诚精神、不怕牺牲的革命英雄主义、自强不息的艰苦奋斗精神、协同作

① 新华网：《弘扬井冈精神决胜全面小康——习近平总书记春节前夕赴江西看望慰问回访记》，http：//www. xinhuanet. com//politics/2016 - 02/05/c_ 1118004587. htm.

② 《以红色文化涵育社会主义核心价值观的中国特质》，《思想政治教育》2016年第8期。

战的团结合作精神和忠诚为民的奉献精神，传导着坚定的共产主义信仰和对祖国、对人民的深厚感情，生动展示了矢志不渝、百折不挠、排除万难、顾全大局、甘于奉献的精神境界，为中华民族描绘出了史无前例的革命画卷。大力弘扬红色精神，用以滋养社会主义核心价值观建设；发挥其信仰感召作用，有利于坚定信念、提纯精神、抵御侵蚀，引导人们在重温中华民族伟大实践史中对享乐主义、拜金主义、极端个人主义、历史虚无主义等错误价值倾向进行自觉抵御、理性纠偏，有利于消减实用理性带来的急功近利与思想狭隘，有利于全体中华儿女秉承中华民族勤劳勇敢、戮力同心、不甘沉沦、自强不息的价值品性，将成就个人梦与实现国家梦、民族梦结合在一起，把人生理想、家庭幸福融入国家富强、民族复兴的伟业之中，用永续奋斗的精神、团结一致的姿态、行动报国的决心、甘于奉献的品质追梦、筑梦、圆梦。

（二）发挥红色精神的具象诠释作用

习近平指出："要润物细无声，运用各类文化形式，生动具体地表现社会主义核心价值观。"① 引导人们达成对社会主义核心价值观的正确认知、情感认同和自觉践行，必须在群众心中突破抽象枯燥、脱离实际的刻板印象，实现社会主义核心价值观从抽象化向具象化转化。新时代培育和践行社会主义核心价值观，要打破刻板僵化的宣传思维，善于在诞生于中华大地的、具有伟大精神标志的精神品格中找寻精神源头和价值支撑，用以深入理解社会主义核心价值观的精神实质、全面升华社会主义核心价值观之于中华民族共同体的价值意蕴。红色精神与社会主义核心价值观一脉相承，不仅彰显了中华民族对富强、民主、文明、和谐价值目标的不懈追求，展现了中国人民对自由、平等、公正、法治社会的美好期待，承载着中华儿女爱国、诚信、敬业、友善的道德情怀，还以其鲜活生动、真实可感的实体表征和浅显易懂的话语方式呈现出对社会主义核心价值观的具象诠释作用。

以诞生地域命名的红色精神，如井冈山精神、西柏坡精神、南泥湾精神、延安精神、红旗渠精神、大庆精神，以历史事件命名的红色精神，如五四精神、长征精神、红船精神、两路精神、抗震救灾精神、载人航天精神、北大

---

① 《习近平在中共中央政治局第十三次集体学习时强调 把培育和弘扬社会主义核心价值观作为凝魂聚气强基固本的基础工程》，http：//www. xinhuanet. com/politics/2015 -01/24/c_ 127416715. htm

荒精神、“两弹一星”精神，以榜样人物命名的红色精神，如雷锋精神、王进喜精神、焦裕禄精神、孔繁森精神，以职业命名的红色精神，如女排精神、工匠精神等，都是对社会主义核心价值观的生动诠释和实践表达，其承载的历史语境下的集体回忆、感人至深的人物典型和振奋人心的奋斗故事，不仅传导着社会主义核心价值观的本真要义，不仅与社会主义核心价值观的主旨思想呈现内在耦合，更是将社会主义核心价值观从抽象的名词转化为生动的场面和鲜活的动词，有利于丰富对社会主义核心价值观的认知，唤醒主体的情感认同。

以两路精神为例。“两路”精神形成于新中国成立之初、11 万英雄儿女在艰苦卓绝的特殊环境下修筑川藏、青藏公路的特定时代，并在六十多年的养路护路伟大实践中得以传承、丰富和发展。穿越世界屋脊的川藏、青藏公路全长 4360 公里，是筑路大军用铁锤、钢钎和十字镐，用绳索拴住身子在悬崖峭壁上凿石开路、遇水搭桥，翻越二郎山、雀儿山等 14 座大山，跨越大渡河、怒江等天险激流，横穿 8 条地质断裂带建成的，艰险程度在世界公路交通史上极为罕见，三千多位烈士为修路献出生命。“两路”精神是“一不怕苦，二不怕死”的革命英雄主义，是“顽强拼搏，甘当路石”的奋斗奉献和忠诚尽责，是“军民一家，民族团结”的优良传统和团结互助，是服务人民的根本宗旨和人民利益至上的执政理念，是巩固边防的爱国情怀、祖国利益高于一切的理想信念，体现了开拓进取、奋勇争先、顽强拼搏的时代精神，是对“富强”“和谐”“爱国”“敬业”等价值观的有力呼应和生动诠释，是将社会主义核心价值观嵌入当代交通行业价值观的具象化表达，是我们党和民族的宝贵精神财富，应发挥它在培育和践行社会主义核心价值观中的具象诠释作用，焕发其跨越时空的精神魅力。生动、深入地讲述红色精神背后震撼人心的伟大实践故事、英雄楷模故事、行业典型故事，呈现好红色精神体现的价值观要义，有利于突破社会主义核心价值观内容解读不深刻导致的认知困境，实现话语传播由抽象向具象转化，在深化主体认知中激发主体共鸣、增进主体认同。

（三）发挥红色精神的社会动员作用

“所谓社会动员，是指一定的国家、政党或社会团体，通过多种方式影响、改变社会成员的态度、价值观和期望，形成一定的思想共识，引导、发动和组织社会成员积极参与社会实践，以实现一定的社会目标的活动。”① 社会动员作为党领导群众、组织群众、凝聚群众的优势手段，贯穿了新民主主义革命、社会主义革命和建设、改革开放和社会主义现代化建设全过程，离开了社会动员，就没有革命时期“陷敌于灭顶之灾的汪洋大海”，就没有建设时期和改革时期战天斗地、排除万难、敢为人先的伟大成就。中国特色社会主义进入新时代，也是中华民族大繁荣、大发展的历史时期，前进的路上不可能一帆风顺，要全面建成小康社会，实现中华民族伟大复兴的中国梦，必须团结全党和全国各族人民，突破思想和利益的藩篱，在全社会范围内做好思想动员工作。培育和践行社会主义核心价值观本质上就是新时代鼓舞全民奋进的精神动员。极富思想凝聚力、价值引领力和情感号召力的红色精神不是空洞抽象的口号，一个个有血有肉的真实故事传递着深厚的家国情怀与民族大义，体现了宏大叙事与个人叙事、民族逐梦与个人奋斗的统一，从根本上契合了人民追求更加美好生活的需要，彰显了中华民族不甘落后、奋勇拼搏的民族品性，是中国人民实现富强、民主、文明、和谐的国家价值目标，达成自由、平等、公正、法治的社会价值追求，坚守爱国、敬业、诚信、友善的公民价值取向的重要动力，当属激励新时代伟大实践的精神力量。

人民是历史发展的受益者，也是历史前进的推动者。中国共产党立国、兴国与治国的过程中，中华民族实现了从站起来、富起来到强起来的伟大历史飞跃，离不开全体中国人民的广泛参与和积极协同，也离不开实践征程中形成的伟大红色精神在激发群众斗志、引导人民愿景中发挥的思想动员作用。中国人民在党的正确领导下，在“爱国、创业、求实、奉献”的大庆精神、“甘当革命螺丝钉、全心全意为人民服务”的雷锋精神、“自力更生、艰苦创业、团结协作、无私奉献”的红旗渠精神、“万众一心、众志成城、不怕困难、顽强拼搏”的抗洪救灾精神、“开拓创新、争取一流、团结协作、同舟共济”的载人航天精神、“热爱祖国、无私奉献，自力更生、艰苦奋斗，大力协同、勇于登攀”的“两弹一星”精神等伟大红色精神的思想鼓舞和实践号召下，谱写了中华民族团结一心、不甘沉沦、奋勇争先的奋斗诗篇。

进入新时代，发挥红色精神在培育和践行社会主义核心价值观中的社会

① 甘泉、骆郁廷：《社会动员的本质探析》，《学术探索》2011 年第 12 期。

动员作用，要挖掘丰富的红色精神素材、讲好红色精神故事、宣传红色精神典型，善于从日记、工作笔记、人物书信、历史照片等入手还原对历史事件、历史人物、历史场景的理解，做好口述史、影视资料的收集；要用叙事手法、艺术化表达辅之以新媒体手段加以传播，在社会较大范围内扩大受众群体，形成强大的舆论导向和宣传渲染氛围；要组织党员和群众结合不同地域、行业、职业特色深入学习红色精神，在对历史的集体回忆中、在英雄榜样的示范力量中获取打动人心、激发斗志、向上向善的精神能量，启发和鼓舞人民凝聚价值共识，把爱国志与报国行结合起来，为了新时代美好生活和民族复兴永续奋斗。

第二章

思想道德教育对学生全面成长发展作用

习近平总书记在十九大报告指出："加强思想道德建设。人民有信仰，国家有力量，民族有希望。要提高人民思想觉悟、道德水准、文明素养，提高全社会文明程度。"党的十九大对加强思想道德建设作出重大部署，强调要提高人民思想觉悟、道德水准、文明素养，提高全社会文明程度。这为新时代推进思想道德建设指明了努力方向，提出了新的目标任务。习近平总书记指出："国无德不兴，人无德不立。""人而无德，行之不远。没有良好的道德品质和思想修养，即使有丰富的知识、高深的学问，也难成大器。"习近平总书记多次强调："青年兴则国家兴，青年强则国家强，青年一代有理想、有本领、有担当，国家就有前途，民族就有希望。"在青少年价值观形成和确定的"拔节孕穗期"，引导青少年扣好人生"第一粒扣子"至关重要。

思想道德修养是个人成才的基石，从个体成长到社会运行都离不开道德规范和道德修为。习近平总书记在全国教育大会上强调，立德树人是教育的根本任务，要把立德树人的成效作为检验学校一切工作的根本标准，做到以树人为核心，以立德为根本，培养德智体美劳全面发展的社会主义建设者和接班人。本章主要是对高校青年学生层面贯彻落实习近平总书记"加强思想道德建设"的理论和实践探索进行研究梳理。在新时代背景下研究思想道德对学生成长发展的作用，明确思想道德教育的时代意义、价值意蕴和实现路径。从外在的教育机制和内在的接受机制两个维度进行研究，厘清新时代大学生思想道德教育的时代意义和价值意蕴，分析当前思想道德教育对学生全面成长发展作用发挥如何，立足学生成长发展的需求，提出思想道德教育促进学生全面成长发展路径和策略，提出加强学生思想道德教育的有效方案。

一、思想道德教育对学生全面成长发展作用的研究回顾

思想道德教育对于维护一个国家的稳定来说至关重要。当今世界各个国家都有思想道德教育，每个国家和民族都有一整套自己的策略和方法，各国大学的思想道德教育的历史与现实、形式与内容、教育理念与实现途径都有各自的规律和特点。就国外而言，西方国家从多个学科角度研究道德教育和政治教育，虽然多未使用"思想道德教育"或"德育"的概念，但不意味着没有思想道德教育，其所谓的"道德教育""政治教育、"公民教育""政治社会化"在实质上即我们所说的思想道德教育。国外相关研究主要为学校的德育理论及方法体系和公民意识的教育。英国道德哲学家约翰·威尔逊和美国道德教育家柯尔博格的道德教育理论和方法在西方颇有影响。研究、探讨和实施道德教育在西方已经成为各领域、各学科、各不同类型、不同层次教育工作者共同感兴趣的问题，道德教育的著作、论文、研究报告、杂志、学术讨论会议不断增多。美国学者约瑟夫·奈形象说明了意识形态教育的重要性，他意味深长地将文化、意识形态、社会制度等称为"软权力"，认为它是与军事和经济实力等"硬权力"相对应的重要力量。美国学者丹尼尔·戈曼提出了思想道德教育的方法构想，他在《情绪智商》一书中指出：忽视学生情感教育，只止于传播知识和规范的思想政治教育的道德合理性是值得怀疑的。国外大学的思想道德教育实践往往具有隐性教育的特点，更加关注学生主体作用的发挥和学校、家庭、社会教育力量的整合。

从国内思想道德教育研究情况来看，2004 年以前有影响力的研究成果较少，以"思想道德教育对学生全面成长发展的作用"为题，在中国知网上未搜索到相关研究成果。前期比较有代表性的成果是武汉大学政治与公共管理学院袁银传教授撰写的《中外大学思想道德教育比较研究》（中国社会科学出版社 2005 年版），这是国内第一部专门探讨中外大学思想道德教育比较研究的专著，该书对中外大学思想道德教育进行了系统的比较和分析研究，为我国大学进行思想道德教育实践提供了许多有益的借鉴和启示。

近年来在全球化背景下西方各种文化思潮与价值观念的冲击下，我国思想道德教育面临着前所未有的严峻考验和重大挑战。大学生的思想道德教育问题成为我国思想政治教育领域共同关注的一个热点问题。特别是 2004 年

《中共中央国务院关于进一步加强和改进大学生思想政治教育的意见》发布以来，思想政治教育研究取得了显著发展，目前国内研究主要集中在思想政治教育理论及实践创新方面，思想政治教育学科体系逐步完善，已经形成了思想政治教育原理、方法论、发展史、比较等多个体现规律性、前瞻性的研究领域，培养、涌现了一大批思想政治教育学科带头人、学术领军人物和中青年学术骨干。国内思想政治教育知名学者冯刚、郑永廷《思想政治教育学科30年发展研究报告》系统回顾思想政治教育学科（1984年到2014年）30年来学科建设的发展历程，从思想政治教育学科基础理论研究、思想政治教育要素结构研究、思想政治教育方法与政策研究、思想政治教育重要领域研究四大部分全面梳理学科建设的理论成果，深入总结学科建设的宝贵经验，科学研判学科建设的发展趋势。冯刚教授主编的《改革开放以来高校思想政治教育发展史》系统总结改革开放40年来我国高校思想政治教育的发展历史，将高校思想政治教育划分为党的理论创新与高校思想政治教育政策发展、思想政治教育学科建设、思想政治理论课建设、高校学生党建、高校共青团建设、班集体建设、文化育人、实践育人、网络育人、资助育人、教书育人、高校心理健康教育、高校创新创业教育、辅导员队伍建设、高校思想政治教育管理等15个专题，并对改革开放以来高校思想政治教育发展中涉及的一些重大事件进行了描述分析，为思想政治教育的相关研究以及高校政治教育实践的创新发展提供了重要参考。

目前，专家学者们就高校思想政治教育的研究取得了许多理论和实践成果，为本研究提供了坚实的基础，但就思想道德教育对学生全面成长发展的作用方面，还没有系统的研究成果，给我们的研究留下了很大的空间。在这里，有一个问题是尚需进一步理清的，就是对于思想道德教育与思想政治教育是否等同、是否可以替换的问题，长期以来，我国在理论和实践通常将思想道德教育与思想政治教育视为等同的概念，或者说是相互包容、相互交叉的概念。学者们很少去比较这两个概念，但近些年来更多的研究成果用的是思想政治教育一词。思想政治教育的本质属性是意识形态性，关键是政治方向，根本是立德树人；思想道德教育是人的素质教育，对一个国家而言，属于国民的素质教育。思想政治教育的本质更侧重意识形态性或政治性，思想道德教育更侧重于人的本质及人的全面发展，两者都必不可少但它们又各有侧重。本章只是侧重于从人的全面发展的角度考察思想道德教育的价值及其功能的实现。

二、新时代大学生思想道德教育的时代意义和价值意蕴

中国特色社会主义新时代的到来，对我国公民的思想道德修养提出了更高的要求。党的十九大报告中指出，“经过长期努力，中国特色社会主义进入了新时代，这是我国发展新的历史方位”①，强调要全面贯彻党的教育方针，落实立德树人根本任务，发展素质教育，推进教育公平，培养德智体美全面发展的社会主义建设者和接班人。

（一）思想道德教育是学生个体全面成长发展的现实要求

思想道德教育的对象是现实的、具体的人，对于有血有肉的个体来说，都会有成长成才、全面发展的合理诉求。马克思指出，“每个人的自由发展是一切人的自由发展的条件”，共产主义是“一个更高级的、以每个人的全面而自由的发展为基本原则的社会形式”。习近平总书记在党的十九大报告中也强调，要“不断促进人的全面发展”。实现这一目标，教育具有关键性作用，“是造就全面发展的人的唯一方法”。基于人的全面发展理论和实践需要，新时代思想道德教育应当将现实的个人的全面发展作为其论域基点和核心取向，在培养什么人、如何培养人和为谁培养人的过程中更好地实现为人服务。中共中央国务院印发的《关于加强和改进新形势下高校思想政治工作的意见》指出：“要强化思想理论教育和价值引领。”进入新时代，思想道德教育的价值导向更加聚焦人的全面发展，特别是面对当前大学生群体逐渐呈现出的价值观念多元化、价值选择现代化、价值立场个性化等时代特点，新时代思想道德教育应当更多从微观层面的大学生本体出发，引导学生扣好人生第一粒扣子。让学生建立起自己的价值观念与行为准则，并在学习与实践中不断地深化与提升，最终形成善良的道德情感、正确的道德判断、自觉的道德实践，以正确的世界观、人生观、价值观规范自身行为，自觉成长成才。

（二）思想道德教育是培养时代新人的必由之路

加强社会主义思想道德建设作为当前我国极为重要的战略任务，为实现

① 习近平：《决胜全面建成小康社会 夺取新时代中国特色社会主义伟大胜利——在中国共产党第十九次全国代表大会上的报告》，人民出版社2017年版，第10页。

中华民族伟大复兴的中国梦提供强大精神力量和有力道德支撑。党的十八大以来，习近平总书记多次就加强高校思想政治教育、促进青年成长成才发表重要讲话、作出重要指示，深刻回答了“培养什么人、怎样培养人、为谁培养人”的重大理论和现实问题。他在全国高校思想政治工作会议上指出，思想政治工作从根本上说是做人的工作，必须围绕学生、关照学生、服务学生，不断提高学生思想水平、政治觉悟、道德品质、文化素养，让学生成为德才兼备、全面发展的人才。党的十九大报告指出，要以“培养担当民族复兴大任的时代新人为着眼点，强化教育引导、实践养成、制度保障，发挥社会主义核心价值观对国民教育的引领作用，把社会主义核心价值观融入社会发展各方面”。当前，社会主义核心价值观根植于中国特色社会主义伟大实践，是新时代中国特色社会主义、当代中国精神的价值表达和集中体现，凝结着全体人民的共同价值追求。习近平总书记2015年考察山东时指出，必须加强全社会的思想道德建设，激发人们形成善良的道德意愿、道德情感，培育正确的道德判断和道德责任，提高道德实践能力尤其是自觉践行能力，引导人们向往和追求讲道德、尊道德、守道德的生活，形成向上的力量、向善的力量。只要中华民族一代接着一代追求美好崇高的道德境界，我们的民族就永远充满希望。只有通过卓有成效的道德建设，才能帮助人们树立中国特色社会主义的共同理想和信念，树立全心全意为人民服务的道德观和社会主义核心价值观，树立主人翁的责任感和艰苦奋斗的精神，才能调动广大人民群众的积极性、创造性和主动性，才能为中国梦的实现提供强大的力量支持。

（三）思想道德教育是中华民族文化传承发展的历史要求

道德是精神文化的重要内容，具有鲜明的历史继承性。中华民族创造了光辉灿烂的文化，道德文化属于其中的瑰宝，是我国社会主义道德文明的源头。新时代的思想道德建设要积极汲取中华优秀传统文化的思想精华和道德精髓，大力弘扬以爱国主义为核心的民族精神和以改革创新为核心的时代精神，深入挖掘和阐发中华优秀传统文化讲仁爱、重民本、守诚信、崇正义、尚和合、求大同的时代价值，使中华优秀传统文化成为涵养新时代思想道德建设的重要源泉。思想道德教育本身具有满足教育对象文化需要的功能，不仅是文化价值的需求者，还是文化价值的承担者，承载着文化传承发展的重要功能，为文化发展和文化传播提供着重要导向和动力作用。文化是教育的重要内容，文化的传承创新主要通过教育来实现，也是我国高校的五大重要职能之一。

三、思想道德教育对学生全面成长发展作用发挥的现实考量

思想道德与科学文化知识皆为人的全面发展所必备的素质，人的素质尤其是综合素质是实现人的全面发展的基础，包括思想道德素质、科学文化素质以及身体健康素质等，这几个方面是有机统一、相互促进、协调发展的。思想道德教育不仅促进人的全面发展，同时在和谐社会构建中起到整合与凝聚信仰体系、价值取向的作用以及教化与疏导、导向与动员的作用。应该说，古往今来，思想道德教育始终是中华民族优秀传统文化的重要组成部分，在社会发展中发挥了重要的功能和作用，为了深入了解当代大学生的思想道德教育的状况，课题组采用问卷调查和访谈等形式进行了调查。

（一）主流积极向上，对社会主义核心价值体系普遍持认同态度

“当代大学生是可爱、可信、可贵、可为的”，他们成长于改革开放取得举世瞩目成就的背景下，亲身经历了中国特色社会主义事业大发展大繁荣，他们热爱党的领导和中国特色社会主义事业，对实现中华民族伟大复兴的中国梦无限向往，显示出当代大学生积极、奋进、奉献的青春风貌。在调研中发现，大多数学生信仰马克思主义，认同共产主义远大理想和中国特色社会主义共同理想，有明确的奋斗目标和人生规划。尤其是今年国庆期间，很多同学主动收听收看新中国成立70周年大会实况，观看电影《我和我的祖国》，言谈间洋溢着爱国情怀和民族自豪感。很多同学发感慨说，以前看阅兵总感觉震撼，场面宏伟，而今看阅兵眼角却有几分湿润。辅导员在做征兵入伍工作时，问及学生踊跃入伍原因时，学生表示学习的机会来日方长，但是以一名军人的身份报效国家、社会的机会可能错过了就再也没有了，从学生的言谈举止中，能够看到他们的爱国情报国志。

具体说来，对于坚持马克思主义指导思想，大学生普遍赞同。大学生普遍认同中国特色社会主义共同理想，认为“中国特色社会主义共同理想体现了中国最广大人民的根本利益和发展要求”。大学生普遍赞同民族精神和时代精神，认为“在当前国际政治背景下强调民族精神和时代精神”是“很有必要”的。关于社会主义核心价值观，学生普遍认为“在当今错综复杂的时代

背景下，倡导社会主义核心价值观对国家社会发展和坚定理想信念有重要意义”，“愿意把社会主义核心价值观作为自己为人处事、事业奋斗程中的人生信念和指导”，80%以上的学生认为对培育和践行社会主义核心价值观与每个人密切相关，必须践行。

（二）当代大学生思想道德及教育状况存在的不足

1. 信仰迷茫、价值观念多元化

当代大学生面对着更复杂多变的社会、更丰富多样的生活、更加激荡的多元文化思潮，其价值观由于受到经济全球化、缺乏科学史观、缺乏意识形态安全知识和个人心理不成熟等因素的影响，一部分学生还存在信仰迷茫、价值观念多元化、缺乏吃苦耐劳和自强不息精神等问题，在一定程度程度上导致其理想信念的迷失和扭曲。调查问卷中有一项内容是“你的信仰是什么?”，在一千多名学生中有63.7%选择了马克思主义，有6.4%的学生选择了佛教、基督教和伊斯兰教等宗教，更让人忧虑的是30%的学生选择了“没有信仰”。对于“你认为当前是否要加强大学生理想信念教育”，有90%的学生认为有必要，10%认为没有必要；对于“理想信念是人的精神之钙”的观点，非常认同和认同者占93%，还有7%持不确定观点。对于“你认为当代大学生是否需要树立共产主义远大理想”，只有68%的学生认为“需要”，有18%认为“不需要”，有5.8%“认为无所谓”，其他为不确定。对于“你如何看待走中国特色社会主义实现中华民族伟大复兴中国梦”，选择“一定会实现”和“可能会实现”的占87%，有13%的学生选择“不确定”。可见还有相当一部分学生不能深刻理解和把握马克思主义的科学本质和深刻内涵，理想信念不够坚定。

2. 理想信念趋向功利化

有部分学生更看重个人理想的实现，或者只着眼于个人的前途命运，眼光和格局较小，从小我出发，从眼前利益出发，很少能将个人志向和国家、社会发展结合起来，家国情怀、使命担当感不强；对共产主义远大理想和中国特色社会主义共同理想的追求信心不足。在问卷调查中，很多大学生的终极目标是就业，毕业时找到一份体面工作的意愿强烈，他们在学校期间选择课程以及进行个人规划时多以“利己”为导向。例如，在入党动机中，绝大多数大学生是把入党当作有利于找工作或者能有资格参与选调生、公务员考试的筹码。甚至部分大学生受西方腐朽价值观侵蚀和影响，崇尚拜金主义和享乐主义，注重物质享受，忽略精神追求，社会责任感和奉献意识不足。对于“你的个人理想和社会理想发生冲突时如何选择?”选择“个人理想服从社会理想”的占30%，55%的学生选择“具体问题具体分析”，有10%的学生选择“以个人理想为主”。关于“激励你为未来奋斗的主要原因是什么?”，选择“为了国家富强、民族复兴、人民幸福”的占28%，55%的学生同时选择了“为了让家人过上好日子”，34%的学生同时选择“金钱”，12%的学生选择“为了让别人看得起”。可见还有很多当代青年学生不能把个人理想和和国家梦想紧密结合起来，导致知行脱节。部分学生在处理现实问题时，容易受到各种利益的诱惑，往往会放大价值取向中的利己因素，从而造成价值观取向不坚定、道德理想和道德行为不协调、道德评价和道德行为不一致，导致道德认知和道德行为相悖。

3. 历史意识淡薄

部分大学生对于中国历史甚至是近现代史上一些重要事件和人物知之甚少，甚至对于诋毁革命烈士、侮辱爱国英雄的言论漠然视之。之前厦门大学“洁洁良”事件中的高学历女大学生辱骂同胞为“恶臭你支”、四名男子身穿日本军服在上海四行仓库拍照，诸如此类的恶性事件，无不折射出和平年代下，部分学生的历史观产生严重偏差，并对社会造成负面影响。我们在调研中发现，大学生知道“中国特色社会主义进入新时代”，但是“新时代”体现在哪些方面不清楚；了解“红船精神”，但是不知道“红船”是什么，背后的中共一大的历史意义又是什么；知道西柏坡，但是不知道西柏坡精神到底包括哪些内容……有很多同学学历史只为考试，国史党史知识贫乏，尤其是对中国共产党的历史没有系统的理解和把握。

4. 学校思想道德教育吸引力感染力不强。思政课作为高校思想政治教育的主渠道主阵地，其教育内容时效性不强、教育方法创新性不够等，部分思政课没有取得引导大学生树立正确理想信念教育的作用，反而由于教师一味灌输内容形式单一，学生对思政课产生厌学情绪。对于“你认为学校开展的大学生理想信念教育的内容和效果怎么样?”选择很好的学生只占54%，34%的学生认为一般，认为没作用和不清楚的超过10%。对于“你认为影响大学生理想信念教育的最重要的原因是什么”，近30%的学生认为教育内容枯燥，

8%的学生认为是教育者自身政治理论水平低，认为“教育方法落后、设计不合理”的占18%，有45%的认为是“学生自身强化理想信念的主动性差”。对于“你觉得大学生理想信念教育中最需要加强或创新的方面是（多选），”这个问题，认为应该进一步提升思政课堂教学的水平的学生占60%，希望举办高水准的主题教育和校园文化活动的占71%，有吸引力感染力的新媒体宣传占73%，纪念馆、博物馆参观等现场教学或社会实践活动占67%。当被问及“你认为目前学校开展的社会主义核心价值体系教育活动存在的主要问题”时，学生的选择从高到低依次为吸引力差（50.8%）、过于注重理论教育（49.3%）、感染力差（39.8%）、没能很好地联系实际（33.2%）、流于形式（31.9%）、针对性差（27.2%）、离学生的需要太远（26.8%）。

（三）当代大学生思想道德教育问题产生的原因分析

1. 多元化的社会文化思潮影响

在经济全球化和社会信息化浪潮的推动下，我国社会生活发生了巨大的变化，在思想文化领域主要表现为各种思想文化思潮相互碰撞，对于大学生这样一个对各种思想观念嬗变极为敏感的群体来说，势必受到多元文化这把“双刃剑”的影响。一方面，在多元文化背景下，各种思想文化势必繁荣发展，对大学生而言，既开阔了眼界又能充分发挥其主体性。另一方面，随着外来文化的不断冲击，以美国为首的西方发达资本主义国家更是加紧以各种手段和方式对我国实行“西化”“分化”，以各种形式向我国输出其意识形态、思想文化、生活方式和价值观念。尤其是历史虚无主义的“塔西佗陷阱”，通过多种形式迷惑大学生群体，借助大众娱乐恶搞、消费历史，扰乱社会公众的历史认知；以“精日”言行颠覆历史记忆，消解民族尊严；以“纪念”改革开放之名歪曲改革开放的性质，否定社会主义建设成就。这些都对学生的思想道德教育产生了重大影响和挑战。

2. 高校思想道德教育质量亟待提高

目前我国高校思想道德教育体系机制不够完善，理念与方法创新不足，教育质量有待提高。高校思想政治理论课是大学生思想政治教育的主渠道，但目前思想政治教育理论课在很多高校被学生吐槽为“水课”，缺乏亲和力、吸引力、感染力和针对性；日常思想政治教育是大学生思想政治教育的主阵地，而日常思想政治教育也存在实效性不强的问题。长期以来，我国思想道德教育的视野趋于内向，呈现出“内卷化”特点，教育效果欠佳。我们总是从教育者的角度出发，研究如何来实施教育，而很少从接受者的角度出发，研究教育是如何被接受的。致使当前的思想道德教育实践中还存在着太多的“一厢情愿”：重“投入”轻“产出”，“只问耕耘，不问收获”，重“灌输”轻“接受”，等等；思想道德教育“低效”困扰着教育者，“不愿接受”“拒绝接受”“难以接受”“虚假接受”还时有发生。教育方法多采用“灌输式教育”，忽视了教育对象在教育过程中的主观能动性，而且较少关注教育对象的实践能力和行为养成，不能很好地将显性教育与隐性教育结合。近年来，国内很多高校都在积极探索构建完善的育人体系和大思政格局，尤其是 2016 年 12 月全国高校思想政治工作会议召开后，习近平总书记讲话中提出，思想政治教育要“因事而化、因时而进、因势而新”，这也成为当前做好思想道德教育工作的重要理念。教育部《高校思想政治工作质量提升工程实施纲要》提出要充分发挥课程、科研、实践、文化、网络、心理、管理、服务、资助、组织等方面工作的育人功能，挖掘育人要素，完善育人机制，优化评价激励，强化实施保障，切实构建“十大”育人体系。这为思想道德教育质量提升指明了方向。

3. 网络新媒体不良信息的“侵袭”

信息时代背景下，互联网的出现打破了传统的信息不对称现象。西方各类价值观念、意识形态和社会思潮，假借影视作品、综艺节目传入中国，尤其是互联网平台的免费共享性，造成大量未经审核的文化产品广泛流入学生群体，对我国社会主义主流意识形态造成严重冲击，进而污染了原有的文化生态环境。“95 后”“00 后”大学生成长于互联网蓬勃发展的黄金时期，是网络上的原住民，他们的思想观念尚处在塑造和形成时期，理想信念容易出现松动。随着现代科技的迅猛发展，特别是以通讯、网络、多媒体为代表的信息技术的广泛普及和应用，信息传播途径的多元化和不易操控性使各种各样的不良信息有了广阔天地。资本主义的政治、经济、文化、民主、自由和人权以及资本主义的生活方式和价值观，对广大学生的思想以及行为方式都产生一定影响，加上国内外别有用心的人利用网络传播虚假信息，散布反动言论，甚至对社会热点、难点和敏感新闻进行炒作，误导舆论，对大学生的理想信念冲击很大，大学生理想信念不可避免地遭到“不良信息”的“侵袭”。

4. 高校育人体系的协同发展不够。主要表现在三个方面。一是专职思想政治教育队伍之间协同发展不够。高校思想政治理论课教师、辅导员、学生工作中的专职思想政治教育工作者等都是思想道德教育专职人员，但现实中，思想政治理论课教师注重理论研究和课堂教学，辅导员和学生工作专职工作者更关注学生教育与管理的实务工作，这就容易出现理论研究、课堂教学、实践开展相互分离的情况。二是专职队伍和兼职队伍协同发展不够。兼职队伍大多来自教学和学生工作的一线工作者，与学生的联系更为紧密，影响力更为显著，但同时他们较专职队伍而言，又受到专业素养的限制，在教育的开展过程中难免存在专业性不强等问题。三是家庭、学校、社会间的协同发展也不够。学生成长成才是家庭、学校、社会共同的责任，家庭教育、学校教育、社会教育形成合力，才能共同促进学生成长成才和全面发展，但现实中三者间无缝衔接、相互融入、共同作用的格局尚未真正形成，在调研中我们发现，有些大四学生即将迈入社会时，呈现出“佛系考研”“慢就业”等现象。辅导员跟学生谈心了解到不少学生考研原因是“进入社会太残酷了，还想再玩三年”“今年能考上最好，考不上也没关系，今年只是试一试，明年准备二战”等。这种表象下掩盖的是学生面对现实和困难时的回避消极态度。这背后是家庭教育与学校教育的脱节。有些家长觉得孩子即使不就业也没关系，家长可以养着，甚至学业不好也没什么。很多学生的心理问题也大多来自原生家庭。还有部分学生家长信仰各种宗教，有的学生甚至从一出生就接受了宗教洗礼。不仅是家庭教育与学校教育脱节，大学生的很多问题也来自中小学教育的持续影响。

5. 大学生心理发展成熟度的制约

“95 后”大学生出生在物质生活条件优越的时代背景下，绝大多数为独生子女，比较开明的成长环境、丰富的情感经历与脆弱的心理抗挫能力并存，大学生的心理认知能力发展基本上趋于成熟，但是对事物本质或者抽象性的反映即形式逻辑思维还处于继续完善之中。有研究表明，“大学生中只有 67% 的人达到了形式逻辑思维的高级阶段，其余的还处于低级阶段”。他们的情绪和情感也容易出现波动，心理应对能力相对不足的学生易产生心理和行为的失衡，从而导致他们的道德行为出现偏差。个人主义比较明显，关注个人利益，个性比较鲜明，民主和法律意识较强，人际交往方式多样，竞争压力较大，对奉献社会与追求个人价值统一的要求不断降低。

四、思想道德教育对学生全面成长发展作用发挥的路径及实践探索

结合新时代思想道德教育的意义和价值，针对目前学生思想道德教育存在的问题与不足，我们应从学生成长成才需要与思想道德教育目标的一致性中把握新时代思想道德教育创新发展的逻辑起点。从青年学生成长成才需求与思想道德教育发展不平衡不充分之间的各种矛盾中发掘新时代思想道德教育创新发展的动力。从关照学生需求中找准着力点，探索新时代思想道德教育创新的实施路径。要着眼学生“关心什么”，注重构建高效的思政教育话语体系；聚焦学生“需要什么”，提高精准满足学生成长成才需要的供给能力；立足帮助学生“解决什么”，不断提高统筹解决思想问题与实际问题的能力和水平。

（一）构建“三全育人”格局，健全人才培养体制机制

1. 多主体全员育人

“全员育人”，要求全体教职员工都要成为“育人者”，其一言一行、一举一动都要履行育人之责、产生育人之效，实现育人无不尽责。育人工作是高校全体教职工与生俱来的“天职”“本职”，充分挖掘专业课教师、思想政治理论课教师、哲学社会科学课教师、辅导员、班主任、管理干部等多个岗位的育人要素，将育人职能贯穿其工作始终，实现“教”与“育”“管”与“育”“服”与“育”的融合贯通。

2. 全过程协同育人

“全程育人”，要求将立德树人贯穿高校教育教学全过程和学生成长成才全过程，实现育人无时不有。育人工作具有整体性，要从“条块分割”转向“协同配合”，将育人工作贯穿到学生从入学到毕业的各阶段，融入学生学习生活各方面。以“六个下功夫”为着力点，即在坚定理想信念上下功夫、在厚植爱国主义情怀上下功夫、在加强品德修养上下功夫、在增长知识见识上下功夫、在培养奋斗精神上下功夫、在增强综合素质上下功夫，构建德智体美劳全面培养的教育体系；推进教学、管理、服务等部门协同联动，挖掘育人元素、建立责任清单、强化工作举措，共唱育人“合奏曲”；引导教师充分挖掘学科蕴含的思想政治教育资源，打破思政教育和专科间的藩篱，将立德

树人贯穿课堂教学始终。

3. 全方位合力育人

“全方位育人”，要求将立德树人覆盖到课上课下、网上网下、校内校外，实现育人无处不在。高校思想道德教育不是思政课的“独角戏”，应进一步推进育人系统化战略，构建大思政育人工作格局，整合各种育人资源。育人工作要实现推进知识体系教育与思想政治道德有机结合、思想道德教育向各学科有机渗透，从“思政课程”到“课程思政”，让思政课程和各类课程同向同行；建立网上网下正向互动的工作格局，促进网上网下两个教育场的衔接整合；大力推进学校、社会、家庭一体化育人，提升丰富家庭教育资源，充分利用社会教育资源，达到多方位合力育人的效果。

（二）推进思想道德教育创新，借实践而锻炼人

高校最终要把学生培养成社会主义的合格建设者和可靠接班人，不断提高学生思想水平、政治觉悟、道德品质、文化素养。“道不可坐论，德不能空谈”。实现中华民族伟大复兴的中国梦是全国人民共同的理想，而理想的实现是生动的社会实践过程。因而，对中国梦的宣传教育要融入大学生社会实践，让大学生走出校内，走进工厂、社区、农村，边宣传、边学习、边成长，才能增强其对中国梦有更加深刻的理解和体会，才能使其懂得只有通过全国人民的团结奋斗、不懈奋斗、艰苦奋斗，才能真正实现中国梦。

1. 推进思想道德教育内容和方式创新，增强吸引力和感染力

首先是创新思政课教学。2016 年 12 月，习近平总书记在全国高校思想政治工作会议上的重要讲话中指出“要用好课堂教学这个主渠道，思想政治理论课要坚持在改进中加强，提升思想政治教育亲和力和针对性，满足学生成长发展需求和期待”，这一重要论述为加强高校思想政治理论课建设指明了方向和途径。习近平总书记在 2019 年 3 月学校思想政治理论课教师座谈会上强调，思政理论课要“坚持政治性和学理性相统一、价值性和知识性相统一、建设性和批判性相统一、理论性和实践性相统一、统一性和多样性相统一、主导性和主体性相统一、灌输性和启发性相统一、显性教育和隐性教育相统一”，这“八个统一”，深刻总结了思政课建设长期以来形成的规律性认识和成功经验，构成一个紧密联系、有机统一的整体，为推进新时代思政课守正创新指明了方向。其次，是拓展教育内容，创新教育方式。深入挖掘提炼各学

科、各专业蕴含的思想政治教育价值和元素，促进各学科、各专业的科学属性、社会属性和思想政治教育属性深度融合，不断丰富和完善思想政治教育内容体系。另一方面，要积极探索科学有效的思想政治教育方式。要立足当代大学生思想道德和价值观发展需求，坚持贴近社会、贴近学生、贴近实际，加强各学科、各专业开展思想政治教育的特点、规律和实效性研究。要通过“理论讲授”方式，帮助学生建立起完善的知识结构；通过“情境讨论”方式，引导学生通过思考，培养健康的情感和道德判断能力；通过“实践体悟”方式，引导学生养成正确的道德行为习惯。

2. 拓展思想道德教育“实践场域”，实现第一课堂与“第二课堂”的贯通

注重发挥学生的主体意识。“既要向书本学习，也要向实践学习”。以校外实践为依托，可以引导学生践行社会主义核心价值观，在奉献中实现自己的价值，在锻炼中深刻把握时代责任与历史使命，主动肩负起中华民族伟大复兴中国梦的重任。高校应大力推动思政课实践教学与学生社会实践活动、志愿服务活动相结合，思政小课堂与社会大课堂相结合，更有助于培养学生的实践能力、创新精神和社会责任感。比如，单独设置“大学生社会实践”课程。同时将各门思想政治理论课的实践环节和学生“第二课堂”社会实践相结合，形成从入学教育、课内外实践、社会实践到毕业教育的全过程实践教育体系。思政课教师与党政干部、学工队伍共同组成“实践导师团”，将鲜活的理论成果与现实情况融入课堂教学，让教材内容变得“立体”而“丰富”，促进理论与实践的统一。选拔一批理想信念坚定、宣讲水平较高的学生，组建学生基层宣讲团，引导学生在暑假、寒假等课外时间，反哺家乡，给家乡百姓带去党的最新理论成果和方针政策。选取具有重要教育意义的红色线路，让学生实地感受革命先辈在战争年代为了国家和民族的前途不惧困难、坚持不懈的精神。

（三）增强教育的时代感，借网络而顺应人

当前，网络已经成为高校师生学习生活的“第一环境”，也是高校思想政治教育工作面临的“最大变量”。因此，推动高校思想道德教育创新发展，必须增强教育的时代感，发挥网络文化育人功能。习近平总书记在全国高校思想政治工作会议上强调，做好高校思想政治工作，要因事而化、因时而进、

因势而新，其中因势而新就是要求我们在推进高校思想政治工作时应该及时根据形势的变化而不断转变教育理念，创新教育方式。

1. 加强网络思政队伍建设，组建一支理论水平高、精通网络语言、政治立场坚定的团队。激励引导更多高校中的学术大师、教学名师、辅导员和班主任以及广大学生积极参与网络文化建设，培养“有高度的安全意识、有文明的网络素养、有守法的行为习惯、有必备的防护技能。”的“四有”好网民，作为校园网络工作队伍的主力军和生力军。同时加强网络思政团队的政治和业务培训，建立完善的激励机制，不断提高队伍水平。加强学生媒介素养教育，培养学生“意见领袖”，积极传递和弘扬正能量，从而唤醒“沉默的大多数”。

2. 加强网络阵地建设，着力打造符合当代大学生接受需求的网络平台。以“易班”平台建设为契机，为师生提供便利服务，进而潜移默化进行价值观引导；以微信公众号建设为重点，打造信息发布平台，引领主流舆论和价值观；以 QQ 空间建设为依托，突出交互性特点，主动设置议程，发布理想信念教育文章，传递社会正能量。打造特色精品栏目，吸引学生主动观看，达到润物细无声的效果。辅导员可以录制理想信念理论宣讲短视频，引导学生树立四个正确认识，用“热点”事件来引发学生热议。要鼓励研发和创作网络文化产品，发挥高校智力资源充沛的优势，推出一批有态度、有温度、有厚度、有力度的网络文化产品。

（四）从优秀传统文化中汲取力量，借文化而感化人

习近平总书记在主持中央政治局第十三次集体学习时指出：“对历史文化特别是先人传承下来的价值理念和道德规范，要坚持古为今用、推陈出新，有鉴别地加以对待，有扬弃地予以继承，努力用中华民族创造的一切精神财富来以文化人、以文育人。”所谓文化育人，就是要重视人文教育、知性教育，注重青年学生的精神成长和思想提升。文化育人强调要坚持潜移默化、润物无声，就是通过隐性的教育方式，让青年学生在不知不觉中接近和接受正确的、先进的、高尚的文化，远离和摒弃错误的、落后的、低俗的文化，从而实现“蓬生麻中不扶自直”和“入芝兰之室久而自芳”的教育效果。

1. 将文化育人与社会主义核心价值观宣传教育结合起来

要重视对青年学生进行在五千多年文明发展中孕育的中华优秀传统文化

教育，更要加强对其在党和人民伟大斗争中孕育的革命文化和社会主义先进文化的教育。社会主义核心价值观以凝练的表达反映了中国特色社会主义先进文化的深刻追求，反映了中国人民的理想和奋斗，传达着中国人民的价值观和精神世界。可以说，社会主义核心价值观正是先进文化建设的根本内容，是文化育人的核心内容和第一要义。当前，我们推动思想道德教育创新发展，必须贯彻落实习近平总书记关于将社会主义核心价值观“落细、落小、落实”的要求，进一步完善培育和践行社会主义核心价值观工作的长效机制，不断增强工作的针对性和实效性。

2. 以校园文化活动为载体推进文化育人

优秀的校园文化，可以塑造人的思想品格、提升人的人文修养、陶冶人的道德情操。从学生需要角度来看，开展主题教育活动能起到更容易接受的效果。在重大节庆以及时政事件中通过主题教育活动引导学生增强四个自信，坚定理想信念。可以利用建党、建军、建国等重要节点，开展系列庆祝活动，通过回顾革命历史、剖析当前情况、展望未来发展，增强学生坚定中国特色社会主义道路的信心。积极开展线下的理想信念理论宣讲，开展习近平新时代中国特色社会主义思想研讨和征文比赛，举办马克思主义青年沙龙，增强学生坚定中国特色社会主义理论的信心。开展中国共产党党史和中国史知识竞赛，组织学生赴革命老区重温革命历程，在了解历史规律中增强学生坚定中国特色社会主义制度的信心。高校应充分发掘自身的文化属性，结合文化特色开展系列文化教育活动，提炼大学的精神气质，通过校训、校歌、校风的凝练和传扬，让青年学生感受先辈创业的艰辛历程，培养知恩感恩、追比先贤的精神品质。要通过开展文明课堂、文明寝室、文明校园等活动，培养学生尊师重教、注重礼仪、团结互助、友爱他人的思想品德。

（五）加强学生心理健康教育，提升心理素养塑造健全人格

心理健康是大学生成长成才的基础和动力。一个心理素质良好的大学生，对于思想道德教育的内涵能进行深入地思索，更容易接受教育并内化为自己的信念，外化为自己的行为。当前，心理健康教育正逐渐成为进一步加强和改进大学生思想政治教育的重要举措，成为增强教育的实效性和全面提升学生综合素质的基础和保障。心理健康教育不仅能使有各种心理问题表现的学生尽快缓解心理压力和消除心理危机，更重要的是使广大学生具有健全的人

格和良好的个性心理品质，促进学生非智力因素的开发，积极引导大学生在观念、知识、能力和心理素质等方面尽快适应时代和社会发展的要求，培养他们积极乐观的人生态度、百折不挠的意志，提高他们适应社会竞争环境的能力，塑造奋发有为的个性心理品质，促进心理素质与思想道德素质、文化素质、专业素质和身体素质的协调与全面发展，具有重要意义。加强学生心理健康教育，首先要完善学校心理服务体系，通过开设心理健康教育课程和组织各种校园文化活动加强对心理知识的普及教育，建立科学、规范的心理咨询和发展辅导，对学生心理问题进行有效的疏导，建立学生心理危机干预体系，提高学校心理健康教育工作队伍的专业技能。

（6）锤炼高尚师德，加强思想道德教育工作队伍建设

落实立德树人根本任务，离不开一批又一批的好老师。党的十八大以来，习近平总书记对“四有”好老师和“四个引路人”等进行了深刻阐述，为建设新时代高素质教师队伍指明了方向。高校思政课教师和辅导员是学生思想道德教育骨干力量，全体教职工都肩负着育人使命。2019 年 3 月 18 日，习近平总书记在主持召开的学校思政课教师座谈会上指出思政课教师必须具备“六个要”素质要求：“政治要强、情怀要深、思维要新、视野要广、自律要严、人格要正”。这不仅是思政课教师而且应该成为全体高校教师的价值追求，必须对照习近平总书记提出的“六要”要求，努力加强自身修养，坚定理想信仰，坚定“四个自信”，要有深厚的家国情怀，要以高度的政治责任感、使命感和职业自信对待思想道德教育工作。高校应统筹推进、着力构建新时代价值引领下的师德培育体系，形成一套涵盖师德建设、师德考核与激励、师德失范监督与惩处等全领域的制度规范，让师德培育有据可依。要大力选树师德榜样，评选表彰师德模范、师德先进集体，结合学校特色探索开展一系列新时代师德宣教活动，宣传好师德典型、讲述好师德故事，营造涵养高尚师德的榜样文化氛围。

附　录

山东青年政治学院加强思想道德教育的创新实践

山东青年政治学院的办学基础是创建于1949年的山东省团校。1987年，经原国家教委、山东省人民政府批准成立山东省青年管理干部学院。2010年，经教育部批准建立山东青年政治学院，成为一所全日制普通本科高校。建校70年来，学校大力传承弘扬红色基因，不忘初心、牢记使命，与新中国同频共振、同向同行，凝练了"德才兼备，自强不息"的校训，形成了"朝气蓬勃，实事求是"的校风，培育了"自加压、共奋进、重实效、争一流"的山青精神。培养"青年政治人才"是学校的初心和使命。近年来，学校坚持应用型办学定位，落实立德树人根本任务，深入实施"一强化两拓展"发展战略，积极凝练"青年政治"办学特色，构建"4 +1"青年政治人才培养体系，立足区域经济，面向现代服务业，致力于培养具有青年政治特质的管理者和专业人才。

课程育人

以思想政治理论课改革为切入点，推动"青年政治"特色人才培养体系建设，在发挥好思想政治理论课主渠道作用的同时，协调发挥好各门课程协同育人作用，彰显青年政治特色。创新思政课教育形式，丰富教育内容。积极引入高质量线上课程资源，丰富学生在线学习资料，围绕课堂教学的专题设计，增加优质视频、微电影、纪录片、图片等相关资料，拓展在线学习内容。提升现有思想政治理论课网络教学平台的功能，构建集教学互动、专题辅导、自主学习为一体的网络教学平台。提高信息技术在教学中的应用水平，探索实施传统教学优势和信息化教学优势相结合的混合式教学模式。统筹思想政治理论课各门课的实践教学，紧紧围绕思想政治理论课教学内容，拓展实践教学形式。指导学生开展社会调查，到思想政治理论课校外实践教学基地参观学习；访谈革命前辈、先模人物、优秀校友；开展党史国史青运史、社会主义核心价值观、法治文化等方面的宣讲活动；参加经典著作阅读、学习沙龙、学术研讨会、知识竞赛、理论学习夏令营等思想政治理论学习活动；通过网络教学平台、官方新闻媒体展示思想政治类的文章、微视频、绘画、舞蹈等实践成果。

实践育人

按照“目标精准化、工作系统化、实施项目化、传播立体化”和“按需设项、据项组团、双向受益”的原则，积极组织开展专业特色突出、专业教师参与、内容丰富、形式多样的实践服务活动，探索总结实践育人新机制，努力扩大活动覆盖面，切实提升活动实效，取得了良好的育人成效和社会效益。近年来，我校连续被评为山东省暑期“三下乡”社会实践活动“优秀组织单位”荣誉称号，累计共48支实践团队158名学生获得省级以上表彰，63名教师被评为“优秀指导教师”。“青春引擎”实践育人项目获批2016年国家级和省级社会实践重点团队。学校通过山青志愿服务联盟、青年志愿者协会、西部计划山青志愿者协会等平台，将开展志愿服务活动、服务学生成长成才、助力地方经济社会发展有机结合，打造了“校地共建”助力泉城文明创城、“暖冬行动”春运志愿服务、“蒲公英梦想”主题志愿服务、“‘爱晚’城市锦囊”济漂老年人城市融入项目等品牌活动。学校连续16年组织优秀毕业生参加大学生志愿服务西部计划，累计选派188名志愿者赴祖国最需要的地方奉献青春力量，《中国青年报》以“志愿服务西部有个山青模式”为题进行深入报道。

文化育人

深入开展“诚信考试、诚信学术、诚信贷款、诚信就业”为主要内容的“四诚”主题教育活动，学生诚信意识明显增强。开展“一院一品”思政品牌创建培育工作，引导各学院在学生工作思路、机制、内容及载体上寻求突破点和创新点，已初步形成一个学院一个品牌项目的工作格局；指导省级名师工作室“温永慧工作室”建设，评选创建两个校级辅导员名师工作室，以点带面提升工作水平。深入推进“三访”活动，不断深化“三访”的参与面、覆盖面和帮扶面，逐步建立具有我校特色的学校、家庭和社会教育紧密结合的“三位一体”的教育模式。实施党旗领航工程。抓好党建团建进社区、两新组织党建、学生事务中心党员教育实践基地建设；成立“优秀辅导员讲师团”和“大学生党员骨干宣讲团”，开展习近平新时代中国特色社会主义思想、党的十九大精神、建国70周年、改革开放40周年宣讲；实施党团先锋站“结对共建”计划，邀请党政领导和总支（支部）书记开讲“思政第一课”；结合新生入学教育及重要节点，邀请老同志、老教授讲授“入党故事”“山青故事”。

强化课程体系、第二课堂体系、自我教育体系“三位一体”人才培养体系建设，立足提高学生的专业认知度和专业兴趣，加强学业导师和专业教师参与度，推进校园文化活动与课程体系有机结合、有效衔接。着力打造“思想引领树人工程、组织建设筑基工程、服务青年成长工程”三大工程，构建“社会实践育人体系、校园文化活动体系、创新创业竞赛体系、志愿服务项目体系、权益维护保障体系、网络思政联动体系”六大工作体系，不断擦亮“老品牌”、打造“新亮点”、开拓“新领域”，服务学生专业成长，提高大学生综合素质。学校积极支持学生参加各级各类学科竞赛、科技创新活动，各二级学院结合专业特色，积极开展专业技能竞赛。各类科技活动竞赛和学科竞赛为学生提供了参与创新活动的机会，对培养学生的创新精神和创造能力起到了积极的促进作用。

1. 校园文体活动有了新平台

持续举办迎新晚会、“山青杯”体育竞赛、“一二·九”合唱比赛、新年新诗会等传统活动项目，不断创新校园十佳歌手、山青好声音、“十大文明之星”等文化艺术竞赛活动。本着“文化活动有舞台，科技活动要支持，体育活动重参与”的原则，为广大青年学生提供了展示自我、提升能力的新平台。

2. 学生社团活动有了新亮点

全校现有思想政治、学术科技、创新创业、文化体育、志愿公益等七类学生社团97个。学生社团立足专业特色，发挥技能专长，常年开展丰富多彩的活动，涌现出了“晨之曦社工协会”“青年志愿者协会”“ME舞蹈社团”等具有广泛影响力的优秀社团。其中，“晨之曦社工协会”获2016年度山东省“百佳学生社团”。近年来，我校学生社团数量迅速增长，活动频繁开展，活动质量稳步提升，现已成为校园文化建设的生力军。

3. 校园文化品牌有了新项目

本着“扩大参与，丰富内容，鼓励创新，培育特色”的原则，我校校园文化建设实现蓬勃发展，打造了青年艺术节、社团文化节、高雅艺术进校园等校园文化品牌活动。组织学生积极参加“挑战杯”、省科技文化艺术节等省部级、国家级竞赛，获得省级以上奖励多项。其中，2017 年在第十五届“挑战杯”山东省大学生课外学术科技作品竞赛中获一等奖；在山东省第十五届大学生科技文化艺术节荣获一等奖；在第五届提案中国・全国大学生模拟政协提案大赛荣获一等奖与“最具社会影响力提案奖”。

网络育人

依托辅导员队伍，组建了网络思想政治教育管理团队，构建了“校—院—级—班”四级联动平台，努力将思想政治教育向网络拓展，积极探索线上线下相结合的教育管理服务模式。借助“山青学工”等新媒体平台建设，推进智慧学工建设项目，及时关注和回应学生的思想关切，积极传递社会主义核心价值观，主动提供各类信息发布和咨询服务，受到学生的广泛认可和欢迎。

组织育人

2017 年 11 月起，在学生社区启动党团先锋站建设，在 8 座公寓楼设立 8 个党团先锋站，以学生社区为阵地，以党团先锋站为平台，将党建团建工作进入社区，面对面、心连心地向广大山青学子宣传、阐释、传播党的十九大的精神实质和深刻内涵，帮助山青学子牢固树立四个“正确认识”，自觉以习近平新时代中国特色社会主义思想为指引，积极投身中华民族伟大复兴中国梦的伟大新征程。

将大学生事务中心作为党员实践基地，坚持“以学生为中心”，建设服务型党支部，打造爱心学工、暖心学工。

成立中共济南市历城区唐冶街道山东青年政治学院青年众创基地总支部委员会，定期开展党员民主评议会、民主生活会等。由具有高度号召力、凝聚力的领导班子团结基层党组织党员，多为高素质、有活力的优秀大学生创业者，真正做到了用青年新方式服务青年创业。坚持党建引领，党建带领团建，服务青年创业实效突出。

管理育人

完善管理体制。学校坚持全员育人工作理念，制定有提升教师专业能力与水平、调动教师积极参与学生指导工作的政策与措施，成立学生公寓管理中心、学生资助中心、大学生就业指导中心、心理健康服务中心等专门机构，并在二级学院设立学生工作办公室、团总支，明确各学院党总支副书记主抓学生工作，同时，专业教师、学业导师、班主任等全员参与、齐抓共管，多方位、多层面加强对学生学习、生活、活动、竞赛、实习实训、毕业论文（设计）、心理、就业、考研和创业等方面的指导，为学生指导与服务工作开展提供了强有力的组织保障。2019 年不断完善组织体系和工作机制，推动管理重心下移，推进学生工作校院两级改革；树立“学生为本、学风为重、学业为要、学院为基”的工作理念，明确任务清单和评价体系，召开大学生思想政治工作会部署相关工作开展；构建完善工作联动协调机制，推动校院两级建立学生工作指导委员会和学生发展指导中心。

加强制度建设。出台了《关于加强新时代辅导员队伍建设的意见》《山东青年政治学院班主任管理办法（试行）》等文件，按照要求配备专职学生工作人员，实现“辅导员 + 班主任”的学生管理体制，有效解决了教书和育人两张皮的问题。出台《山东青年政治学院共青团改革实施方案》，紧紧围绕学校党政中心工作和人才培养目标，直接联系服务引领青年取得重要成效，工作有效覆盖面不断扩大，组织吸引力凝聚力不断增强，服务学校发展和学生成长成才的能力水平不断提高，每个班级都配有班主任和学业导师，参与学生专业发展、社会实践、就业创业等，建立了一支专兼结合的学生工作队伍。

重视队伍建设。全面实施辅导员职业能力提升工程，搭建能力提升平台，建立岗前培训、日常培训、专题培训、职业培训等横向多层次、院校省部纵向四级贯通的全过程的培训体系，辅导员沙龙、学工办主任论坛成为分享经验、借鉴提高的交流平台。搭建能力展示平台，举办辅导员职业能力大赛，以赛促学，以赛促练。搭建双线晋升平台，明确辅导员具有教师和干部的双重身份，落实“单列指标、单独评审”的评聘政策，拓展、优化了辅导员发展空间。搭建工作研究平台，组建研究团队、设立学生工作研究课题，把学生工作研究、辅导员队伍建设和思想政治教育工作紧密结合起来。

做好社区教育管理服务。以学生需求为导向，建立以“职能部门、各学院、物业公司、学生自治组织”为主体的学生社区教育管理服务联动机制。加强学生社区思政教育。推动辅导员工作进社区，强化学工系统值班，将辅导员思想政治工作进社区，主动占领学生思政教育社区阵地。

服务育人

努力构建立体化资困育人体系。按照落实政策要求与学生实际相结合、管理服务与资助育人相结合、经济资助与精神帮扶相结合、满足学生当前需要与支持学生长远发展相结合的原则，全面梳理修订各类奖助学金评选管理办法，积极探索“扶困”与“扶智”，“扶困”与“扶志”相结合的资助育人模式，实施“强能工程”，探索构建起了“资困·励志·育人·善施”的立体化资困育人体系。

健全完善心理健康教育咨询工作体系。以心理健康咨询中心建设为契机，加强心理健康教育工作，补齐短板弱项。制定了《山东青年政治学院关于进一步加强和改进大学生心理健康教育工作的意见》《山东青年政治学院关于加强和改进大学生心理健康教育工作的实施意见》《山东青年政治学院大学生心理危机干预实施方案》等，完善心理月报制度、四级网络工作体系及危机干预工作机制等体制机制，创新载体形式，丰富活动内容。

第三章

新媒体环境对学生思想道德的影响研究

新媒体是新的网络技术支撑体系下出现的媒体形态，相对于报刊、户外、广播、电视四大传统意义上的媒体，新媒体被形象地称为“第五媒体”，如数字杂志、数字报纸、数字广播、数字电视、手机短信、移动电视、网络、桌面视窗、数字电影、触摸媒体等。新媒体环境是新媒体本身作为终端载体或过程平台联结起的各类物质和非物质要素的网络化生态。青年学生既是新媒体环境的受体，又是新媒体环境的授体，新媒体环境与青年学生学习生活环境日益套叠重合，成为各种思想文化交汇、交流、交锋之地。我们能否在这种环境下掌握学生思想道德教育的主动权、管理权和话语权，一定程度上决定了党的长期执政地位，决定了社会主义事业建设的可持续性，其重要意义毋庸置疑。鉴于此，党和国家高瞻远瞩，将推动新媒体环境下的全媒体融合发展提升到国家战略高度，基于网络维度对思想政治教育工作做出科学研判和宏观布局。党的十八届三中全会强调“积极利用、科学发展、依法管理、确保安全”的网络管理16字方针，作出加大依法管理网络力度、加快完善互联网管理领导体制、确保国家和网络信息安全等战略部署。去年以来，党和国家持续深入推进“网络强国”战略，营造清朗网络空间，加强网络意识形态工作。近日，中共中央、国务院印发的《新时代公民道德建设实施纲要》中，明确提出“抓好网络空间道德建设”，要求加强网络内容建设、培养文明自律网络行为、丰富网上道德实践、营造良好网络道德环境。这些都从国家战略高度，为持续做好新媒体环境下的青年学生思想道德教育工作提供了方向指引和坚强保障。立德树人是学校的根本任务，学校必须进一步加强学生思想道德教育，把思想品德作为学生的核心素养，纳入学业质量标准，构建德智体美劳全面培养的教育体系，把社会主义核心价值观和道德规范有效传授给学生。

一、新媒体环境的形成、发展及其文化特质

（一）新媒体环境的形成与发展

新媒体的产生与网络密不可分，新媒体环境的形成和发展依赖于网络环境和网络技术。网络环境是网络文化的母体，存在软件、硬件互联互通的物质属性，以及观念、规则等社会因素为内容的非物质属性，各种属性共享同一系统。网络环境的形成与发展始于网络技术或者叫做互联网技术，是20世纪中后期以来资讯传播技术发展的结晶。50年代，美国由于认识到数据通讯网络对国防安全的重要性，建立了名为“APPANET”的实验性网络建设项目，最初仅有的4台计算机分散在几所大学中。1969年11月21日，在美国国防部的资助下，6名科学家在加利福尼亚大学洛杉矶分校的计算机实验室，成功实现了与千里之外的斯坦福大学研究所的一台计算机的连通，这也是网络追溯到的最早源头。1969年至70年代，该项目逐步承担起了美国国防部的日常通信。1983年，互联网在此基础上诞生并用于民用，在90年代进入了千家万户，彻底改变了之前网络的发展利用仅仅局限在国防、科技、教育领域的状况。1994年，美国副总统戈尔在国际电讯联盟大会上提出了建立“GII（全球信息基础设施，或称全球信息高速公路）”的倡议。从此，网络技术在全球范围内迅速发展起来。进入21世纪，网络技术已经渗透到政治、经济、文化、军事等各个领域，成为人类社会生存与发展必不可少的工具，也使世界进入了一个逐渐扁平化的时代。

中国网络技术的产生和发展曾经远远落后于西方，一方面是受历史条件和社会发展水平制约，另一方面，发达国家在计算机应用领域对我国一直心存戒备，有意无意地设置一些壁垒，计算机软硬件难以兼容的问题非常突出。我国最早的网络技术发端于1986年北京市计算机应用技术研究所主持的国际联网项目（CANET，中国学术网）。1987年9月20日21时07分，我国第一封电子邮件“越过长城，通向世界”在发出6天后，借助合作伙伴德国卡尔斯鲁厄大学的中转终于登上了国际网络，揭开了中国人使用Internet的序幕。1990年10月，中国的顶级域名“CN”在美国国际互联网络信息中心成功注册；1994年4月20日，连入Internet的64K国际专线开通，实现了与Internet

的全功能联接。随着接入国际计算机网络所需要的两个关键步骤的完成，中国成为第77个被国际上正式承认为真正拥有全功能Internet的国家，中国全面加入Internet。中国互联网技术在经过了萌芽期之后开始了迅猛发展，随着电信运营商向全社会提供网络接入服务，一场前所未有的改变逐渐渗入到社会生活的各个领域，人们的生产形式、生活方式乃至思维方式发生了翻天覆地的变化，用日新月异、一日千里都难以形容。

近几年来，网络技术、网络基础设施、网络资源、网络用户、网络应用等持续稳定增长，新的网络信息和移动通信技术催生移动互联网的快速发展，所有源生于西方的网络应用几乎都在中国落地并勃兴，中国的网络环境早已告别了单一和单调，变得多元和复杂，网络新媒体环境由此快速萌发。截至2019年6月，我国网民规模达8.54亿，较2018年底增长2598万，互联网普及率达61.2%，较2018年底提升1.6个百分点；我国手机网民规模达8.47亿，较2018年底增长2984万，网民使用手机上网的比例达99.1%，较2018年底提升0.5个百分点。大数据、云计算、物联网、人工智能、新能源等领域时刻为“互联网+”发展阶段的中国带来头脑风暴，电商、社交、媒体、娱乐、教育、政务、服务这些原本相对独立的业态，借助移动、融合的网络新媒体环境，与国人社会生活的各个层面加速对接。网络新媒体环境对人类的生存和发展不断产生更多深刻的影响，速度之快、形态之多、渗入之广前所未有。中国，这个世界上最大的发展中国家，在经历了经济高速增长之后，进入以产业结构调整和创新驱动为标志的发展转型期，互联网领域更是成为改革必不可少的助推引擎。随着网络技术的飞跃，社会进步的网络化依赖程度日益提高，互联网这一联通中国社会的重要平台继续向纵深发展，网络新媒体环境以潜移默化的方式不断改写旧的、并创造出新的个体生存模式和群体发展方式。网络新媒体环境的优化，如同生态环境治理一样，成为事关文化发展和文明建设，事关国民生产和百姓生活的一个重大议题。

（二）新媒体环境的文化特质

“网络是以计算机和信息技术为基础，以实现便捷通信和资源共享为目的，发展人的本质的虚拟世界。”网络突破了狭隘的技术性界定之后，其在提供人类自我组织方式和变革社会关系方面的本质属性和重要意义得以凸显。在网络技术发展的三个阶段中，接受、参与、构建这三个词，分别代表着人类受不同网络环境的影响而产生的思维模式与行为方式的核心特征。web1.0时代的网络是信息提供者，单向性提供和单一性理解人的需求，网络活动的核心是人的信息接受；web2.0时代，网络是平台和渠道供应者，用户提供信息，通过网络，其他用户获取信息，网络活动的核心是人与人的沟通，以及大众对文化的创造；web3.0虽然主要还处于概念阶段，但其特征则日渐明晰，即在提高人与人沟通便利性的同时，形成人和网络以及网络与人的沟通，网络对用户了如指掌，知道用户有什么、要什么以及行为习惯，通过资源筛选、智能匹配，直接给用户答案，网络活动的核心是人－网络－人的构建。

新媒体环境的文化特质一方面表现为新媒体构成空间自身固有的虚拟性、去中心性等特征，另一方面又表现为泛在性、平等性等社会基本结构和基本形态“网化”后的结果反映，无论哪一方面都将随着新媒体技术的进一步发展及其对社会环境的持续改造而不断变化。就目前而言，主要可以归结为虚拟性、开放性、泛在性、平等性、交互性几个方面。

第一，虚拟性。虚拟性是新媒体环境最为显著、最为基本的特点。网络空间是以数字化方式联接各终端，利用网络技术、计算机技术、通信技术、传感技术、人机界面技术等综合技术而生成的一个逼真世界，是在现实世界以外人工构造的一种环境。众所周知，人类的意识和思维有着认识反映事物和改造事物的特点，而改造首先要完成心理构建，即在大脑中重组事物，这是人类丰富精神性的源泉所在。思维虚拟性与网络虚拟性的吻合使新媒体环境仿佛成为大脑的延伸，在这个人工构建的虚拟空间，人的逻辑思维能力和形象思维能力得到很大程度的激发，人的思想和本性得到了更加彻底的解放。在网络技术支撑的虚拟环境中，媒体所营造的“超真实”世界由被操控的符号和代码组成，虚拟身份的使用被无限允许、虚拟互动的空间被无限放大，现实的拟像和仿真变得易于被接受和体验，进而这种拟像和仿真本身也就自然演变为“超真实”的现实。

第二，开放性。开放性是指在具有开放性的网络公共领域，新媒体环境改变了传统社会信息垄断的局面，促进了不同地域、阶层、文化间的交互沟通与信息共享，每个人不但能够分享其中的信息资源，而且能够为其提供新的信息资源，大众个体赢得了前所未有的主体性和话语权。由人机交互系统构成的新媒体环境，不是一种单一的封闭的环境，它在技术层面是一个开放架构，可以无限延伸和链接。不同计算机和网络实现互通，靠的是通用技术标准和软件协议，自上世纪60年代以来，这些标准和协议在公共领域中得以公开和保持，这使得任何单一实体都难以对互联网施行绝对性控制，也难以形成封闭的新媒体空间。面对我国互联网的快速发展，西方发达国家对网络技术的控制和开发从未放松，在政治、文化、经济、军事等领域投入大量资源，持续开展全球化信息战，意图利用网络的无中心性特质，建立有利于自身垄断地位的网络环境，继而构建可供其操纵的新媒体环境下的传播格局。

第三，泛在性。新媒体环境的泛在性特质是指，随着上网成本的下降和大众收入的提高，新媒体不但已经实现了从社会精英向普通大众的普及，而且越来越全方位地存在于人们的日常生活中。计算机、智能手机等终端大大普及，界面服务日益精细，各类网络连接途径与网络服务体验极大丰富，不可见的网络无时不在、无处不在。除了新媒体本身的泛在性以外，各种价值观念、文化意识和行为方式，借由新媒体环境实现了广泛、快速、多元、交互传播，不同国家与民族的文化碰撞与交融也更加频繁和剧烈，相互间的渗入和影响不断增强。“数字鸿沟”的存在使强势一方难掩自身增殖扩张的冲动和欲望，弱势一方则面临超越式发展的机遇和断崖式消竭的危机。新媒体环境的泛在性使各方都存在成长发展的热点和盲区，因此传播行为更需要目标精确、发力精准、效果精益。

第四，平等性。开放性和泛在性使新媒体活动具有低门槛、低成本的平民化特点。虽然网络技术普及仍然存在明显的区域差异和结构差异，新媒体环境中活动的主体也有网络精英和普通网民等不同群体，但是网络新媒体的虚拟性使现实交往互动中的环境、表情、动作被消解，职务、身份、地位等影响人们行为的社会情境线索被去掉，社会控制和规范大大减少，同时由于网络技术是以数字化和程序化的格式运行，人为因素大大减少，从而使新媒体在技术上成为参与者平等的领域。但是，这种技术上的平等并非绝对，因为新媒体环境也是现实环境的反映，互联网政治学不光揭示网络如何影响政治，更重要的是将目光指向网络环境中的政治不平等，“人为的议程设置”就是少数占据网络资源优势的媒体霸权范例。

第五，交互性。在新媒体传播中，受众与传播者或者受众与受众之间可以在一定程度上进行直接双向交流，这一特性即网络的交互性，这种交互也包含网络自身的发起和完成。近年来，基于网络新技术革命的新媒体以其不可阻挡的发展趋势，验证着网络交互性在人类传播领域引起的重大变革，利用新媒体加强传播效能的路径探析和方法研究俨然成为热点。人们由信息资源的消费者变为信息资源的生产者和提供者，人际互动中的传播者、接受者、创造者的界限日益模糊，导致信息的权威性也在这种双向互动传播中逐渐消解。新媒体环境对权威的消解意味着对权力的拒绝，从这种意义上说，新媒体环境文化特质的交互性与平等性是一以贯之的。

二、学生思想道德建设现状分析

（一）学生思想道德现状的研判

思想道德是人们对公共价值的一种兼具理性认知和感性认可的映射，表现为坚定不移的行为信念、执著不渝的心理信任和持续稳定的感情信赖，是其区别于其他较低水平文化心理活动的显著标志。

随着改革开放和社会主义市场经济的深入发展，我国的经济体制、社会结构、利益格局和社会思想观念正在经历深刻的变化。同时，在各种思想文化相互激荡的环境中，广大青年学生思想活动的自主性、选择性、多变性、差异性明显增强。学生群体在思想觉悟、知识储备、能力素质等方面具有较高的水平，是社会发展和民族振兴的生力军和希望，他们的思想道德状况不仅关系到能否建立足以支持自身成长和促进思想成熟的精神钙质，也关系到我国改革开放伟大事业的成败，因而具有更为典型的意义。在这一背景下，我国的思想教育工作对学生思想道德教育提出了明确的方向和要求，就是要确保马克思主义道德观和社会主义道德观的主导地位，倡导共产主义道德，确保学生思想道德总体态势的良性发展。在引导学生整体对党的领导、社会主义道路、国家大政方针保持认同的基础上，在学生党员、学生骨干、团干部、青年知识分子等青年群体的中，培养和造就一大批用马克思主义中国化的最新成果武装起来的青年马克思主义者，使他们进一步坚定跟党走中国特色社会主义道路的信念，成长为中国特色社会主义事业的建设者和接班人。

通过对大量文献资料的整理汇总，绝大多数研究者对于我国青年学生思想道德的整体面貌看法一致，即在总体的倾向性上表现一致，在具体的典型指标上出现负面问题。总体倾向性一致的主要表现，一是新时代学生思想道德逐步走向复兴和重塑；二是多元文化引导下学生思想个性化发展；三是主流价值观在重建过程中主导地位不断巩固。也就是说，学生的主流信念是共产主义伟大理想和中国特色社会主义共同理想，认可并积极践行社会主义核心价值观，认可并积极传承中华传统美德，认可并积极弘扬民族精神和时代精神。这一点充分证明我们当前的思想道德教育取得了一定成绩。负面问题主要表现一是学生的思想政治信仰有所淡漠甚至倾斜；二是对宗教信仰、世俗信仰、虚幻迷信信仰的态度趋于宽容，思想多元化特征明显；三是实用功利主义、现代科技崇拜导致道德冷淡和缺失，对科学与理性的追求出现盲从。其正反两个角度所反映出的时代性、多元性是描绘我国学生思想道德现状的重要特征，也是进一步分析学生思想道德问题成因的关键切入点。

（二）学生思想道德问题的成因

1. 时代性、多元性的客观原因

人类社会的整体道德随着经济发展、个人收入和生活水平的提高而提高，即所谓“仓廪实而知礼节，衣食足而知荣辱”。有学者从社会转型的角度出发分析经济增长和道德发展之间的关联，认为现代社会的个体道德危机是整体社会环境冲突的产物。中国特色社会主义进入新时代，我国社会主要矛盾已经转化为人民日益增长的美好生活需要和不平衡不充分的发展之间的矛盾。我们用几十年的时间走完了西方几百年的发展道路，经济得以迅猛发展。但同时，在社会矛盾转化的过程中，思想文化、社会治理以及环境整治等领域的调适相对滞后，宏观把握不力，转型应对不足，导致旧的社会文化生态正在失效，新的社会文化规范尚未形成。市场经济的发展使人们越来越多走向公共空间，而新的公共道德规范在科学知识与传统权威之间，物质性价值与精神性价值之间，价值理性与工具理性之间权衡徘徊，尚未完全确立，由此导致个体道德的无所适从。

改革开放四十多年以来，我国逐渐形成了以公有制为主体、多种所有制经济共同发展的基本经济制度，代表个体、私营、外资的非公有制经济发展迅速，在上层建筑获得了越来越大的空间，由非公有制经济基础决定的道德范式自然也有了传播的土壤。建立在高度发达生产力和纯粹公有制经济制度基础上的马克思主义一元道德观，被一些人认为似乎不适应经济体制多元化发展的社会主义初级阶段国情。青年学生的道德观念也受到了一定的影响，在全球化时代背景下出现了多元道德观、道德虚无主义、道德淡漠甚至道德异化，道德认知和实践面临着重塑和复兴。

经济全球化时代的到来使人类第一次获得了关于自身存在的丰富性、完整性的自我意识，从而使不同思想内容、不同道德形式得以在同一时空并存，在思想文化领域呈现出错综复杂、多元交织的状态。有些学生以“无思想”“无政府主义”标榜自己的个性；有学生既信马克思主义，又信上帝；既相信科学，又崇尚宗教和迷信；还有的学生把本应严肃的思想道德功利化，在理性和非理性间波动。这种道德的多元化与各种未经甄别的意识形态、社会思潮和价值导向的平行多元存在有着直接关系。对尚未形成自我反思和自我超越意识的青年学生而言，社会文化形态的多元无序发展，影响着其思想道德的认知、判断和选择，容易产生盲目和非理性行为。

2. 思想道德教育的主观原因

一是思想道德教育模式的单一。当前我们对学生的思想道德教育，就是马克思主义道德观和中国特色社会主义道德观教育，这是社会主流意识形态建设的主要内容之一。进入本世纪以来，国家层面、学校层面积极推进思想政治教育实效性的改革与发展，从提高思想政治教育效能的角度对诸多理论不足和现实困境进行了破解优化。应该说，我们的思想道德教育内容是完全经得住历史考验的。思想道德的内容对于其传播、普及和内化具有决定性意义，但在很多时候，传播和教育的方式、方法也是决定成败的关键因素。在思想的一元时代，灌输式教育取得了空前效果。但是，这种在目标设定、方式方法、评判标准等各个环节实行制式化改造的教育模式，忽视了对教育主体的人本关怀，即人文精神对人性自由发展与独特个性的涵育。到了思想文化的多元化时代，即便教育内容是科学合理的，但面对不同以往的教育主体，面对教育模式和传播技术的社会化改造，原有教育严肃古板、缺乏吸引力和说服力的单一实施机制显然不够生动，这是思想道德教育发起者和实施者面临的重点和难点问题。

二是思想道德教育目标体系化建设不足。思想道德教育往往是首先对人的现实生活予以关照，进而逐步实现对其心灵生活的关照，这一过程包括了认知、体验、接受三个不同发展阶段。从社会化角度而言，我们必须将学生党员和学生骨干等群体作为思想道德教育的强化对象，加大其在思想认知引导、道德价值培育和道德行为参与方面的活动投量。若以全体对象对马克思主义道德观的高度觉悟为唯一标准来判别学生道德教育全貌，是不切实际的。面对丰富的教育内容，缺乏层次性和发展性的道德教育目标，不利于因势利导、因材施教，不利于激发学生主体能动性，不利于教育模式的灵活变通和创新发展。思想道德教育与学生个性化、多样化的现实生活脱节，必然隔阂他们对思想道德教育的获得感。从个体道德形成规律和社会整体道德发展来看，道德教育目标的体系化建设，恰恰是为了解决个体道德实践空间局促，以及群体公共道德规制单调的问题。

三是道德教育定位不够精准和笃定。学生群体对现代科技和实用功利有着切身体会，对科学和理性有着执着的追求。青年学生是思想最为活跃的群体，历史上多次思想解放运动都起始于学生。从有关调研中我们可以发现，学生群体对于自身所处的教育系统本身有着自觉的认识，相当多的学生对于加强道德教育持有积极态度并预期乐观。思想道德教育“两个主体”之间存在的互构互建关系，验证了思政教育主导性与主体性相统一的必然。“唯具体个性论”和“唯抽象集体论”都是思维方式和认知方法的极端取向。脱离个体社会体验的刻板思想道德教化，虽然一段时期能够维护整体道德稳定，但并没有从根本上解决我们为什么要重视道德教育的问题，也与教育立德树人的本质要求背道而驰。同样，只强调个人体验的思想教育缺乏高层次的道德目标，亦不利于凝聚个体力量形成整体统一意志。习近平总书记强调，要教育引导学生正确认识世界和中国发展大势，正确认识中国特色和国际比较，正确认识时代责任和历史使命，正确认识远大抱负和脚踏实地。这四个“正确认识”，既是青年学生主体成长发展的内在需求，也是教育引导青年学生的重要目标，更是当前思政教育加强针对性、时效性的着力点和切入点。思想道德教育的主导者，应该兼顾学生个体发展的多样性和国家公民道德的统一性，重视青年学生成长发展内在一致性的构建，对思想道德教育做出更加精准的定位和实施，不断提高学生的思想水平、政治觉悟、道德品质和文化素养。

三、新媒体环境对学生思想道德教育的影响

（一）学生思想道德问题与新媒体环境的关系

我们在分析学生思想道德教育存在问题的成因时，并没有将新媒体环境

简单的作为一个直接因素加以体现，并非对新媒体环境对学生思想道德的影响视而不见，而是将其作为在整个主客观环境中无处不在的间接因素进行考量。对新媒体环境与学生思想道德问题之间关系的梳理，目的是客观对待新媒体环境本身具有的社会文化属性，尽可能全面的分析新媒体环境对学生思想道德的影响机理，并针对性的提出对策建议。

一方面，我国新媒体环境的形成与发展时间不长，在这之前，并非没有关于学生思想道德的讥问。思想道德问题的产生，因其阶级属性、政治功能和文化特质而遵从着一定的演变方式，这一点并非由新媒体环境所决定。另一方面，网络技术对全球信息生态系统的改变，使社会控制从过去的单一支配关系转变为平等关系和互动关系，新媒体环境的形成过程也是其自身参与和完成社会环境互构的过程。这一过程借由人的社会化改造机制，始终伴随并在一定程度上影响着学生思想道德问题的形成。而随着整个社会网络化程度的加剧，新媒体环境在主客观总体环境中的影响也日益提高。

新媒体环境在形成与发展过程中，其虚拟性、开放性、泛在性、平等性和交互性的文化特质，相当迅速并且不可逆地改变了社会文化生态，并推动这种改变继续深入发展，甚至于形成了基于国家、公民、新传播技术的互联网政治学。在互联网政治学中，互联网本身的政治学和互联网的政治应用是并列的两大类研究话题，现实世界的政治差异性、道德对抗性体现为网络世界中的博弈，而网络的政治应用和道德践行则体现了其对现实的影响。新媒体环境与学生社会化环境形成深刻互构，对学生的社会化内容和途径进行着悄无声息却又深刻犀利的改造。

一方面，新媒体拓展了学生社会化的内容，构建了社会认知、社会价值和社会参与的虚拟世界，从而为思想道德教育的认知提供了更多可能；另一方面，新媒体环境改造了家庭、学校、社会、朋辈、大众传媒这五种主要的社会化途径，以其对现实应用和主体性的激励，为思想道德教育的实践体验和接受模式开辟了更为宽广的空间，催生出学生思想道德的诸多新特征。新媒体环境与学生社会化环境有着互构作用，对学生思想道德存在的问题既有正面改造和形塑的积极作用，对其产生原因也有反面助长与消解的消极作用，机遇与挑战并存，获益与风险共生。

1. 机遇：正面改造与形塑

网络化生存方式下的学生更多关注人性化、个体化价值，而网络生活分散与集约的多重模式不利于建立个体与集体、继而命运共同体之间的互联互通。新媒体在发声、发动、传播、聚积等方面展现出惊人的效果，但由于“非公有制”的个体化运营特色，其中展现出的文化心理层级相对较低，于是我们就看到了读书、跑步、考研、志愿服务这样非常具体的行为分类居然大张旗鼓贴上信仰的标签，直播吃饭这样的短视频竟然也引发青年学生热捧。此类问题的发端有的源于一些公知、大V，有的源于学生群体自身，经常短时间内一呼百应、势不可挡，成为新媒体热点。而诸如#我有一个梦#、#我为核心价值观代言#等带有明显思想道德引导指向的线上活动，则需要共青团这类机构的持续组织推动。“正能量”一词的提出就非常形象的对新媒体环境中各种不同声音所传递出的积极正面意义进行了整合，并超出了新媒体环境范畴，成为社会整体环境优化的集结号。这也反映出在我们思想道德教育主旋律的高调合唱中，已然发展出了分声部、领唱等变化。新媒体环境真实的反映出青年学生在网络上对思想道德话题的活跃度、参与度、理性诉求和情结指向，对学生思想道德的正面形塑发挥了积极作用。

如果我们把新媒体环境看做一个虚拟场域，那么能够被其消减的有些本身就是弱势存在，而能够被其放大的则可能本身既是强势存在。换句话说，我们仍然能够主动给予，这个场域中飘扬什么颜色的旗帜，奏响什么旋律的调子，凝聚什么方向的力量，发挥什么样的功能，关键要看我们往其中投入什么质料和怎样投入并运用，即建设什么样的新媒体环境和怎么建设的问题。在这一点上，我们的思想道德教育正以更加丰富的内容和更加清晰的目标呈现强势回归的姿态：即突出加强学生思想政治引领和价值引领，以“中国梦”和中国特色社会主义宣传教育为主题，以习近平新时代中国特色社会主义思想为统领，以培育和践行社会主义核心价值观为主线，加强爱国主义教育，旗帜鲜明地引领广大学生听党话、跟党走。在教育模式上，马克思主义学院建设和第二课堂建设双管齐下。尤其是以加强青年学生思想引领工作为根本任务的共青团组织，其开展的“红网工程”结合学生思想实际和网络的特殊要求，在新媒体空间构建了微信、微博、QQ空间、B站、APP应用等新媒体矩阵，开展舆情收集分析、社会观察引导、线上主题教育等工作，成为思想道德教育工作者及时掌握学生思想动态、做好阶段性舆情研判，真正实现有针对性的思想引领、信仰导航、道德规范的网上教育阵地。思想道德教育精准化、精细化、精益化发展，信赖、信心、信念、信仰，逐步增强；进支部、进社团、进网络、进团课，点面相连，知行合一。这一作为就是我们有目的对新媒体环境进行的优化利用，对学生思想道德问题有着正面改造功能。

2. 挑战：反面助长与消解

新媒体环境最直接的反面作用就是信息污染。随着信息时代的到来，各种传媒构成的庞大信息网络强烈影响着社会生活的各个方面，相对闭合的思想道德教育环境不复存在。学生身处多元文化形态和社会思潮激荡之中，不仅接受着来自传统教育环境的影响，也会在非传统教育环境中接受教育和寻求自我教育。新媒体环境的信息传播总量剧增，学生媒介素养和信息分析处理能力有限，可能引起思想道德教育实际效能面临被消解的危险。这种危险首先来自虚假错误信息的传播。西方资本主义国家以及反马克思主义者正是始作俑者，他们极力传播"淡化社会主义意识形态""马克思主义无用论"等信息，宣扬所谓"泛意识形态论"和"唯价值论"，妄图撼动思想政治教育领域的一元化指导思想，谋求西方价值观在中国的理论媾和，其根本目的是腐蚀学生的思想，动摇部分学生对社会主义的信心和对马克思主义的坚定信仰。其次，来自传播过程的异化，新媒体环境所包容的信息总量过于庞大，多级传播、反复传播、非定向传播等都会使正面信息在传播过程中被歪曲异化。敌对势力正是在此过程中干扰教育者的传播行为，阻断甚至逆转青年学生的社会化过程，炮制谣言，制造巨婴。我国依法严惩网络造谣诽谤犯罪行为，就是要肃清传播渠道中暗藏的魑魅魍魉，保护正常信息渠道的健康发展。最后，危险来自"易感人群"本身，青年学生科学认知与辨析能力的欠缺，是各类不利因素得以追逐停靠的"救命稻草"。学生的客观对待、理性分析和主动选择，就是在与自身所处的新媒体环境进行着同步建构和优化。

信息源的虚假和信息传播过程的异化在新媒体环境中得以反面助长，这两个层面的管控需要宏观层面加大管控力度，将网络环境安全上升到国家战略高度，在政策法规、制度保障、资源配给等方面有所作为。而事关学生抵抗力的媒介素养方面，则需要教育者予以高度关注，从思想理念、技术指导和实践训练等方面加大教育力度。在网络化生存背景下，学生个体对现实世界的感受力和参与意识逐渐弱化，与虚拟社会情境的对话代替了与客观世界现实的互动，政治社会化变成了政治虚拟化。学生在现实生活中社会行为的缺失，容易导致其对现实环境的不适应和对现实生活的无所适从，其从事现实道德实践的兴趣和能力大大削弱。网络技术的特点是标准化、模式化和程序化，人机交往一旦取代人际交往，网络使用者的思维就趋于简单化和直观化，人们的亲情、友情、爱情等传统道德关系就会破裂与沦丧。新媒体在扩大和丰富人际交往的背后，也带来了人格发展障碍、道德脆弱、脱离现实社会等人际关系的异化现象，严重阻碍和学生在网络空间和现实空间的主体建构，消解了思想道德教育实际效能。

（二）新媒体环境影响学生思想道德的作用机理

新媒体环境干扰学生思想道德主体地位，造成主体人性化生存和成长过程中的理性迷失。新媒体环境对学生思想道德的影响首先是对其主体地位的影响。西方的道德危机是基于对已有的文化进行自觉反思，是建立在对人的存在的完整性的自觉追求的一元价值尺度基础上的，多发生在选择之前；而中国的道德危机是主体在尚未形成清醒的自我反省、自我批判、自我超越的意识之前，就面对选择的多元困境，在盲目的非理性选择后的价值失落和迷茫。因而主体的理性迷失是产生道德危机的一个重要根源。新媒体的特性使得越来越多的低龄人群受到这种环境场域的吸引和影响，面对新媒体环境的干扰缺乏辨识和抵御能力，主体理性意识的建立更加滞后和曲折。越来越年轻化的网军队伍逐渐占据、或者被挟持着占据网络空间，他们对存在感和话语权的渴望有时会使其抑制不了超出本我的非理性冲动，理性意识在新媒体环境中“螺旋式”沉默。虚拟体验的便捷并不能完全替代实践检验，思想本性的彻底松弛和主体理性的艰难回归形成鲜明对比。新媒体环境以其虚拟性特质，裹挟着人类对舒适、便利、自由生活状态的迷恋，令人无法抗拒的剥夺了主体在人性化生存和成长过程中的理性思考，从而加剧了由此带来的道德危机。

新媒体环境在弱化学校思想道德教育效能的同时，也为思想道德教育内容和教育模式的改造与创新提供了驱动和空间。新媒体环境下的信息化生活方式，导致学生社会化不同途径间的比重发生变化。对于与网络有着高度粘合性的青年学生群体而言，家庭和学校对他们进行的思想道德教育效能在下降，高度网络化的大众传媒（包括报刊、广播、电视三大传统媒介以及网络、新媒体等），因其对网络技术的熟练应用与创新发展，而在青年社会化过程中成为主导力量。新媒体环境使得社会环境、政治组织、朋辈文化等社会化因素，在虚拟和现实的交织中更加趋于复杂化。

新媒体环境去中心性的特质，使得以“泛意识形态”和“唯价值论”论调所代表的多种思想体系、价值观念和思潮派别轻而易举在此容身。西方国家一贯保护的技术优势，转化为信息传播的质与量的优势，挤压我国意识形态领域和马克思主义科学信仰的发展空间。他们以多元合理性和信息平等性为幌子，竭力否认、抗拒、抵制我国主流意识形态的声音，并妄图在内容上取而代之。部分媒体自我膨胀、监管缺失，过度物质化、娱乐化、功利化的导向明显，新媒体环境中出现了历史虚无主义、道德虚无主义等等不良生态，污染和异化了青年学生个体道德行为的总体环境。在这种情形下，马克思主义的理想信念、价值观念、道德情操等主流思想文化宣传的力量一度覆盖面小、影响力弱，加强其在网络环境下的生存与发展显得十分必要、合理而紧迫。

为此，我们的思想道德教育内容出现了更加亲和新媒体环境的改造与创新。新媒体环境泛在性的特质带来大数据时代知识学习方法的革命，其平等性、交互性特质也极大激发起学生主体性诉求的成长。加之受建构主义、社会互构论等认识论启发和影响，学校道德教育模式也出现了创新发展。有的学校将慕课、反转课堂等教学方式运用在思政课中，这种源自国外并在我国网络传媒平台发展壮大的授课方式，带来“两个主体”间关于教学活动的全新实践体验。有的学校积极推进思想政治教育新媒体平台的建立，还有的学校通过富有思想道德教育内涵的第二课堂思想、文化、实践活动，与第一课堂理论学习形成互动互补。思想道德教育内容变得更为丰富而全面，教学内容的表现形式从平面化走向立体化，出现了大量符合网络传播特性的道德教育素材和网络文化产品，促进了思想道德教育内容的丰富。新媒体环境下的思想道德教育，逐步实现了传播内容、传播方式、传播渠道的立体化成长，媒体融合发展的全媒体传播格局逐步形成。这是对学校思想道德教育弱化的补位，更是对新媒体环境下思想道德教育不良生态的纠正与改造。

四、新媒体环境下学生思想道德教育优化的对策建议

（一）新媒体环境的源头优化与过程监管

1. 高度重视网络意识形态安全问题

新媒体环境与学生思想道德问题之间的关系分析告诉我们，新媒体环境优化主要针对源头甄别和过程监管，要从国家战略和社会发展角度，高度重视网络意识形态安全问题。具体而言，一是要加大意识形态领域对新媒体环境的统领，强化主流意识形态在新媒体环境中的动员力、在新媒体舆论场中的引导力、在敌我斗争中的判别力、在价值观领域的信服力；二是将互联网看做国家战略资源，组建专门化梯队化的网络安全部队，研习战略战术，提高网络安全作战能力，敢于实战，积极争取主动权；三是大力加强网络意识形态工作，开展净网工程，加强网络中科学知识的传播，加强网络文化背景下的爱国主义教育和对民族精神、时代精神的弘扬，培育践行社会主义核心价值观；四是以法律制度为依据、以道德文明为遵从推动一系列相应规章制度的出台，强化网络安全红线意识。

2. 以中华民族传统文化和社会主义核心价值观引领网络道德教育与网络伦理体系的构建

新媒体环境下，看似冷冰冰的字符、数字、图像都是现实世界人为操作的结果，虚拟的舆论环境对现实生活的冲击已经被人们广泛了解，而同样虚拟的道德伦理对整个社会的影响也在潜移默化中进行，尤其是对于尚未具备理性成熟人格的学生人群，这种影响更加巨大。网络道德相对于社会主流道德而言，属于“亚道德”范畴，它源于社会生活中的道德体系，又有别于现实道德，它既可能对其进行补充、创新，也可能对其进行偏离、反叛。网络相较于现实的边缘性地位直接导致了这种亚道德环境的产生。新媒体环境对现实环境的拟态往往存在着变形和扭曲，这种异化现象对正处于价值观形成阶段的学生人群产生了不利影响。同时，网络推手助长网络暴力猛增，网络道德和网络伦理的体系形成过程并不都是网民理智思考与权衡的结果，“群体极化”现象屡见不鲜，“沉默的螺旋”机制使网络中的道德伦理准则丧失。

为此，我们必须将中华民族优秀传统文化中形成的道德范式引入新媒体环境下的思想道德教育，加强网络道德教育，以社会主义核心价值观引领网

络道德伦理教育体系的构建，加强社会主流道德在网络空间的扎根与发展。首先，通过强化网上思想引领，把互联网作为开展青年学生思想教育的重要阵地，团结、带动和壮大网上积极力量，大力开展正面宣传，实施网络集中发声，增强网络正能量，消解网络负能量。其次，提升网络舆情分析和引导能力，疏导青年学生情绪，澄清误解和谣言，引导青年学生形成正确认知、遵从社会伦理。再次，要在青年学生群体中广泛开展网络素养教育，引导他们科学、依法、文明、理性用网。最后，广泛开展青年网络文明志愿者行动，组织动员广大青年注册成为网络文明志愿者，参与监督和遏止网上各种违法和不良信息传播，为构建清朗网络空间作贡献。

此外，对新媒体环境下传媒行业要加强自律，作为“把门人”的媒体人需要不断提升政治修养、加强道德自律，完善职业形象，凸显网络“人治”，净化网络环境。

3. 推动网络法制建设与网络法治程序的建立

仅仅依靠网络道德来规范网络行为是不够的，网络法律不可或缺。以往已经制定的各类法律大多是对人们在现实社会的具体行为进行规范和约束，在网络世界缺乏适用性，且各种利用网络技术侵犯他人权益、损害公共利益、危害国家安全的新型犯罪行为层出不穷，必须加快网络法制建设，规范网络法治程序。学生自我控制力较弱，自我表现欲望强烈，面对网络诈骗、网络色情、网络谣言等网络社会的毒瘤，往往不知不觉间放松了警惕，滑入网络犯罪的深渊，而同时他们的个人隐私、人身安全、心理健康也容易成为网络犯罪的侵害对象。总之，新媒体环境下的学生思想道德教育需要“法治”带来的健康环境，推动网络法治程序的建立，改变我国网络法制建设落后的局面迫在眉睫。

4. 建立对网络信息与网络行为的技术监督机制

网络信息的海量扩张实际上使人们能够接收和分辨的信息相对减少，不加监管的信息将干扰人们的判断，容易助长各种政治、社会力量通过网络进行的聚集、组织、动员。这有可能引发网络群体性事件，成为影响思想道德教育系统的不稳定因素，继而影响一国政治系统的连续性和有序性，包括稳定的政权体系、合理的权力结构和有序的政治过程。学生政治社会化是政治稳定的有机组成部分，新媒体环境下的学生政治参与既可能是社会政治稳定和谐的维护力量，也可能成为社会不安定因素的放大器，学生引发的政治动荡和社会风暴一度影响我国的社会发展进程。因此，必须建立对网络信息和网络行为的监督机制，运用一定的网络标准和技术手段减轻学生的认知负担，提高用户获取信息的效率，建立“网络安全阀”，对于学生思想道德教育的不利因素提早干预，主动消减。

（二）新媒体环境下学生思想道德教育优化的建议

新媒体环境下学生思想道德教育的优化，必须将新媒体环境和社会环境的两个层面结合起来双线同时进行。一方面，新媒体环境是现实环境的虚拟和映像，许多现实世界的社会化要求在网络技术营造的虚拟社会中同样适用，建立适应我国社会转型发展需要的网络道德生态，不仅是对学生进行社会化的重要内容，更是对现实世界道德文明的全新构建与发展；另一方面，人们对现实世界的认识和改造并未因虚拟世界的存在而停滞不前，现实环境中的各种对立与融合更趋激烈，这就要求我们必须运用好大众传媒的主流道德导向功能，建立符合时代要求的自我组织方式，推动社会政治文明发展。

1. 突出硬件建设，运用最新传播手段，拓展信息终端价值，掌控主流思想道德传播着力点

在学生社会化的几种途径中，大众传媒发挥着举足轻重的作用。当下的大众传媒在互联网的整合下衔接起了几乎所有的媒介形式，海量的内容、新颖的手段、全天候互动、移动化生存等特点，使其成为一个包罗万象的超级系统，但它的运行仍然遵从着一定的原则和规律，能否运用这些原则和规律将直接影响道德教育内容的传播效果。这就要求我们从系统整合的角度，既要熟练掌握和运用各种最新传播手段，认识到新型传媒终端增强学生教育效果获得感的巨大价值，又要分清主次，优化不同等级和层次的传播行为，实现系统整体最优结构和最好功能。同时要正确对待传媒的开放性和变革性，逐步使其从无序到有序、从低级有序到高级有序。最后，也是非常关键的一点，就是必须明确目标所在，掌控主流思想道德传播的着力点，避免粗放式发展。

学生是最容易接受新鲜事物的群体，他们乐于运用自己熟悉的工具、认可的风格与习惯的舞台，满足自身社会交往和情感宣泄等需要，以此证明自己的存在。新媒体环境下的学生人群在属于自己的文化中彰显着更加突出的

独立性、批判性、代际距离性和创造性。如果我们仍然满足于对传统传播手段的绝对控制，对新型媒介的迅猛发展及其传播机制缺乏认识和运用，那么我们将必然失去与网络环境中成长起来的青年学生的重要对话空间。青年学生的社会化进程没有一成不变的固定范式，因此主流思想传播和道德教育的着力点也应随着环境的变化而进行适当调整。除了系统传播合力的运用，还应当借鉴一切先进文化，改变简单的灌输和说教，通过合理自然的议程设置在学生中形成道德传播的关注点、传热点，从而完成新媒体环境下学生思想道德教育优化的系统化目标。

2. 重视软件配套，加强红网工程建设，推进“两个主体”共建的新媒体道德生态健康发展

重视软件配套，加强红网工程建设，就是指要用符合社会主义核心价值的主流思想文化占领网络阵地，让马克思主义占领意识形态领域高地，使新媒体环境充满引领社会进步的“正能量”，形成积极健康向上的网络舆论，通过多种渠道对道德虚无主义的输入、反馈和输出进行拦截和干预。

对于政府而言，应当继续采取以下措施推动这种良好道德生态的发展：一是利用网络提升行政决策效果和效率；二是利用网络改进政府决策的方法；三是利用网络改善决策者的有限理性；四是优化政府的服务和管理手段，促进政务公开，节省政府行政成本，提升政府行政效率。对于学生群体而言，社交媒体深受推崇，青年群体早已成为网民中绝对的主力军，虽然他们不一定是最为深思熟虑的分子，但他们确实在新媒体环境中把控着不可忽视的话语权。红网工程建设必须紧紧抓住青年人的特点，运用青年学生认可的语态和动员方式，引导学生客观议政、理性参政作为实施思想政治教育不可或缺的环节，增强他们在新媒体环境下的道德实践体验，使他们认清网络世界的道德博弈，规避网络道德风险与思想极端化事件对国家安全和政权稳定的不利影响。

3. 以创新谋发展，以实效得地位，进一步强化和完善学校思想政治教育的现实主导作用

学校在学生思想道德教育中的主导性地位毋庸置疑，其现实主导性作用的发挥需要来自课堂内外、校园内外以及新媒体矩阵的联合作战。当前，作为思想政治教育主渠道的思政课的改革和创新正在积极开展，各个学校把思

政课建设作为一项重要的政治任务和战略工程，全面推进习近平新时代中国特色社会主义思想进教材、进课堂、进学生头脑，思政课育人成绩显著。同时，以思想政治引领和价值引领为职责的共青团组织，开展了基于新媒体的红网建设工作，通过“双线联动”机制的建立，占领“大云平移”时代的至高点，在主题教育、组织建设、社会实践、志愿服务等实践育人活动中，充分利用信息化时代的便捷条件和健康积极向上的主流文化环境，大张旗鼓的开展了有利于学生良好思想道德形成和品行规范的教育活动。

面对新形势新任务新挑战，学生思想道德教育依然任重道远。学校思想道德教育不是哪个内部分工部门的单独工作，也不能只依靠某一类或某一环节的教育工作，新媒体环境下的学校、家庭、社会必须形成协同育人效应，有关各方必须进一步转变思想、提高认识、强化保障。教育主导者必须了解和尊重学生的沟通、交流、联络和聚集方式，努力产出高品位的新媒体产品、高水准的服务平台、高质量的交流空间。学校要加强与社会化机构的融合发展，挖掘和共享各方优质育人资源，探索新媒体育人环境与现实育人环境新的结合方式和作用模式，推动并引导道德系统和道德个体在新媒体环境下的有机互动，不断拓展有关领域的理论发展与实践探索，更好的实现学生思想道德教育的优化创新。

第四章

改革开放以来大学生思想热点影响因素研究

青年是祖国的未来、民族的希望，青年代表着社会前进的方向，青年的力量是影响未来社会发展的最重要力量。正因如此，教育是国之大计、党之大计，一个有远见的政党必须把目光投向青年，只有赢得青年才有可能赢得未来。党的十九大描绘了中华民族伟大复兴的宏伟蓝图："从二〇二〇年到二〇三五年，在全面建成小康社会的基础上，再奋斗十五年，我国将基本实现社会主义现代化"，"从二〇三五年到本世纪中叶，在基本实现现代化的基础上，再奋斗十五年，把我国建成富强民主文明和谐美丽的社会主义现代化强国。"如何赢得青年、赢得未来，最基础最关键的还是要了解青年和把握青年，而青年思想的变化和思想热点的形成演进是至关重要的内容。当前高等教育的质量和成效、青年大学生的思想政治素质，直接关系到中华民族伟大复兴能否实现，关系到党和人民的伟大事业能否后继有人这一重大问题。从社会历史发展中把握青年大学生思想变化轨迹，从时代变迁过程中描绘青年大学生思想热点图景，从青年大学生思想热点演进规律中提升思想政治教育的实效，这是新时代思想政治教育研究应该承担的使命和责任。

党的十一届三中全会以来，我国坚持实行对内改革、对外开放的政策，中国特色社会主义从开启新征程到跨入新世纪，从站上新起点到进入新时代，整个国家和民族的面貌发生了翻天覆地的变化。在改革开放的伟大历史进程中，大学生以独特的社会角色参与其中，社会发展的每一次重大变革，无不强烈撞击着大学生之思想，影响其价值判断和行为选择。大学生的思想状况生动形象地反映了中国社会发展和历史变迁的时代风貌。在中国特色社会主义进入新时代的今天，全面了解大学生群体的思想热点及形成变化过程，全面了解当代大学生群体的现实样态、时代特质，全面了解他们的价值观、兴趣爱好和发展需要，进而更深刻地把握他们的思想动态和变化发展规律，对于新时代加强和改进高校思想政治工作、培养堪当民族复兴大任的时代新人具有重大的理论和现实意义。

人的思想与时代环境是密不可分的关系。思想热点因其带有的价值对立和冲突，是个体观念在一定社会条件下集中突显的部分，是日常生活中不同主体意图、动机相互作用的结果。人的思想热点和行为倾向受到所处时代和生活条件的影响、制约甚至支配。思想热点的形成与发展受到各种各样因素的影响，主要为外部客观因素和内部主观因素，其中内部主观因素在一定程度上而言是外部客观因素作用于思想热点的中介。从外部角度而言，影响大学生思想热点变化发展的主要因素可从社会环境的政治、经济、文化三个维度和中国改革开放的整个外部环境四个方面来进行分析。

一、社会政治因素的影响分析

改革开放以来，党在加强政治建设的过程中始终坚持以主流意识形态引领大学生的思想，从而保证了人才的健康培养和社会和谐的稳定。恩格斯说："一个新的纲领毕竟总是一面公开树立起来的旗帜。"① 中国共产党坚持以马克思主义作为旗帜，"必须坚持马克思主义指导地位，不断推进实践基础上的理论创新。"② 任何国家和民族要真正走在世界的前列，就不可能离开理论思维和思想的创新，而这些理论和思想的创新更多的时候都是直接表现在政治因素和政治环境上。社会政治环境对大学生思想热点产生和发展的土壤，对大学生思想热点的演进变化起着直接的作用。纵观改革开放以来的政治环境变化，党和国家重新确立思想解放路线，稳步推进社会主义民主法治建设，创新发展马克思主义中国化理论成果，引领大学生在政治关注、政治认知和政治参与等方面的思想发展。这些因素都深刻地影响着大学生思想热点的产生和变化。

1. 重新确立解放思想的思想路线。党的十一届三中全会重新确立了解放思想、实事求是的马克思主义思想路线，做出把全党工作重点转移到社会主

---

① 马克思恩格斯文集（第3卷）［M］．北京：人民出版社，2009. 415.

② 习近平．在庆祝改革开放40周年大会上的讲话［N］．人民日报，2018－12－19（002）．

义现代化建设上来的战略决策，解决了若干历史遗留问题，恢复了党的民主集中制，提出了健全社会主义民主和加强社会主义法制的任务，做出了实行改革开放的战略决策。会议所做出的具有历史性意义的一系列重大决定，标志着中国共产党彻底冲破了长期以来“左”倾错误的严重束缚，把党员、干部、群众、学生的思想从个人崇拜和教条主义的束缚中解放出来，全面恢复和确立了马克思主义的正确路线。解放思想、实事求是的思想路线，引领着党和国家一路走过改革开放 40 年，成为中国改革的制胜法宝，也成为中国人民独特的精神气质。这种变化深刻反映在大学校园中，重大政治变革、政治制度、执政党威信等，都成为大学生思想热点的诱因。从“拨乱反正”到不断地“解放思想”，党和国家政治文明建设不断向前发展，党的路线方针得到大学生群体的充分理解和衷心拥护。思想的解放激发了解放的思想。改革开放以来党的实事求是思想路线的重新确立对大学生的思想活跃起到了十分重要的促进和推动作用，从而形成一系列与时代发展同频共振的大学生思想热点。

2. 民主法治建设规范思想行为。党的十一届三中全会重新启动了社会主义民主建设进程，此后一以贯之强调坚持和发展人民民主，并在全面深化政治体制改革的实践中循序渐进地推进社会主义民主建设，逐步构建起了党内民主与人民民主相统一、间接民主与直接民主相统一、民主形式与民主内容相统一的社会主义民主建设总体框架。进入新时代，中青年学者论坛习近平总书记在不同场合多次强调民主政治发展，指出“从各层次各领域扩大公民有序政治参与，发展更加广泛、更加充分、更加健全的人民民主”①。同时，社会主义法治建设稳步推进。党的十五大正式将“依法治国，建设社会主义法治国家”作为党领导人民治理国家的基本方略。此后，党的历次代表大会和若干党的中央全会持续深化和推进依法治国理念和部署。党的十八大作出“全面推进依法治国”的重大决策，强调“法治是治国理政的基本方式”。党的十八届四中全会强调在法治轨道上推进国家治理体系和治理能力现代化建设。改革开放 40 多年来，中国特色社会主义法律体系已经形成，法治政府建设稳步推进，司法体制不断完善，全社会法治观念明显增强，社会主义法治

① 中共中央文献研究室，编．十八大以来重要文献选编（中）［M］．北京：中央文献出版社，2016. 54.

国家建设取得历史性成就。随着社会主义民主法治的不断完善，大学生群体的政治认知、民主意识、政治参与和表达趋于成熟理性，法治观念和法治素养不断增强，法治信仰和法治思维逐渐形成。二十一世纪的大学生对于中国特色社会主义民主模式的评价不断趋向积极和肯定，更加坚定自觉地维护宪法权威，学习、遵守和运用法律法规、制度政策的能力不断增强。除了学校规章，各种校园"公约"也成为大学生日常生活中法治精神的体现，法治已然成为当代大学生的生活方式和共同信仰。

3. 党的理论创新成果引领思想成长。在改革开放实践中，以邓小平为代表的中国共产党人围绕"什么是社会主义，怎样建设社会主义"这一根本问题进行理论创新，形成了邓小平理论。进入二十一世纪，以江泽民为代表的中国共产党人围绕"建设一个什么样的党，如何建设党"这一主题，提出了"三个代表"重要思想。党的十六大以来，以胡锦涛为代表的中国共产党人，围绕"什么是发展、为什么发展和怎样发展"这一重大问题，提出了科学发展观。党的十八大以来，以习近平同志为核心的党中央，紧密结合新的时代条件和实践要求，形成了习近平新时代中国特色社会主义思想，系统回答了新时代坚持和发展什么样的中国特色社会主义、怎样坚持和发展中国特色社会主义这个重大时代课题。改革开放 40 多年来，党坚持以中国特色社会主义为理论和实践的主题，推进了马克思主义中国化理论成果创新发展，并持续开展教育实践活动。高校坚持将马克思主义中国化理论成果作为思想政治教育的理论指导和重要内容，开展马克思主义理论教育。在马克思主义中国化理论创新成果指引下，中国高等教育扎根中国大地，坚守立德树人，始终将思想政治工作摆在首位，培养出了一代代具有坚定理想信念，掌握马克思主义基本立场、观点和方法，德智体美劳全面发展的中国特色社会主义合格建设者和可靠接班人。

二、经济改革因素的影响分析

马克思主义认为，社会的发展是由多种动力形成合力而推动的。其中，经济是社会发展的核心动力。经济基础决定层建筑，对国家而言，经济的建设与成就极易引起政治、法律等上层建筑的变化，而对个人而言，经济的发展最容易导致人们的思想发生演变。改革开放以来，社会主义市场经济体制经历了启动探索、初步建立、初步完善、深化发展的阶段，市场经济社会的形成也会促成与其相适应的思想价值体系，这些经济因素对大学生的思想热点的形成和变化具有深刻影响。

1. 经济体制改革增强思想灵活性。1978 年 11 月，安徽凤阳小岗生产队的“大包干”拉开了中国经济体制改革的大幕。邓小平“南方谈话”彻底地破除了长期以来把计划经济和市场经济作为界定社会制度属性标准的思想束缚，社会主义市场经济得以提出并不断发展。党的十八大以来，面对中国经济发展增速换挡期、结构调整阵痛期和前期刺激政策消化期“三期叠加”，以习近平同志为核心的党中央做出了中国经济发展进入新常态的重大战略判断，明确提出了“创新、协调、绿色、开放、共享”的“五大发展理念”，着力推动经济增长动力从要素驱动和投资驱动向创新驱动转换，着力提高经济发展质量和效益，着力使经济发展成果更多更好地惠及全体人民，开启了具有中国特色的社会主义发展模式的新篇章。“中国进行改革开放，顺应了中国人民要发展、要创新、要美好生活的历史要求。”① 改革开放 40 多年来，经济改革每一次“打破常规”，社会主义市场经济的建立和完善，都不断激发整个社会的思想活力，影响广大人民群众的思维灵活性、选择性。大学生思想热点总是直接或间接地反映了社会经济基础状况。而大学生思想的灵活性，也来自于社会经济改革的活力。回望改革开放 40 多年，社会主义市场经济体制的建立和完善，引导促进了大学生更加自觉地坚持解放思想、实事求是的思想路线，更加自觉地坚持立足国情、放眼世界的思维方法，更加自觉地坚持科技创新、以学报国的人生理想。

2. 经济建设成就凝聚集体思想共识。改革开放以来，面对国际国内环境的复杂深刻变化和重大风险挑战，党中央坚定不移持续深化经济体制改革、不断提高对外开放水平，国民经济蓬勃发展，经济总量持续攀升，人民生活明显改善，经济建设取得了巨大成就，创造了举世瞩目的“中国速度”“中国奇迹”。与此同时，我国抗御全球经济金融风险能力显著增强。中国经济发展成就和抗御风险能力，彰显了中国特色社会主义的优势和“负责任大国”的国际形象。改革开放 40 多年的巨大成就，中国从“站起来”到“富起来”再

---

① 习近平．开放共创繁荣创新引领未来——在博鳌亚洲论坛 2018 年年会开幕式上的主旨演讲［N］．人民日报，2018－04－11（3）．

到“强起来”的伟大飞跃，成为中国特色社会主义教育最现实、最生动、最具说服力的素材，极大地坚定了大学生在中国共产党领导下走中国特色社会主义道路的信心和决心，极大地坚定了大学生的“四个自信”，极大地增强了大学生的民族自尊心、自信心、自豪感和凝聚力。2018 年全国“两会”期间，《厉害了，我的国》播出。该影片以中国桥、中国路、中国车、中国港、中国网激荡新时代的复兴气象，以精准扶贫、家庭医生、乡村教师支持计划讲述“获得感”的民生故事，带给观众深刻的感官体验，赢得了观众强烈的情感共鸣，其中，年轻观众成为观影的主力构成。2019 年庆祝新中国成立 70 周年，《我和我的祖国》《中国机长》等系列影片成为热点，受到青年大学生的追捧和热议。当代大学生怀揣实现中华民族伟大复兴的中国梦，坚定中国特色社会主义理想信念，自觉投身全面建成小康社会的历史洪流，勇立时代潮头，勇做时代的弄潮儿。

3. 利益结构调整加重思想差异性。“思想一旦离开利益，就一定会使自己出丑。”① 利益结构的调整牵动社会阶层的变化。每个大学生背后都隐藏着一个家庭，每个家庭在社会上有着不同的利益取向和价值取向，也从属于不同的社会阶层，因此，大学生思想观念的演进无形之中受到利益结构和社会阶层的影响。改革开放前，我国阶层分化并不明显，社会同质性高；随着经济体制的改革和市场经济的发展，所有制的变化，户籍制度的改革，城乡一体化进程，工业化、城市化、市场化的推进，当前中国社会阶层发生深刻变化。大学生成长于不同的家庭背景，受着特定思维方式、文化氛围、生活习惯的影响。他们的思想观念各异，逐步摆脱过去过于集中、单一的特点，朝着多元多样方向发展。尤其是新兴的社会阶层，如民营企业主、个体户等，他们的成功模式、行为方式对大学生产生很大影响，社会贫富差距的现实使得大学生的价值判断中存在“趋利性”，成才观、就业观、创业观、消费观亦受到影响。与此同时，知识作为一种资本，是贫困家庭学生突破现有家庭阶层地位的一种重要手段，也是促进社会阶层流动的、突破阶层壁垒的重要方式。面对庞大的人口基数和复杂的社会结构，利益结构的调整和经济发展的不平衡引发了不同群体利益诉求的冲突，导致一些社会群体的相对剥夺感和

① 马克思恩格斯文集（第 1 卷）［M］. 北京：人民出版社，2009：286－287.

社会不满情绪增加和蔓延，不同利益群体之间的矛盾深刻影响着社会的稳定发展。走在时代前沿的大学生，对各种社会问题非常敏感，十分关注贫富差距过大所导致的阶层之间的对立和冲突。尤其是来自改革过程中利益受损家庭的学生，更容易对社会发展、制度设计、价值公平等造成偏见和误解。在互联网的快速传播下，“弱势群体”的各种热点事件也极易在大学生中引发讨论和思想波动。

三、开放环境因素的影响分析

改革开放是在和平与发展成为时代主题的国际大环境中进行的，开放的国际环境对人们的思想产生了巨大影响，其不仅提供了更为宽广的思维视域，而且更深刻地改变了人们的思维方式和行为方式。

1. 国际环境变化拓展思维视阈。马克思恩格斯认为，“各民族国家进行国际合作的前提是民族独立。”① 中华人民共和国的成立开启的国家独立，民族解放的大门，同时为改革开放的发展奠定了物质基础。改革开放是在世界和平与发展主题的时代认知下进行的。改革开放以来，我国现代化进程不断加快，我国综合国力和竞争力不断提高，国际局势和周边环境也发生了巨大的变化。在这样的时代背景下生活的大学生，他们的思想带有鲜明的时代烙印。邓小平强调：“现在世界上真正大的问题，带全球性的战略问题，一个是和平问题，一个是经济问题或者说发展问题。和平问题是东西问题，发展问题是南北问题。”② 对时代主题的科学判断及政策调整为中国的社会主义现代化建设创造了一个有利的国际和平环境。进入二十一世纪以来，“世界多极化不可逆转，经济全球化深入发展，科技革命加速推进，全球和区域合作方兴未艾，国与国相互依存日益紧密，国际力量对比朝着有利于维护世界和平方向发展，国际形势总体稳定”③。2017 年，党的十九大报告指出，“世界正处于大发展大变革大调整时期，和平与发展仍然是时代主题”。正是在这样一个国际大环境下，改革开放的伟大征程不断深化。从中国加入世界贸易组织、

---

① 马克思恩格斯文集（第 1 卷）［M］. 北京：人民出版，2009. 354.

② 邓小平文选，第三卷［M］. 北京：人民出版社，1994. 233.

③ 中共中央文献研究室，编. 十七大以来重要文献选编（上）［M］. 北京：中央文献出版社，2009. 35.

金砖国家会晤到一带一路倡议，每一次中国站在国际舞台，都深深吸引大学生的目光，其民族自豪和自信油然而生。同时，每一次国际摩擦和冲突事件，亦深深牵动大学生，其民族意识和爱国热情空前高涨。经济全球化带来的影响是综合性的，大学生思维视野进一步拓展，更加关注生态失衡、环境污染、能源危机、人口爆炸、核弹威胁、粮食匮乏、南北差距等全球化问题。同时，他们较普遍树立了可持续发展的价值观，有了作为“世界公民”的责任。命运共同体的全球治理理念深入人心，“和平、发展、合作、共赢”成为大学生看待国际关系的广泛思想共识。

2. 多元文化激荡碰撞思维火花。改革开放以来，东西方各种文化在中国大地上相互激荡、交融交锋，冲击和消解着主流文化和体制文化，孕育和催生了大众文化和消费文化，影响和改变着大学生的思想观念、文化意识、思维模式、生活方式。二十世纪八九十年代，中国大众文化、消费文化在西方文化的影响下逐渐兴起。进入二十一世纪以来，大众文化、消费文化已然成为中国社会文化构成中的一个重要组成部分。大学生是社会中易于接受新鲜事物的群体，成为中国文化变迁与重构中最引人注目的群体。习近平指出，经济全球化经历了三个阶段，一是殖民扩张和世界市场形成阶段，二是两个平行世界市场阶段，三是经济全球化阶段。① 我们目前正处于第三个阶段，经济全球化的发展验证了马克思的世界市场理论，经济全球化的深入发展不仅拓宽了大学生的眼界，思想更加解放，而且也使大学生更加关注现实问题。另一方面，西方国家作为经济全球化的主导者和规则制定者，其在向全世界输出商品和服务的同时，借助信息通信技术与全球文化产业发展，大力推行“文化殖民主义”“文化霸权主义”政策，鼓吹“文明冲突论”“历史终结论”“中国威胁论”“中国崩溃论”，以及马克思主义“过时论”、社会主义“失败论”。在此背景下，一部分大学生由于缺乏对民族文化的理解和内化，缺乏对西方文化的认知和判断，缺乏对形形色色文化资源进行选择的意识，缺乏对花招百出的意识形态渗透进行辨别的能力，往往容易为西方文化巨大的物质优越性、直接的感官享受、漂亮的形式包装所侵蚀、蒙蔽和迷惑，从而在多元文化的冲突中陷入无所适从的被动境地。

---

① 习近平谈“一带一路”［M］. 北京：中央文献出版社，2018. 100.

3. 互联网社会改变思维方式。改革开放以来，中国网络经济、网络政治、网络文化、网络社会等新现象、新形态迅速崛起，并与现实经济、政治、文化、社会相互关联、作用、冲突、融合，催动着中国社会各个领域理念的变迁、模式的转型、发展的跃进。改革开放之初，特别是八九十年代，由于物质生活条件和信息技术的匮乏，大学生接触信息的方式比较单一，较多是通过电视、广播、报纸、板报等传统的方式。新世纪以来，信息技术迅速发展，信息传播的速度和容量发生了天翻地覆的变化，信息高速流动，信息传播速度快、影响范围广、互动性强、覆盖率高。新媒体崛起成为大学生获取信息的主要方式，接受信息不受时间、场域和空间的限制。互联网的发展经过了“1.0、2.0、3、0”三个时期，深刻改变着大学生的思想方式、行为方式和生活观念。“截至2019年6月，我国网民规模达8.54亿，较2018年底增长2598万，互联网普及率达61.2%，较2018年底提升1.6个百分点；我国手机网民规模达8.47亿，较2018年底增长2984万，网民使用手机上网的比例达99.1%，较2018年底提升0.5个百分点。”① 在互联网的使用群体中，青少年占着很大的比重，当代“90后”“00后”大学生是伴随互联网的发展成长起来的一代，是互联网的“原住民”，“永远在线”“随时互动”已经成为当代大学生的基本生存状态。大学生通过微博、微信、QQ等载体以虚拟的方式向社会展现自己的动向和思想状况，由于网络的匿名性、隐蔽性和面具性，一定程度上改变了大学生的社交行为和习惯。其次，网络技术的发展，改变大学生的阅读方式，传统的纸媒受到一定的冷落，“浅阅读、快餐化、碎片化阅读”文化特征明显，大学生更加追求简单实用、立竿见影的效果。再次，信息技术的发展促进了文化的双向流动。交互性成为大学生网络行为的重要方面。“互联网的用户思维促进当代青年学生更加注重体现主体性和独立性，平台思维促进学生更加注重获得话语权和影响力，跨界思维促进学生更加追求知识信息获取的广度而忽视深度，迭代思维增强了学生的易变性和随意性。”②

当前，互联网已经成为大学生的“第三课堂”，是大学生获取信息的主要

---

① 第44次《中国互联网络发展状况统计报告》［EB/OL］. 中国网信网，http：//www.cnnic.net.cn/hlwfzyj/hlwxzbg/hlwtjbg/201908/t20190830_70800.htm，2019-08-30.

② 冯刚. 互联网思维与思想政治教育创新发展［J］. 学校党建与思想教育，2018（03）：4-8.

渠道、休闲娱乐的重要方式，其深刻影响着大学生的思维方式。“互联网的用户思维促进当代青年学生更加注重体现主体性和独立性，平台思维促进学生更加注重获得话语权和影响力，跨界思维促进学生更加追求知识信息获取的广度而忽视深度，迭代思维增强了学生的易变性和随意性。”① 新时代高校思想政治工作一定要把互联网作为思想政治工作的主战场，顺势而为、因势利导，研究把握信息网络时代思想政治工作的特点和规律，用好用活网络平台，占领网络思想舆论阵地，推动思想政治工作传统优势与信息技术高度融合，增强思想政治工作的主动性和实效性。

四、文化教育因素的影响分析

在改革开放进程中，作为上层建筑组成部分的文化教育直接作用于大学生，对其思想变化产生明显影响。当运用教育手段时，这种影响更为强烈。因此，文化教育成为分析研究大学生思想热点变化的重要维度。

1. 社会思潮纷纭激荡下社会主义核心价值体系有力引领。随着经济、政治、文化、社会各领域改革不断深化，特别是在新时代改革进入攻坚期和深水区、国际政治经济军事环境更加复杂多变的历史背景下，思想文化领域中各种社会思潮、多种文化形态对人们的思想观念形成了不容忽视的深刻影响。基于此，中国共产党历来高度重视意识形态工作。党的十六届六中全会和党的十七大旗帜鲜明地提出“以社会主义核心价值体系引领社会思潮”的历史任务。2013 年 8 月，习近平总书记在全国宣传思想工作会议上的讲话中强调：“经济建设是党的中心工作，意识形态工作是党的一项极端重要的工作”，为新形势下做好意识形态工作提供了根本遵循和行动指南。改革开放以来，我们党在对各种错误思潮的批判、斗争中，构建起了社会主义核心价值体系，形成了社会主义核心价值观，并以此引领社会主流思潮，有效引导大学生自觉划清马克思主义同反马克思主义的界限、社会主义公有制为主体、多种所有制经济共同发展的基本经济制度同私有化和单一公有制的界限、中国特色社会主义民主同西方资本主义民主的界限、社会主义思想文化同封建主义资本主义腐朽思想文化的界限，切实做到“四个正确认识”（正确认识世界和中

---

① 冯刚．互联网思维与思想政治教育创新发展［J］．学校党建与思想教育，2018，(2)．

国发展大势，正确认识中国特色和国际比较，正确认识时代责任和历史使命，正确认识远大抱负和脚踏实地）①，自觉抵制各种错误思潮的影响，始终坚持“四个意识”“四个自信”，始终保持立场坚定、头脑清醒，不断增强政治敏感性和政治鉴别力，坚定不移走中国特色社会主义道路。

2. 社会主义文化建设大发展大繁荣。改革开放以来，党在把工作重心转移到经济建设上的同时，高度重视、持续推进文化建设。从社会主义精神文明建设到中国特色社会主义文化建设，再到社会主义文化强国建设，党关于社会主义文化建设的理论创新、统筹部署，为社会主义文化建设、社会主义文化强国建设提供了根本遵循和行动指南，有力地推动了社会主义文化大发展大繁荣。在文化建设方针的指引和文化体制改革的驱动下，我国文化事业稳定发展，文化成果日趋丰富，这在高等教育领域得到及时反映。1998 年，教育部在全国高校设立文化素质教育基地，以提高大学生的文化品位、审美情趣、人文素养和科学素质。2006 年，教育部等联合实施“高雅艺术进校园”活动，引导大学生陶冶情操，提升鉴赏能力，丰富精神世界。2015 年，国务院印发《关于全面加强和改进高校美育工作的意见》，强调要根植中华优秀传统文化深厚土壤，汲取人类文明优秀成果，引领大学生树立正确的审美观念、陶冶高尚的道德情操、培育深厚的民族情感、激发想象力和创新意识。我国文化事业的大发展大繁荣，特别是高校文化素质教育的深入开展，营造了格调高雅、充满活力的文化环境，弘扬了中华优秀传统文化、革命文化、社会主义先进文化，增强了大学生的文化自觉和文化自信，提高了大学生的文化选择能力和文化创新能力，为大学生全面发展涵养了丰厚的文化土壤。新时代中国大学生在社会主义文化大发展大繁荣中增强了文化归属感，树立了文化自信心，对传统文化有了再认同，对革命文化有了新认识，对社会主义先进文化有了新期待。

3. 高校思想政治工作在改进中加强、在创新中发展。中国共产党具有重视思想政治工作的优良传统，对大学生思想政治工作尤为如此。改革开放伊始，邓小平同志强调，“为了实现四个现代化，需要在人民内部广泛地加强思

① 习近平在全国高校思想政治工作会议上强调：把思想政治工作贯穿教育教学全过程开创我国高等教育事业发展新局面［N］. 人民日报，2016－12－09（1）.

想政治教育”①。此后，教育部陆续印发《改进和加强高等学校马列主义课的试行办法》（1980 年）、《关于加强和改进高等院校马列主义理论教育的若干规定》（1984 年）、《关于加强和改进高等学校马克思主义理论教育的若干意见》（1991 年）、《关于加强和改进思想政治教育工作的若干意见》（1999 年）等文件，系统布局高校思想政治工作。2004 年，中共中央、国务院印发《关于进一步加强和改进大学生思想政治教育的意见》（中发〔2004〕16 号），对新时期大学生思想政治教育工作做出了周密部署和全面动员。此后，中宣部、教育部、团中央等有关部门出台了多个配套文件，全面落实中央 16 号文件工作部署，开创了新时期大学生思想政治教育的新局面。党的十八大以来，习近平总书记明确提出“经济建设是党的中心工作，意识形态工作是党的一项极端重要的工作”②。强调重视意识形态和高校思想政治工作，并就如何开展进行多次阐述，为新时代加强和改进高校思想政治工作提供了根本遵循和行动指南。改革开放以来，“高校思想政治教育始终坚持紧跟时代发展步伐，与中国改革开放进程紧密联系在一起；始终坚持以党的创新理论为根本指导，不断形成思想政治教育丰硕成果；始终坚持改革开放，努力提升高校思想政治教育科学化水平；始终坚持学科依托，促进学科理论与教育实践的有效互动”③，高校思想政治教育的质量和实效不断提升。

4. 高校校园文化对青年大学生思想的涵育作用。

大学校园文化是培养大学生理性平和心态，养成健康人格的重要环节。1985 年，《中共中央关于进一步加强青少年教育预防未成年人违法犯罪的通知》中指出：“共青团、工会、妇联要根据青少年的兴趣和爱好，积极开展各种健康有益的、丰富多彩的活动；围绕青少年所关心的问题举办报告会、讲演会、专题讨论会。”20 世纪 90 年代以后，随着教育事业的不断发展，“在高等学校中，各种专题讲座、演讲辩论、校园歌曲、文艺活动、广播班刊、学生社团、文学沙龙、发型服饰等校园文化现象表现突出”，这些文化生活在给丰富大学生精神世界的同时，也带来了一些负面影响。因此，党中央和教

---

① 邓小平文选，第二卷［M］. 北京：人民出版社，1994. 187

② 习近平在全国宣传思想工作会议上强调：胸怀大局把握大势着眼大事努力把宣传思想工作做得更好［N］. 人民日报，2013－08－21（1）.

③ 冯刚. 改革开放 40 年来高校思想政治教育发展的经验与展望［J］. 中国高等教育，2018，（Z2）.

育部、共青团和理论界共同关注校园文化的建设，颁布重要政策文件，为校园文化的建设提供指导和方向指引，净化校园环境，营造良好氛围，大学生在文化的浸润和滋养中提升了精神文化素质和思想道德素质。新世纪以来，大学精神建设步伐逐步加快。大学精神是大学文化的核心和灵魂，承载着大学的治学方针和理想，凝聚着师生的价值追求，在大学生思想观念的变化中发生巨大作用，产生重要影响。2012 年《教育部关于全面提高高等教育质量的若干意见》指出："秉承办学理念，确定校训、校歌，形成良好校风、教风、学风，培育大学精神。"2015 年，《关于进一步加强好和改进新形势下高校宣传思想工作的意见》指出："推动文化传承创新，建设具有中国特色、体现时代要求的大学文化，培育和弘扬大学精神" 大学精神的培育对大学生思想观念的改变、文化的滋养、知识的学习创造起到了积极的作用。

第二篇

02

高校实践研究

第五章

学生综合测评中的思想道德评价研究

学生综合测评作为思想政治教育过程的重要环节，是思想政治工作质量评价的重要组成部分。在与教育者的交往互动中，受教育者总是通过心理活动、思想认识和行为表现等各种形式反馈思想政治教育的影响。综合测评中的思想道德评价实质上是一种认识活动，所关注的问题在于认识受教育者的思想道德素质现实状况以及教育引导的效果。新时代思想政治教育的创新发展要不断完善思想道德评价体系，增强思想政治教育的针对性与实效性，满足培养担当民族复兴大任时代新人的需要。

一、学生综合测评中思想道德评价的发展现状

《新时代公民道德建设实施纲要》的总体要求提出："要以习近平新时代中国特色社会主义思想为指导，紧紧围绕进行伟大斗争、建设伟大工程、推进伟大事业、实现伟大梦想，着眼构筑中国精神、中国价值、中国力量，促进全体人民在理想信念、价值理念、道德观念上紧密团结在一起，在全民族牢固树立中国特色社会主义共同理想，在全社会大力弘扬社会主义核心价值观，积极倡导富强民主文明和谐、自由平等公正法治、爱国敬业诚信友善，全面推进社会公德、职业道德、家庭美德、个人品德建设，持续强化教育引导、实践养成、制度保障，不断提升公民道德素质，促进人的全面发展，培养和造就担当民族复兴大任的时代新人。"① 高校作为立德树人的主要阵地，肩负着培养德智体美劳全面发展的社会主义建设者和接班人的重要职责。学

① 中共中央国务院印发：《新时代公民道德建设实施纲要》，《人民日报》，2019 年 10 月 28 日第 1 版。

生综合测评是高校思想政治工作的重要环节，是实现高校立德树人目标的重要保障。通过思想道德评价，可以全面了解和把握学生思想政治素质实际状况和思想政治教育效果，推动全民道德素质和社会文明程度的提升。

所谓学生综合测评，指的是我国高校大学生综合素质评价，是高校根据党的教育方针、政策（主要以《普通高等学校学生管理规定》和《高等学校学生行为准则》的有关规定为依据），结合思想政治工作目标，采用科学、合理的方法对大学生的德、智（包括能力）、体、美等方面制定的评价指标体系与实施细则。综合测评能够收集、整理、处理和分析大学生在校学习、生活、实践等主要活动领域中反映出的素质的表征信息，并对学生作出价值或量值的综合评定及判断。现行的高校学生综合测评的主要内容包括德育、智育、体育和美育四个方面，具体指标体系各校存在差异。

思想道德素质是大学生综合素质的核心与灵魂，是最重要的素质。《新时代公民道德建设实施纲要》指出："学校是公民道德建设的重要阵地。要全面贯彻党的教育方针，坚持社会主义办学方向，坚持育人为本、德育为先，把思想品德作为学生核心素养、纳入学业质量标准，构建德智体美劳全面培养的教育体系。"① 思想道德素质是人的道德观、人生观、价值观、世界观的综合体现，主要包括思想观念、政治品质、道德人格和法制意识四大方面。通过分析全国36所高校现行学生综合测评指标体系，发现思想道德评价在其中的占比为25%～30%，仅次于智育测评。如何理解思想道德评价在综合测评中所处地位？如何充分发挥思想道德评价的功能与作用？如何提升评价的有效性？这一系列问题的回答，必须首先把握当前思想道德评价的现实状况。

（一）学生综合测评中思想道德评价的目标与原则

目标是实践活动的起点和归宿，在实践过程中起着导向、激励、调控作用。思想道德评价目标既概括了时代和社会对受教育者的要求，又规定了评价过程运行的方向，是评价系统的确立依据。原则是实践活动的基本遵循，体现实践活动的规律性。确立科学合理的思想道德评价原则，是进行评价的前提和基础，也能为评价的具体实践指明正确方向。

---

① 中共中央国务院印发：《新时代公民道德建设实施纲要》，《人民日报》，2019年10月28日第1版。

1. 思想道德评价的目标

第一，引导学生全面发展。评价作为思想政治教育过程的最后环节，其功能不仅在于反馈效果，更重要的是为确立新的教育目标提供客观依据。引导受教育者提升思想道德素质使其适应人和社会的发展需要，从而实现个人发展和社会发展相统一是评价的根本目的。作为一种评价体系，应为大学生的发展提出明确的要求和期待，为大学生的成长指明道路，通过对各项指标的设定，给予学生客观科学的参照标准，以便学生根据标准不断修正自身行为，引导学生全面发展。同时，要以思想道德评价为依托，拓展和延伸思想道德素质教育的空间，以评价实现综合素质教育与思想道德教育的良性互动，促进学生综合素质的全面提升。

第二，反馈思想政治工作效果。运用评估检验思想政治工作的效果，及时敏锐地捕捉和分析反馈信息，这是思想政治教育过程的最后环节。教育者将评价信息与工作的目标要求进行对比分析，就可以清楚地看到任务完成和目标实现的情况。思想政治教育的根本目标是促进人的全面发展，人在思想道德方面发展的需要是人的内在综合素质提升的需要。因此，思想道德评价能够让教育者及时掌握受教育者思想道德素质的真实水平和提升情况，并且及时发现新情况、新问题，对教育内容和计划作出调节和控制。

第三，激发学生思想道德提升的内在动力。道德评价作为新一轮思想政治教育的起点，其目标在于通过评估调动受教育者的积极性、主动性和创造性。思想道德评价的结论，不仅可以静态地反映出学生道德素质的现实水平，还可以动态地显示出学生思想道德的形成与变化发展。同辈间的差距、个体自我的变化往往能够被加以运用从而成为激励学生进行道德水平提升的基础与前提。一方面，评价具有“正向激励”作用，通过给予学生思想道德素质的充分肯定，进一步激发其道德成长的主动性；另一方面，评价也能够发挥“负向激励”作用，使评价不合格或者效果较差的学生认识到差距并促进其改进。

2. 思想道德评价的主要原则

第一，定性与定量相结合的原则。定性评价是通过把握思想道德评价对象的整体和性质，获得对某一具体思想道德活动效果的性质判断，定性评价注重“质”的判断，是对学生思想道德素质本质属性的判定。定量评价则是通过对评价对象表现出来的一些可以量化的关系进行整理分析，从量上，即范围、程度、数量上，对某一特定评价对象进行判断，定量评价注重“量”的方面，是通过数字、指标来量化表示学生思想道德素质的综合特征和水平。① 坚持定性与定量相结合的评价，是由高校思想政治工作的复杂性、抽象性和隐蔽性决定的。我国高校的思想道德评价坚持定量与定性相结合的原则，保证了评价结果的信度和效度。忽略定性评价，评价就会失去目标与方向，没有定量评价，评价就会变得模糊、抽象。

第二，动态与静态相结合的原则。在内容方面，思想道德评价一方面坚持着原有的“理想信念、社会责任、文明道德、遵纪守法”等静态内容，又随着时代的发展而添加了“沟通能力、个性发展、人文素质”等新的板块，不断满足时代和社会发展的需要；在客体方面，思想道德评价不仅对评价对象稳定阶段的思想道德水平和实际状况做出评价，使高校管理者掌握该阶段学生的思想道德素质情况，还将学生不同阶段的思想道德状况进行评价，了解学生过去的和当前的思想道德素质情况并预测其未来的发展方向。坚持动态、静态相结合，既要着眼于学生的思想道德素质在某一阶段中的相对稳定性与不同阶段的变化性，又要着眼于学生所能达到的水平与发展趋势。

第三，科学性与有效性相结合的原则。科学性原则主要体现为，一方面，对大学生思想道德素质的评价要实事求是，避免主观因素和个人情感的干扰，保持评价的客观性；另一方面，思想道德评价主体应当覆盖全面，包括学生、家长、学校以及社会，从不同视角、多个渠道全面收集学生信息，从而能够最全面、准确地描述学生的思想道德素质发展状况。有效性则强调评价的操作性与真实性。思想道德的评价在实施过程中必须坚持评价体系的具体与易操作。并且，评价既要体现学生思想道德发展的总体方向，又要充分体现人文关怀，尊重个体差异，促进学生的全面发展。

（二）学生综合测评中思想道德评价的内容与方法

思想政治教育是不同主体之间思想政治观念的传递、引导、内化与外化的过程。其中，学生综合测评中的思想道德评价是连接教育对象与教育目标的信息纽带，是构成思想政治教育过程的重要环节。就内容而言，思想道德

---

① 《思想政治教育原理》编写组：《思想政治教育原理》，高等教育出版社 2007 年版，第 361 页。

评价具有鲜明的目的性，由思想政治教育的根本任务所决定。就方法而言，思想道德评价是融合人文性与科学性的综合方法系统。

1. 思想道德评价的主要内容

根据调查我国36所高校学生综合测评体系的内容来看，主要包括“现实表现”和“评议结果”两部分。“现实表现”是指对学生日常学习生活中反映思想道德品质的关键行为、事件进行记录和综合评价，包括学生在校情况、学生的社会实践情况等观察与记录。“评议结果”是指对学生某一阶段思想品德水平的评议结果。评议内容围绕“思想、政治、道德、心理、法律”这五个方面展开，前三个方面是思想道德评价的重点内容。在思想评价方面，包括了人生价值观、理想信念、社会责任感和使命感、集体主义精神、爱国主义精神、国际主义精神等子项；在政治评价方面，主要围绕政治态度、政治热情、政治觉悟、政治立场、政治取向、政治信仰、政治视野、政治分析能力、政治鉴别力等来展开评测。在道德评价方面，则从社会公德、诚信道德、恋爱道德、家庭道德、职业道德、校园道德、网络道德进行评价；在心理素质评价方面，主要围绕自我意识、意志品质、心理承受能力而展开。不同历史时期对大学生思想道德素质内容提出了具体的时代要求。习近平强调：“要培育和践行社会主义核心价值观，推进社会公德、职业道德、家庭美德、个人品德建设，深化群众性精神文明创建活动，着力培养担当民族复兴大任的时代新人，让社会主义道德的阳光温暖人间，让文明的雨露滋润社会，为奋进新时代、共筑中国梦提供强大精神力量和道德支撑。”① 新时代以来，社会主义核心价值观、民族精神、民主法治精神、自我管理、个性发展以及人文素质等素质逐步被纳入学生思想道德评价指标，评价内容的更新与发展既体现评价内容的科学性与先进性，又符合时代要求和社会发展需要。

2. 思想道德评价的指标体系及权重设计

指标体系是表征评价对象整体状况的一种形式，依据思想道德评价的内容和具体目标确立。权重是表明指标相对重要程度的参数，体现各项指标的相互关系。目前，各高校在综合测评中设置的内容主要包括“理想信念、社会责任、文明道德、协助精神、开拓创新、遵纪守法、综合能力、文化修养、

① 习近平：《深化群众性精神文明创建活动 着力培养担当民族复兴大任的时代新人》，《人民日报》，2019年9月6日。

身心健康、学业成绩”等。① 在此基础上，各高校依据各自实践特征确定了不同的评价指标体系以及权重方案。以甘肃省某高校为例，该高校思想道德评价由“现实表现”与“评议”两个部分组成（满分均为100分），二者权重分别为50%和50%。“现实表现”主要包括学生日常学习生活中表现出来的品质特征的关键行为、事件的记录和评价，依据学校要求每个学生必须做到的行为、学校提倡学生做到的行为、学校反对并予以纪律处分的行为、学生在宿舍的表现等进行现实观察和记录。“评议”的内容则包括“政治素质”“思想素质”“行动表现”“自身修养”四个二级指标，每个指标各占25%的权重，评分为“0—14分”“15—19分”以及“20—25分”三个区间，综合评分最终转化为“较差”（≤60分）、“合格”（≥60分）、“良好”（≥80分）、“优秀”（≥90分）四级结论。评议主体由学生相互评议、班级测评小组评议、班主任（辅导员）评议三部分构成，各自所占权重分别为0.4、0.4、0.2。总体来看，高校学生综合测评形成了完备且科学的指标体系及权重设计，体现出各自的思想政治教育工作特点。

3. 思想道德评价方法

第一，群体评价法和个体评价法。首先，群体评价法指的是具有一定资格成员组成的群体，有安排、有计划地对思想道德素质进行评价的方法。主要方法包括学校评价和社会评价。学校是大学生最为主要的学习和生活场所，学校评价法是目前高校学生思想道德评价使用最广泛的方法。社会评价法主要是高校通过收集学生参与社会实践的有关单位和相关社会人士对学生的评价反馈信息，从而为综合评价提供事实依据。其次，个体评价法是个体作为评价主体的方法。主要方法包括自我评价、学生互评以及家长评价。其中，自我评价是大学生思想道德评价的主要形式。通过自我评价，学生能够更加清楚地发现自身存在的不足，看到自己与他人的差距，从而更能激发出内心的驱动力，使自我约束更加有效，利于促进自身的全面发展。学生互评则基于集体生活和他人视角的特点，更容易全方位观察个体行为、感知个体的情感、洞察行为反映出来的思想道德状况，从而使得评价的结果更加客观、真实。另外，家长评价是个体评价法的重要环节，父母是孩子的第一任导师，

---

① 赵飞：《十五年来大学生思想道德素质评价研究综述》，《中国德育》2010年第5期，第93页。

通过家长的反馈信息可以全面了解学生的思想品质和道德水平。因此，许多高校将家长评价纳入了思想道德素质的评价方法。

第二，定性评价法和定量评价法。定性评价方法，是在大量搜索评价对象的信息资料及相关数据后，对评价对象的性质进行分析和综合，最后做出结论性评语的方法。① 例如，师生之间的访谈、组织评议会等方式。定量评价方法，是运用一定的数学语言来分析和描述思想道德素质状况的评价方法。主要包括线性加权综合法、模糊数学方法、数据挖掘方法中的神经网络算法、多元统计分析方法等。

第三，综合评价方法。除上述常见的评价方法外，部分高校还进行了评价方法的借鉴与创新。借鉴教育学、社会学、管理学、心理学等学科的相关知识。运用社会学的实证方法来进行数据的收集、分析和处理，借助心理学中不同种类的测试来进行思想道德的评价，整合管理学中的“学习型组织理论”制定符合其要求的量表，以相对固定的量表来进行思想道德评价。除此之外，还对国外优秀经验进行研究和借鉴，从而将形成性评价和总结性评价相结合，组织相关部门对学校制定的评价体系进行常态化、机制化地定期调研与定期反馈，最大程度地确保其客观与科学。

（三）学生综合测评中思想道德评价的过程

过程是一个由一系列相互关联的要素构成的动态系统。思想道德评价过程表现在时间和空间上的依次展开，是思想政治教育实践活动的程序之一，也是评价各个环节的配合及功能发挥的过程。认识评价的过程，对其发生、发展和完成的内在运行进行分析，有助于进一步揭示思想道德评价调动受教育者的积极性、主动性、创造性的规律。按照时间先后顺序可以划分为准备阶段、实施阶段和反馈调控阶段。

1. 准备阶段：设计评价指标体系及确定评价方法

首先，确定评价目标，即制定总目标，为指标体系的制定提供了方向和范围，确定评价目标为指标体系制定的基础环节。其次，分解目标，选择权重。通过对评价目标含义的明确以及内容的梳理，找到内容体现的具体方面和途径，将内容逐渐分级，设计分级指标，最终形成指标体系。目前高校主

---

① 《思想政治教育原理》编写组：《思想政治教育原理》，高等教育出版社 2007 年版，第 365 页。

要通过特尔菲法、层次分析法和主观经验法三种方式来确定思想道德评价指标的权重。再次，编制评价软件，对已经形成的指标体系初稿进行调试，进一步完善评价指标体系，通过对上述步骤的整理，形成最终的评价指标体系。最后，确定具体评价方法。评价方法决定了评价的效果的真实性与科学性，在实际的评价实践中，常常是将各种评价方法结合起来，形成以某一方法为主，配合其他方法的综合方法体系。

2. 实施阶段：收集、整理思想道德评价情况

在进行思想道德评价后，要对收集到的信息进行系统化、理论化、综合化的分析与归纳，并得出具有针对性的结论。目前，汇集思想道德评价情况的方法有很多，高校普遍采用确定问题测验法、专访座谈法、抽样调查法、表格测评法、资料查阅法以及现场观察、观摩法等来进行评价情况的收集。并且，采用模糊评价法以及评分、评级、评语综合法对搜集和整理思想道德评价信息进行具体指标打分，将各项指标得分结果进行统计，填入相应评分系统，进行具体评价，最终由评价信息处理人员得出评价结论。

3. 反馈调控阶段：运用思想道德评价结果

对于评价结果的处理，一是努力通过各种方式来减少因主体不同而造成的结果误差，确保评价结果的公平性与有效性，二是对评价结果进行了有效利用，以达到对大学生成长发展所起到的激励、鞭策和引导的作用。三是通过结果反馈不断完善原有思想道德评价体系，促进体系完善与创新，使得体系能够更科学准确地测评出大学生的思想道德水平，焕发新的活力与生机。

二、学生综合测评中思想道德评价的现实困境

各高校对思想道德评价的功能、原则、内容、方法以及过程进行全方位、深层次的探索、完善与创新，取得了很多成果。可是，由于思想道德评价的复杂性和长期性，思想政治教育仍然面临诸多困境。从思想政治教育与外部环境的关系来看，它作为一种社会实践活动，并不是孤立存在的，而是与政治、经济、文化和社会发展有着极为密切的关系。因此，在进行思想道德评价时，我们也不应当与学生的智育、体育、美育割裂开来，应该遵循整体性原则，用全面的方法看问题。

（一）合理性问题

思想道德教育评价的合理性就是对高校大学生思想道德教育效果进行价

值判断，判断其是否实现了应有的价值以及价值实现的程度如何。人的思想道德作为一种精神意识是无法被直接测量的，但这些思想又一定会通过人们的学习、生活等行为直观地表现出来，构成思想道德教育领域的事实，并产生作用和影响。因此，人的思想与行为的相关性与稳定性相统一的特征为思想道德教育价值判断提供了客观可能性。进行思想道德评价的前提需要有道德评价尺度，所谓道德评价尺度指的是一定的社会道德规范和道德原则，是那些判断道德现实或善或恶、或对或错的道德标准，具有历史性和相对性。因此，思想道德教育价值评价所作出的价值判断以思想道德教育领域的事实为对象，以社会所要求的道德规范和道德原则为尺度，二者结合进行合乎逻辑的推断，符合历史规律和人类自身发展的规律。我们研究思想道德教育评价的合理性，就要从思想道德评价的评价尺度、对象、遵守原则、运用方法等方面发现不足，探索思路。

当前高校所采取的思想道德教育评价方法中，最常用的是群体评价方法、个体评价方法，这些方法中的评价主体大多为学校、社会用人单位、学生本人、同学和家长。从思想道德教育价值评价的主体来说，任何一个具体的评价主体都是处在一定的但又不尽相同的社会关系之中的。他对思想道德教育价值的认识、对思想道德教育价值的体验和对思想道德教育价值的需要都不尽相同，因而他对思想道德教育价值的评价就不同。由此表现出的合理性是相对的合理性。① 由于评价主体不可避免地带有主观色彩，每个人对评价标准的理解不尽相同，这时就需要使用的思想道德评价标准尽可能统一和量化。在实践中，大学生的学习、生活相对自由，大学生的交友圈不局限于固定集体，行政班级里的学生之间存在离散状态，甚至存在利益团体和矛盾冲突，因而，班级评议和学生互评的效果难以保证。并且，大学期间，大多数学生异地求学，远离了父母和家庭，家长可能对学生的校园学习生活行为不甚了解；有的家长出于“护犊”心理，造成家长对孩子进行大学期间的思想道德教育评价难免会带有主观倾向，远离现实。此外，大学生思想政治教育有着鲜明的时代特征，需要关注社会热点呼应时代需要，又要研究每一代青年的不同特点，不断完善提高评价的客观性。

---

① 项久雨：《思想道德教育价值评价的合理性》，《教育研究》2002 年第 8 期，第 23 页。

在现实思想道德评价过程中，存在着评价打分中的随意性较大，不存在确定依据；仅凭个人印象对于日常表现进行加分不规范，各项指标不能反映被评价者的真实素质水平等诸多问题。思想道德评价是以一定的目标为依据，以思想道德教育的实践效果为标准所进行的价值判断。那么，要把握其合理性，必然遵循一定的原则和标准。遵循规范性原则，不但要规范评价主体，对评价主体的组成进行科学合理的规划，还要对评价内容进行规范。思想道德评价指标体系中的道德品质、道德行为、能够证明学生思想道德素质存在偏差的行为和依据，都需要有统一、标准的说明，或者给出可量化、可参考的依据。在此标准上，再结合评价对象的主动性和创造性，使不同方面的评价相互补充，实现多样性和客观性之于合理性的和谐统一。

（二）系统性问题

思想道德评价体系是复杂的动态系统。只有充分调动各个方面的积极因素，构建起健全长效的评价机制，才能保证思想政治教育效果的针对性与持久性。目前部分高校思想政治教育工作者受管理学的影响，运用管理模块与技术操作来解决思想道德评价的实际问题，呈现出技术化、模式化、机械化的问题。思想道德评价存在的系统性不强问题，还得通过不断完善评价机制的努力来解决。

一是评价的模式化。在评价的运行机制上，所有的评价对象接受相同的评议，相对固定的时间，相对固定的内容，相对固定的方法，按照固定的模式开展评价活动。评价者没有与个体的思想实际结合起来，具有明显的程序化特征。一些思想政治教育评价环节相对独立、相对封闭，评价主体之间缺乏交流与协同。在评价模式选择上，不适应现实的新要求和新问题，老旧的模式束缚着评价系统的创新发展。部分高校不能及时更新评价体系，存在多年如一日的被普遍推行的评价机制，造成忽视与实际情况结合，不去辨析具体的评价对象在思想道德认知、情感、需求、意志力方面的差异。评价机制应该是保证基本制度与原则稳定的前提下，提倡灵活、提倡创新的。

二是评价的技术化。在思想道德评价的过程中，评价主体依据评价尺度对思想道德教育事实进行评价时，常常会出现一个困境：学生在进行思想道德实践时，意图和动机往往无法达到预期效果。行为效果虽无法达成，但往往都具备了动机。这是为道德评价提供的难题，应当评价的是动机还是效果呢？系统论认为，任何事物自身都是一个系统，其内在的质是多方面的，事务系统内的质均为系统质。但一个系统内各个子系统的层次和地位是不同的，其各种质也处于各种从属关系之中。它们具有由高到低、由核心到外围构成事物系统的多层次属性。因此，要正确走出这个困境，就要处理好动机和效果的关系。思想道德评价系统就是由动机和效果构成的系统，其中动机的系统质要高于效果的系统质，这是由道德的自律性为主及其与他律性统一的特性所决定的。如果在思想道德评价中只侧重行为本身及其效果的考核，不论其行为的出发点究竟如何、是好是坏、主动还是被动，就无法让社会性的思想品质和道德规范真正内化为学生个人的思想品质和道德规范。这样的思想道德评价就无法促进思想政治教育的进行，反而会产生阻碍作用，也不利于学生个人的道德发展。思想道德评价的社会价值不仅仅局限于某个结论，其目的在于规范和促进他们良好思想政治品德的形成和发展，引导他们朝着时代新人的方向发展，达到社会发展对个人所应当具有的思想品质和道德规范的的要求。

（三）层次性问题

在现有的高校学生综合测评体系中，大多数高校思想道德评价占综合素质评价的比重为 25%—30%。由于高校综合素质评价中，德、智、体、美、劳各个方面的评价没有统一的权重要求，使得各个高校在具体思想道德评价实践中的灵活性与自主性强。部分高校在智育与德育的权重设置存在偏倚，导致综合测评失去了客观性，无法真实准确地反映学生的综合素质，从而影响学生的整体发展和企业、社会对人才综合能力的整体判断。要科学地开展思想道德评价，首先就要对思想道德评价的地位、作用清楚正确地认识，通过权衡和比较德、智、体、美、劳各个方面对大学生发展影响程度的相关资料和数据后，进行综合分析，运用科学的方法决定各项在综合测评中的所占比重。

当前高校思想道德评价依然存在着评价流于形式的问题，忽视学生的个性发展和创新发展，无法激发学生的思想道德成长的主动性和创造性。因而，需要加强对评价对象的行为动机的深层次分析。不仅要增强评价机制的系统性、整体性，还要注重思想道德评价这个系统内部各要素的层次性问题。这些不同的思想道德层次由“动机—效果”的不同关系构成。有学者曾将人们的道德动机和效果进行排列组合，得到了九种排列关系。将利他的视为道德的，把损人利己的视为不道德的，九种关系可进一步归纳为四种类型。类型一：善良的（目的利他）的动机——好的结果；类型二：善良的（目的利他）的动机——不好的结果；类型三：不良的（目的损人利己）的动机——好的结果；类型四：不良的（目的损人利己）的动机——不好的结果。[①] 根据以上分析，只有类型一出于好的动机又能够带来好的结果才具有最高的道德价值。类型二因为不好的结果价值略低于类型一。而类型三和类型四因为处于不好的动机，价值低于前二者。最后类型四因为出于不好的动机又带来不好的结果，已经被归为了恶的范畴，是社会不提倡和道德不容忍的。根据思想与行为的关系理论，思想支配行为，行为是思想的反映，可以判断出类型一和类型四是否合乎思想道德标准，然而类型二和类型三因为思想与行为不一致，这给我们的思想道德评价的准确性和客观性带来了困扰。在实际思想道德评价过程中，我们往往认为一个“好心办坏事”的人要比一个动机不纯、歪打正着的人道德更加高尚。因此，思想道德评价的最高标准应是出于善良动机，同时达到好的效果。思想道德系统内部的层次性为我们的思想道德评价提供了更加清晰的依据，同时也揭示了思想道德评价时要遵循的最高价值——对道德的追求和对真善美的向往。思想道德评价的目的，在于使大学生能够全面发展，实现精神愉悦和个人价值。思想道德评价在具备功能性作用的同时，也兼具教育意义和发展意义。

在思想道德评价中，需要注意思想道德评价将动机与结果相结合，重视学生内化与外化的统一，强调内外必须外化落实到实践，通过实践来检验。所以，通过社会实践活动对思想道德教育价值评价合理性的肯认总是要比语言交往共同体的肯认权威得多，实践对理论的批判总是要比理论的批判更彻底、更权威。

三、学生综合测评中思想道德评价的发展展望

新时代思想政治教育实践活动发生着巨大的变化，既有广阔的发展空间和发展机遇，也面临着前所未有的困难和问题。思想道德评价必须积极回应

① 葛晨虹：《我们怎样进行道德评价》，《齐鲁学刊》，2001 年第 3 期，第 32 页。

时代变化和时代关切，遵循学生成长成才规律，切实增强评价的有效性。因此，需要将评价主体对于思想道德现实的观照，将当下大学生对思想道德的认知与践行融入评价体系，不断提升评价的科学性与针对性。

（一）不断强化思想道德评价的理论支撑

步入新时代以来，在习近平新时代中国特色社会主义思想指导下，中国特色社会主义现代化建设进一步发展，这在客观上对思想政治教育质量评价提出了更高的要求。思想政治教育质量评价能否适应改革开放以来中国发展实际，能否适应国家教育现代化发展方向，能否更好地满足培养担当民族复兴大任时代新人的需要，关乎社会主义现代化的建设进程。① 思想政治教育本身具有鲜明的实践性，立足于教育对象不断变化发展的现实需求，思想道德评价应当不断深化理论研究，为指导实践提供丰富的理论支撑。

总体来看，国内关于思想政治教育评价的研究取得了丰硕的成果，但我国思想道德评价体系仍处在探索和完善阶段。不同的高校在具体操作过程中有着不同的评价指标和方法，评价制度和评价结果难免有偏差。为了改善这一状况，有必要继续深化学理探讨，将研究的视野延伸到交叉学科和国外高等教育同行机构，借鉴和吸收先进的理论成果和方法体系。

具体而言，首先要借鉴社会学、管理学相关知识完善评价体系的内容设置。评价既强调全面性，要有总体上的评价指标体系；也强调局部性，要有不同类别、不同层次上的指标体系建设。其次，可以充分借鉴教育学所倡导和践行的教育理论、教育原则以及德育测评标准，将思想道德评价的最新理论研究成果融入实际评价过程中，切实加强评价在实践工作中的运用，提高评价者职业能力和职业水平。此外，还需要借鉴心理学相关知识把握学生思想道德形成与发展的规律，探索将心理学的测评方法纳入评价当中。例如，心理测验可以通过观察人的少数具有代表性的行为，对贯穿在人的全部行为活动中的心理特征作出推论和数量化的分析。最后，还可以学习和借鉴国外教育机构采用的第三方机构参与评价的模式，鼓励第三方机构参与评价活动。

（二）积极推进评价方法创新与模式转换

针对现有的评价标准表面化、形式化的问题，要结合系统论和思想道德

---

① 冯刚、严帅：《新时代高校思想政治教育工作质量评价的理论思考与发展展望》，《云梦学刊》2019 年第 4 期。

评价的有效性。首先，应当准确把握评价内容的结构要素以及各要素之间的内在联系，确定体现科学性、先进性和涵容性的评价指标体系。同时，深入研究评价内部要素的发展规律。其次，评价体系既要对思想道德教育的规律性进行准确的反映和把握，又要遵循个体的现实思想道德水平，遵循个体思想道德素质形成发展的规律。最后，评价要反映社会历史发展的前进性和规律性，即同社会发展对其成员思想政治品质的要求相一致，使评价内容和评价主体都合乎人性，合乎人的情感、个性、兴趣、理想信念等。总之，把握评价事物的整体及其发展的全过程，要从全局的观点出发去了解评价事物的全貌，要站在全局的立场上去解决评价中的局部问题。

思想政治教育应该坚持评价过程的互动性，摒弃制度刚性、随意性。需要将以评价者为中心的评价模式，转变为以受教育者全面发展为中心的评价模式，把评价者和评价对象都纳入实践活动的主体，鼓励他们自主选择、自主发展的能力，使他们的主体潜能得到充分的激发。思想政治教育促进了教育对象的世界观、政治观、价值观的自觉提升，使得思想政治教育的内容成为引导教育对象的行动指南，为教育对象所理解和接受。在当前，思想道德评价将教育与管理相结合，共同发挥作用，对人们的思想和行为具有较强的激励与促进作用。随着国内和国际环境的深刻变化，传统的评价方式有所弱化，不能只是靠传统的评议和奖惩的方式，必须充分运用现代管理科学的评价机制，使学生在社会生活中有准则可循，有制度可依，在合理完善的思想道德评价制度中真正做到奖善罚恶，区分美丑，使人们在真善美的追求中去不断完善自我，提升自我。不断创新发展的评价体系，为思想政治工作的开展提供了有效的机制保障，有助于提高教育对象的道德水平、自我激励、自我教育意识。与时俱进的评价体系有利于人们品德的培养和良好社会风尚的形成，使受教育者积极地、主动地将思想政治教育的内容内化于心，并外化于行。

（三）增强思想道德评价创新发展活力

随着时代的发展，评价主体与评价对象也在发生着深刻的变化，思想政治工作不断面临新的机遇与挑战。思想政治工作者必须不断与时俱进，加强改革与创新的精神。新时期，各个领域存在全新的形势和全新的变化，有效的思想道德评价要求评价决策者能够根据时代的变化转换思路，形成与新常态相适应的创新评价方式。

更新思想政治教育者的观念。新时期，思想政治教育者要及时更新思想与观念，提升工作能力与自我修养。一是效益观念。在思想政治教育激励过程中，要注重善于捕捉最新的信息与手段，用最低的成本、最快的速度取得最佳的结果。当前人们的生活日新月异，讲求效益和注重效果是社会发展的客观要求，也是新时期思想道德评价实践必须考虑的问题。思想道德评价活动作为一种特殊的意识形态活动，也会有人力物力的投入，应该协调各方，形成科学的评价机制。因此，教育管理者要善于调动各方积极因素，用较少的消耗获得效益的最大化。二是信息观念。教育者要及时准确地了解和掌握学生的思想动态和道德需求的变动。信息技术的发展，使得各种资讯、信息随处可见。抖音、网络视频、QQ 空间、微信朋友圈等媒体平台是学生每天花费大量时间的领域。教育者要善于熟悉新媒体，在评价过程中熟练运用各种传媒工具，拓展评价的载体。只有具备信息观念，才能时刻抓住最新的信息，及时了解和掌握评价对象的动态，从而有针对性地采取相应的评价方法，组织相应的评价方案。

培养思想政治教育工作者的创新思维。评价体系要适应新时期的发展要求，就必须要求教育管理者富有创造力，从原来的守旧思维模式转向创造性的思想模式。在新的时代背景下，面对社会环境和大学生行为思想心理的变化，思想政治教育工作质量评价指标体系、评价内容、评价方式方法、评价制度等方面都应同党和国家事业发展和大学生全面发展成长成才的需要相适应，力求形成一套持续性、滚动型的评价系统。① 改革创新的时代精神号召人们要具有创新思维，通过不断地实践、探索和创新，在继承和发展传统的优良经验的基础上，不断推陈出新。人们总是习惯性地安于现状和不求改变，这就必须要求教育管理者不断创新方式方法，提升评价的系统性与科学性。

灵活运用多种评价方法。思想道德评价的方法是多种多样的，如何发挥各种方法的优势，弥补其短板，成为增强评价有效性的重要问题。综合运用各种评价理论，将不同类型的评价方法结合起来，往往能够取得良好的效果。尤其是要善用网络新技术新应用完善思想道德评价制度。大学生是网络原住

---

① 冯刚：《思想政治教育工作质量评价的时代特征》，《思想教育研究》2018 年第 5 期。

民，网络信息内容广泛影响着大学生的思想观念和道德行为。要深入实践网络内容建设，加强网络突发实践和热点话题的正确引导和有效引导，丰富网上道德实践，增强网上道德评估建设。此外，思想政治教育者在评价过程中，需要建立教育者与受教育者良好的互动关系，坚持以正向激励为主，重视受教育者的现实需求，增强评价内容与现实的适应性，使评价富有崭新的时代气息。

第六章

学生党员思想道德建设标准研究

学生党员是学生中的骨干和先进分子，学生党员的思想道德建设是高校思想政治工作的重要组成，研究学生党员思想道德建设历程，总结改革开放以来学生党员思想道德建设的基本经验，分析新时代学生党员思想道德建设的现实境遇，对研究提出新时代学生党员思想道德建设标准体系，推进学生党员思想道德建设质量全面提升具有重要的理论和现实意义。

一、改革开放以来学生党员思想道德建设的历程

改革开放以来，学生党员思想道德建设作为我国社会主义建设的重要内容，党和国家向来重视加强顶层设计和在实践中改进，取得了丰硕成果，积累了宝贵经验。

（一）学生党员思想道德建设在反思中加强（1978—1989）

在“文化大革命”中，学校的思想政治教育工作与德育活动变成了政治运动，对学生的思想道德建设造成了严重影响。党的十一届三中全会，重新确立了实事求是的思想路线，随后学生党员思想道德建设也重新恢复，走上了正常的轨道。对学生党员思想道德建设主要抓好以下几个方面内容。一是着眼共产主义道德品质教育，抓好理想信念和政治教育，开展社会主义文明礼貌培育实践活动。1980 年，教育部、共青团中央印发《关于加强高等学校学生思想政治工作的意见》的联合通知，明确要旗帜鲜明的对学生进行系统的马克思列宁主义、毛泽东思想基本原理的教育，革命理想教育，共产主义道德品质教育，培养学生运用马克思列宁主义的立场、观点、方法，提高分析问题和解决问题的能力，逐步树立辩证唯物主义和历史唯物主义的世界观，强调在进行马列主义基本理论教育中，要教育学生热爱党、信任党，坚持党

的领导，树立共产主义必然胜利的信心。同时，特别指出要对党员进行一次坚持党的政治路线和思想路线、加强党的团结和统一、加强党的民主集中制和组织纪律性的思想政治教育。1981 年，中共中央宣传部、教育部、文化部、卫生部、公安部等五部门联合印发的《关于开展文明礼貌活动的通知》向全国人民特别是青少年发出倡议，开展以讲文明、讲礼貌、讲卫生、讲秩序、讲道德和心灵美、语言美、行为美、环境美为主要内容的“五讲四美”文明礼貌活动，要求在青少年中继续进行共产主义道德教育，共产党员、共青团员要起带头模范作用。二是开设共产主义思想品德课，培养又红又专的人才。1982 年，教育部印发了《关于在高等学校逐步开设共产主义思想品德课程的通知》，对一段时间以来部分高校开设共产主义思想品德课，对学生有计划地进行革命人生观教育、共产主义品德教育的效果和经验进行了总结，提出把共产主义思想品德课作为一门必修课是培养有革命理想、讲革命道德、守革命纪律、有文化的又红又专的人才的必然要求。1984 年，教育部在 12 所院校设置了思想政治教育专业，指定共产主义思想品德教育为该专业的公共必修课。同年，中央宣传部和教育部联合印发的关于加强和改进高等院校马列主义理论教育的若干规定，明确马克思主义是我们党和国家的行动指南，是培养学生无产阶级世界观和共产主义道德的理论基础，所有大学生都必须学好这门课。也是在这一年，教育部印发了《关于高等学校开设共产主义思想品德课的若干规定》，强调共产主义思想品德课的任务是对学生进行共产主义人生观和共产主义道德教育，帮助学生逐步树立共产主义人生观、培养共产主义道德品质。三是紧扣爱国主义和献身精神，重视在实践中锤炼学生党员的道德品质。1983 年，中共中央宣传部、中共中央书记处研究室《关于加强爱国主义宣传教育的意见》，强调要对群众特别是青年分层次、有步骤地进行爱国主义、集体主义、社会主义、共产主义教育，并要求坚持从爱国主义教育入手，逐步地把广大爱国者的觉悟提高到共产主义思想的水平。1985 年，中共中央发出的《关于改革学校思想品德和政治理论课程教学的通知》要求各类高级学校在教育中要适时地穿插各种学生需要的时事教育、文学艺术教育和课外活动，激发学生为社会主义伟大事业而奋斗的献身精神。1985 年，中共中央关于进一步加强青少年教育预防青少年违法犯罪的通知，要求对青少年进行爱国主义、国际主义和革命传统教育，激发青少年的爱国热情和民族自尊心、民族自豪感，鼓励他们励志为振兴中华、实现“四化”而刻苦学习、勤奋劳动。强调要进行系统的思想理论教育，使学生不仅掌握现代科学文化知识，而且具有正确的政治方向和为人民服务的献身精神。1986 年，中共中央、国务院批转的《国家教委关于加强高等学校思想政治工作的决定》要求，对学生进行爱国主义和革命传统教育，把加强思想政治教育与引导学生参加社会实践结合起来。1987 年，中央《关于改进和加强高等学校思想政治工作的决定》指出青年学生只有在学习科学文化知识的同时，积极参加社会实践，更多地了解国情，了解社会主义建设和改革的实际，了解人民群众的思想感情，才能树立为社会主义献身的信念，逐步锻炼成为有用人才。要积极引导学生参加社会主义实践，克服轻视实践、轻视群众的思想，克服重才轻德的倾向。

（二）学生党员思想道德建设在规范中深化（1989—2002）

新中国成立以来，高等教育改革发展经验和反对和平演变斗争的教训使党和国家深刻认识到高等学校坚持社会主义办学方向，必须加强和改善党的领导，加强党的建设，充分发挥党组织和党员的作用，学生党员的思想道德建设摆在了学校和党的建设更加重要的位置上。一是聚焦学生党员的入党动机，提出教育要着重解决四个问题。1990 年，《中共中央关于加强高等学校党的建设的通知》，强调要把思想建设放在高校党的建设的突出位置，不断提高党员的政治素质，强调特别要在青年中培养一批坚定的马克思主义者。应对新的历史条件下的严峻考验，高等学校党组织要对党员进行马克思主义基本理论、党的基本路线和党的基本知识教育，帮助党员从思想上真正入党，要着重解决坚定共产主义信念、树立全心全意为人民服务的思想、增强党性观念和政治责任感、密切联系群众等四个问题。提出要按照党章规定的党员标准把那些一贯表现好，特别是在关键时刻表现突出的优秀学生吸收入党，同时强调必须严格考察发展对象的政治觉悟、思想品德和入党动机。1991 年，国家教委印发的《研究生思想政治教育工作座谈会纪要通知》指出，座谈会认为部分研究生党员的状况不能令人满意，相当一部分党员缺乏基本的马克思主义修养，党性锻炼不够，放松要求，不能发挥应有的作用，极少数党员入党动机不纯，夹杂着不同的目的。要加强对学生党员的马列主义、毛泽东思想的基本理论和党的基本知识教育，将确立共产主义信念，坚持为人民服务宗旨，密切联系群众，严守党的纪律等内容作为当前研究生中党建工作的重点。二是强调把学生党员培养成为具有较高思想觉悟和专业知识、技能的社会主义事业建设者和接班人。1991年，《国家教委关于加强和改进高等学校马克思主义理论教育的若干意见》提出，对青年学生进行马克思主义理论教育是社会主义教育区别于资本主义教育的根本标志之一，社会主义教育的根本任务就是用马克思主义育人，培养有社会主义觉悟的有文化的建设者和接班人。1993年，《中国教育改革和发展纲要》强调，以马列主义、毛泽东思想和建设有中国特色的社会主义理论教育学生，把坚定正确的政治方向摆在首位，培养有理想、有道德、有文化、有纪律的社会主义新人，是学校德育的根本任务。同时，特别强调要用建设有中国特色的社会主义理论教育全体党员，发挥好党员的先锋模范作用。1993年，《关于新形势下加强和改进高等学校党的建设和思想政治工作的若干意见》提出，坚持用邓小平同志建设有中国特色社会主义的理论武装广大党员和教育师生员工，提高坚持党的基本路线的自觉性，是高等学校党的建设和思想政治工作的首要任务。三是围绕学校德育体系的构建，培养有共产主义觉悟的先进分子。1994年，《中共中央关于进一步加强和改进学校德育工作的若干意见》要求，要整体规划学校的德育体系，遵循青少年学生思想品德形成规律和社会发展规律，科学规划各阶段教育的具体内容、途径和方法。1995年，《中国普通高等学校德育大纲》明确提出，高等学校德育目标是使学生热爱社会主义祖国，拥护党的领导和基本路线，确立献身于中国特色社会主义事业的政治方向；努力学习马克思主义理论，逐步树立科学的世界观和方法论，走与实践相结合、与工农相结合的道路；努力为人民服务，具有艰苦奋斗的精神和强烈的使命感和责任感；自觉地遵纪守法，具有良好的道德品质和心理素质，勤奋学习，勇于探索，努力掌握现代科学和文化知识，并从中培养一批具有共产主义觉悟的先进分子。

（三）学生党员思想道德建设在实践中拓展（2002—2012）

在学生思想政治教育工作实践发展中，学生党员的思想道德建设也不断强化和拓展，这一时期在党的领导和组织建设、师德师风引领带动、思想道德建设内容的丰富与拓展方面都进行了积极探索。一是重视党的领导和党组织建设在学生党员思想道德建设中的重要作用。2004年，中共中央、国务院

〈关于进一步加强和改进大学生思想政治教育的意见》，要求要充分发挥党团组织在大学生思想政治教育中的重要作用，要加强对党员的先进性教育，使他们严格要求自己，提高党性修养，充分发挥在大学生思想政治教育中的骨干带头和先锋模范作用。2005 年，中共中央办公厅转发的中共中央组织部、中共教育部党组、共青团中央《关于加强和改进在大学生中发展党员工作和大学生党支部建设的意见》的通知强调，要全面把握和坚持党员标准，结合大学生的特点把党章规定的党员条件具体化，以提高素质、增强党性、发挥作用为目标，认真做好大学生党员的教育管理工作，积极推动大学生党支部建在班上，发挥好党支部对学生党员思想道德教育的作用。2010 年，教育部党组在《关于在教育系统党的基层组织和党员中深入开展“创先争优”活动的通知》中重申了优秀共产党员的基本要求是，模范履行党章规范的义务，努力做到带头学习提高、带头争创佳绩、带头服务师生、带头遵纪守法、带头弘扬正气的“五带头”，为新形势下学生党员思想道德建设赋予新的内涵。二是重视师德师风对学生党员思想道德建设的影响。党和国家向来重视思想政治工作队伍的建设，2005 年，《教育部关于加强高等学校辅导员、班主任队伍建设的意见》，明确辅导员、班主任是开展大学生思想政治教育的骨干力量，是大学生健康成长的指导者和引路人。同年，《教育部关于进一步加强和改进师德建设的意见》强调，教师是人类灵魂的工程师，是青少年成长的引路人，要以热爱学生、教书育人为核心，以学为人师、行为师范为准则，以提高教师思想政治素质、职业理想、职业道德水平为重点，弘扬高尚师德，力行师德规范，不断提高师德水平，为培养德智体美全面发展的社会主义事业合格建设者和可靠接班人做出新贡献。2006 年，《普通高等学校辅导员队伍建设规定》（教育部 24 号令）提出辅导员应当努力成为大学生的人生导师和健康成长的知心朋友。2008 年，《中共中央宣传部、教育部关于进一步加强高等学校思想政治理论课教师队伍建设的意见》，要求思想政治理论课教师，应注重道德修养，提升精神境界，做教书育人的典范。三是围绕社会主义荣辱观和廉洁教育加强学生党员的思想道德建设。2006 年，教育部党组对教育系统加强社会主义荣辱观教育做了部署和安排，明确要以社会主义荣辱观为重点，切实加强青少年思想道德建设。2007 年，教育部印发《关于在大中小学全面开展廉洁教育的意见》，把廉洁教育作为青少年学生党员思想道德建设的重要内容，全面提高青少年思想道德素质。

（四）学生党员思想道德建设在关照标准中更加科学（2012 至今）

高等教育内涵发展、提升质量是这个时期的重要命题，学生思想政治工作建机制、立标准成为高等教育改革发展的重要内容。学生党员思想道德建设也在高校思想政治工作质量建设的总体框架和全面从严治党的总体布局下创新发展。一是在学生思想政治教育工作质量标准的顶层设计和总体框架下推进学生党员的思想道德建设。2010 年，中共中央印发《中国共产党普通高等学校基层组织工作条例》，对高校基层组织工作做了系统的设计和规定，成为大学生党员思想道德建设的重要依据。2012 年，中共中央宣传部、教育部印发了《全国大学生思想政治教育工作测评体系（试行）》的通知，成为大学生思想政治工作向质量标准化迈进的重要标志。2012 年，《教育部关于全面提高高等教育质量的若干意见》，对完善人才培养质量标准体系，加强和改进思想政治教育等进行了系统设计，为提升大学生党员思想道德教育质量提供了保障。2017 年，中共教育部党组印发了《普通高等学校学生党建工作标准》，2018 年和 2019 年，中共中央先后印发了《中国共产党支部工作条例（试行）》和《中国共产党党员教育工作条例》，为推进学生党员思想道德建设标准化提供了保障。二是在全面从严治党的总体部署下加强学生党员的思想道德建设。党的十八大以来，以习近平同志为核心的党中央以刀刃向内的胆略和决心全面推进从严治党向纵深发展，以零容忍的态度惩戒腐败问题，坚定不移打虎拍蝇猎狐，先后印发了《关于新形势下党内政治生活的若干准则》《中国共产党党内监督条例》《中国共产党纪律处分条例》《中国共产党廉洁自律准则》等文件，先后开展了为民务实清廉党的群众路线教育实践活动，“两学一做”主题教育、“不忘初心、牢记使命”主题教育等党内专题教育，为学生党员思想道德建设提供了重要资源，也为全面推动学生党员思想道德建设标准化，提升学生党员思想道德建设质量提供了依据。三是紧紧围绕理想信念教育和社会主义核心价值观培育践行加强学生党员的思想道德建设。党的十八大以来，习近平总书记反复强调理想信念是共产党人的精神之“钙”，理想信念不坚定，精神上就会缺钙，就会得“软骨病”。社会主义核心价值观是当代中国精神的集中体现，凝结着全体人民共同的价值追求，培育践行社会主义核心价值观重在落细、落小、落实上下功夫。最终使社会主义核心价值观的影响像空气一样无所不在、无时不有，成为全体人民日用而不绝的行为准则。2013 年，中共中央办公厅印发了《关于培育和践行社会主义核心价值观的意见》，强调要把培育和践行社会主义核心价值观融入国民教育的全过程，开展涵养社会主义核心价值观的道德实践、志愿服务、精神文明创建等实践活动。此后，教育行政部门和各高校先后出台系列文件，组织开展系列活动，深化学生党员思想道德建设，教育引导学生党员坚定理想信念，增强“四个自信”，扣好人生第一粒扣子，身体力行社会主义核心价值观。

二、改革开放以来学生党员思想道德建设的主要经验

改革开放以来，学生党员思想道德建设虽然经历了曲折，但总体取得了积极成果，积累了宝贵经验，这些成果和经验为新时代学生思想道德建设提供了借鉴和参考。

（一）必须坚持把政治建设摆在学生党员思想道德建设的首要位置

把政治建设摆在党的各项建设的首位，是加强党的建设的宝贵经验。改革开放以来，我们党始终强调政治建设在学生党员思想道德建设中的重要位置。习近平总书记强调，政治建设是党的根本性建设，决定党的建设方向和效果。学生党员思想道德建设必须牢牢抓住政治建设这个根本性建设，既要完善学生党员道德人格，又要强调学生党员的政治人格，使学生党员真正成为学生中的骨干和先进分子，在政治上体现纯洁性，在思想上体现先进性。

（二）必须重视文化对学生党员思想道德建设的熏陶浸润作用

文化是思想道德教育的重要资源，其本身也蕴含着道德要求、道德内容和道德教育，对学生党员思想道德养成具有直接的影响。改革开放以来，我们党特别重视文化工作和精神文明建设，早在 1986 年中国共产党第十二届中央委员会第六次全体会议通过的《中共中央关于社会主义精神文明建设指导方针的决议》，就明确提出了广大党员要做好两个文明建设的模范。新时代加强学生党员思想道德建设必须重视高校物质文化、精神文化、制度文化、行为文化以及网络文化对学生党员思想道德的熏陶浸润作用。

（三）必须重视学生党员思想道德的实践锤炼

坚持教育与生产劳动和社会实践相结合，是党的教育方针的重要内容。

改革开放以来，高校实践育人工作得到了充分重视，内容不断丰富，形式不断拓展，2012 年，教育部等部门关于进一步加强高校实践育人工作的若干意见，强调坚持理论学习、创新思维与社会实践相统一，坚持向实践学习、向人民群众学习，是大学生成长成才的必由之路，加强高校实践育人工作，对于坚定学生在中国共产党领导下走中国特色社会主义道路，为实现中华民族伟大复兴的梦想而奋斗，自觉成为中国特色社会主义合格建设者和可靠接班人，具有极其重要的意义。新时代加强学生党员思想道德建设必须重视学生党员的思想道德实践，发挥好实践育人功能，在实践中加强学生党员的党性锻炼。

（四）必须重视学生党员思想道德建设标准的整体设计

加强学生党员思想道德建设的标准化，是推进学生党建工作科学化的重要内容，也是提升学生党员思想道德质量的必然要求。1995 年，国家教委关于颁布试行《中国普通高校教育大纲》的通知，就提出德育工作的质量是评价学校办学质量的重要指标之一，德育工作评估是使德育由软变硬、由虚变实的重要措施，并提出了围绕国家政策文件的落实，从领导机制、制度建设、工作情况和总体效果等维度进行德育评价的设计思路。《普通高等学校学生党建工作标准》也是学生党员思想道德建设标准化的重要依据。新时代加强学生党员思想道德建设，必须进一步思考思想道德建设标准的内涵要求、内在规律、运行机制，从整体设计上进一步推进学生党员思想道德建设的科学化。

三、新时代学生党员思想道德建设的现实境遇与对策

党的十九大报告明确提出，我们迈进了社会主义新时代。新时代是中国特色社会主义新的历史方位，新时代经济社会领域改革的深化、利益的调整和文化交流交锋交融的影响，以及人们对美好生活的向往与现实境遇之间的矛盾，都对学生党员思想道德建设带来深刻影响和挑战。

（一）新时代学生党员思想道德建设的现实挑战

1. 经济发展方式的调整转变对学生思想道德建设的影响

一定社会的道德总是由这个社会的经济基础所决定。当前，我国仍处于经济体制改革的深水区，正迈进决胜全面建设小康社会的关键区。第一，经济改革的全面深化和经济利益的调整必然会影响到人们的道德判断和道德评

价；第二，市场经济对利益最大化追求的价值观念会影响到学生功利化的道德选择，过分追求自我解放和个性独立，出现社会主义道德信仰危机；第三，人们对经济高质量发展的向往和期待，与人们现实物质状况和经济状况之间的矛盾，也会在一定程度上影响人们对社会主义道德的认同。以上这些问题都会深刻影响学生党员的思想道德建设。

2. 各种文化和社会思潮的交流、交融、交锋对学生党员思想道德建设的影响

文化蕴含着道德要求、道德内容和道德教育，道德是文化的重要组成。新时代，从国内来说，是一个文化全面振兴，加快建设社会主义文化强国的时代；从国际看，是一个文化交流、交融、交锋，文化冲突，文化包容，文化选择的时代。文化的核心是价值观，青年学生正处于价值观的形成期和人生的拔节孕穗期，不同文化、不同社会思潮和不同价值观对这个时期学生的思想道德养成的影响最深刻，学生党员思想道德建设也必须高度重视文化的熏陶和影响，充分发挥中华优秀传统文化、革命文化和社会主义先进文化的育人功能，使学生党员在日用而不觉的社会主义核心价值观身体力行中增加社会主义文化自觉和文化自信。

3. 网络信息技术和新兴媒体对学生党员思想道德建设的影响

新时代也是一个网络信息技术迅猛发展和受新兴媒体深刻影响的时代。网络拓展了人们的生活空间，网络和现实的界限越来越模糊，深刻影响着青年学生的行为方式，一些现实问题的网络炒作、社会不良行为的网络传播，特别是意识形态领域的网络渗透，极大削弱了学校思想政治教育的正面效果，给学生党员思想道德建设带来了极大挑战。新时代加强学生党员思想道德建设，必须重视网络阵地的建设管理与使用，坚持网上网下互动、线上线下联通，发挥好网络和新兴媒体的正面育人功能，拓展学生党员教育管理的覆盖面。

4. 全面从严治党的纵深发展对学生党员思想道德建设的影响

党的十九大总结了十八大以来全面从严治党的伟大实践，提出了新时代党的建设伟大工程的总体布局，深刻回答了中国特色社会主义新时代建设什么样的党、怎样建设党的重大课题。我们党严肃查处一些党员干部包括高级干部严重违纪问题，向全社会表明了全面从严治党的坚强决心和鲜明态度。

全面从严治党既是对学生党员思想道德建设的更高要求，同时也是学生党员思想道德建设的丰富资源。必将对加强学生党员党性修养和党性锻炼、增强党的事业的信心信念，产生重要而深远的影响。

（二）新时代学生党员思想道德建设的深刻蕴含

1. 着力于培养党的千秋伟业接班人，加强学生党员思想道德建设

习近平总书记在学校思想政治理论课教师座谈会上强调青少年是祖国的未来、民族的希望。我们党立足于中华民族的千秋伟业，必须培养一代又一代拥护中国共产党领导和我国社会主义制度、立志为中国特色社会主义事业奋斗终身的有用人才。① 培养什么人、怎样培养人、为谁培养人的问题是我国高校办学治校、教书育人的核心问题，也是高校党建工作必须牢牢把握的首要问题。习近平总书记的这一重要论述，把高校立德树人这一根本任务同培养一代又一代拥护中国共产党领导和维护社会主义制度，立志为中国特色社会主义事业奋斗终身的有用人才这一目标紧密结合起来，进一步深化了对社会主义事业建设者和接班人的认识，是对培养担当民族复兴大任时代新人的大众化表达，揭示了高校党建的根本目标和任务。党的事业和我国社会主义事业向来都是内在统一的，社会主义事业后继有人最根本的在于党的事业薪火相传，培养社会主义事业合格建设者和可靠接班人最根本、最关键的在于培养党的事业的可靠接班人，新时代学生党员思想道德建设必须紧紧围绕这个根本问题加强和深化。

2. 着力于培养担当民族复兴大任时代新人，加强学生党员思想道德建设

一个时代有一个时代的主题，一代人有一代人的使命与担当，实现中华民族伟大复兴是近代以来中华民族最伟大的梦想，实现这一伟大梦想既是当代人的使命和责任，也需要一代又一代中国人的持续努力。党性和人民性是内在统一的，坚持党性原则，就是要把党的事业和人民利益内在统一起来。青年是祖国的未来，学生党员是青年学生中的骨干力量和先进分子，赢得青年才能赢得未来，学生党员是中国特色社会主义事业未来的主体力量，也是担当民族复兴大任的主要力量。习近平总书记强调："国无德不兴，人无德不立。只要中华民族一代接着一代追求美好崇高的道德境界，我们的民族就永

---

① 《用新时代中国特色社会主义思想铸魂育人 贯彻党的教育方针落实立德树人根本任务》，《人民日报》，2019 年 3 月 19 日第 1 版。

远充满希望。”① 加强学生思想道德建设，要紧紧围绕培养具有强烈的时代责任感和自觉担当时代责任的时代新人的时代要求，着力把学生党员培养成为坚定马克思主义信仰、共产主义信念、中国特色社会主义道路信心的有理想的奋斗者，立志为中华民族伟大复兴奋斗终身的有本领的实干者，舍我其谁、敢为人先的，把党的事业和人民事业摆在首位的有担当的开拓者。

3. 着力于培养建设人类命运共同体的爱国者，加强学生党员思想道德建设

当今社会，“人类交往的世界性比过去任何时候都更深入、更广泛，各国相互联系和彼此依存比过去任何时候都更频繁、更紧密。一体化的世界就在那儿，谁拒绝这个世界，这个世界也会拒绝他”②。习近平总书记指出：“中国共产党人和中国人民完全有信心为人类对更好社会制度的探索提供中国方案。”③ 构建人类命运共同体就是中国共产党人带领中国人民参与全球治理、引领重塑世界秩序而提出的中国方案，具有鲜明的时代价值和历史意义。作为党的事业未来发展中坚力量的新时代学生党员，必须要深刻认识中国和世界的关系，科学把握世界发展大势，以更宽的视野、更强的自信置身和推动人类命运共同体的构建，立志成为具有正确的历史观、国家观、民族观、世界观，热爱祖国，奉献人类的新一代。

（三）新时代学生党员思想道德建设需要重点关注的几个问题

1. 如何从整体上把握学生党员的党性教育和道德教育

习近平总书记非常强调教育对人格的完善，指出教育要“凝聚人心、完善人格”④。学生党员的思想道德建设，内在地蕴含了党性教育和道德教育两个层面的价值，具体地体现在学生道德人格和政治人格两个方面的培育和完善，需要从整体上理解和把握，既要看待两方面人格内在的统一性，又要在教育不同环节有所侧重。学生党员的道德人格，是学生党员在为人行事过程

---

① 《认真贯彻党的十八届三中全会精神 汇聚起全面深化改革的强大正能量》，《人民日报》，2013 年 11 月 29 日第 1 版。

② 习近平：《在纪念马克思诞辰 200 周年大会上的讲话》，《人民日报》，2018 年 5 月 4 日第 2 版。

③ 习近平：《在庆祝中国共产党成立 95 周年大会上的讲话》，《人民日报》，2016 年 7 月 2 日第 2 版。

④ 习近平：《坚持中国特色社会主义教育发展道路 培养德智体美劳全面发展的社会主义建设者和接班人》，《人民日报》，2018 年 9 月 11 日第 1 版。

中体现出的基本道德形象，这种形象是师生对其评价和认可的重要尺度，道德人格是对学生党员的基本人格要求。学生党员的政治人格，是学生党员在党内活动或社会政治性活动中体现出来的政治素养、党性锤炼等方面的总体形象，是师生群众评价学生党员的核心尺度，师生群众往往是通过学生党员个体的党员形象来评价党组织的形象。学生党员的道德人格和政治人格，从不同侧面反映了学生的道德形象和党员形象，体现了学生党员做人和做党员的关系。立德树人、以德为先的育人要求，从学生身份的特殊性看，品学兼优的学生突显的是道德上的优秀，而品学兼优的学生党员应该是政治和道德的兼与优，同时更强调政治的先进。实现学生党员道德人格和政治人格的内在统一，直接折射出学生党员思想政治教育的出发点，也是学生党员思想政治教育的落脚点。

2. 如何有效培育大学生党员的主体性道德人格问题

实现中华民族的伟大复兴是中国共产党人的初心和使命，是全体中华儿女的共同梦想，也是当今中国最鲜明的时代主题。中华民族伟大复兴，关键要依靠主体的人来实现。“道德之于个人、之于社会，都具有基础性意义，做人做事第一位的是崇德。”① 能否培养出相应道德人格的时代新人，对中国梦的最终实现至关重要。主体性是指人作为认识主体、实践主体、社会主体所具有的本质规定性，也是人的本质力量的对象化。马克思认为“人们所奋斗的一切都同他们的利益有关”②，利益以需要为前提，人的需要多样化和多层次性决定了人们既有共同的现实利益，也有体现主体特殊性的现实利益，正是这种现实利益的不同促使道德主体做出不同的道德选择，实施不同的道德行为。学生党员作为现实的道德主体，有现实的诉求也有发展的期待，要充分尊重和激发学生党员的主体性道德需要为基础，在问题关切中培育道德情感，在批判反思中提升学生党员的主体性和道德水平，培养学生党员的道德分析、评判与选择能力，发展与提高学生党员的主体性道德能力，塑造学生党员自主的、创造性的、有思想的主体性道德人格。

---

① 中共中央文献研究室：《十八大以来重要文献选编》（中），中央文献出版社 2016 年版，第 7 页。

② 《马克思恩格斯全集》第 1 卷，人民出版社 1956 年版，第 82 页。

3. 如何科学构建学生党员思想道德建设标准体系问题

学生党员思想道德建设标准体系构建，至少包含了学生党员思想道德标准和学生党员思想道德建设标准两个方面的标准体系构建问题，既要思考两个方面各自的标准要求、内容要点、逻辑体系问题，又要深刻把握两个方面之间的内在逻辑问题。学生党员思想道德标准体系是学生党员思想道德标准建设体系的基础和前提，也是学生党员思想道德建设体系建设和完善的依据。学生党员思想道德标准体系直接关系到学生党员思想道德建设的评价问题，科学的评价是促进学生党员思想道德建设落实落细的关键。学生党员思想道德建设标准体系构建的难点在于确保思想道德评价的监督激励作用持续发挥，激发学生党员不断提升自身思想道德修养。新时代学生党员思想道德建设标准体系构建，一是要突出学生党员的道德认知、道德实践、道德行为等，对如何确定标准体系的内容要素、观测点等方面深入研究；二是在道德建设标准体系的评价评估上突出针对性和可操作性，聚焦思想道德建设效果，在如何开展多维度评价方面需要深入研究；三是学生党员思想道德评价结果的运用上，探究如何突出结果导向，发挥道德评价的激励推动作用，使学生党员在思想道德建设过程中逐步深化道德情感、道德认知，并促使学生党员知行合一、示范引领，带动其他学生思想道德水平全面提升；四是如何在指标体系上体现个体性与整体性的统一，处理好相同环境下不同党员个体思想道德评价和党员群体思想道德评价的关系。

第七章

大学班级组织建设中的学生骨干群体

班级是大学学生管理最基本的组织形式，班级管理效能对大学生的发展起着举足轻重的作用，班级气氛是班级管理效能的综合体现，在无形中对班级成员产生潜移默化的作用。组织气氛（Organizational Climate）的研究在组织行为学中由来已久，最早可追溯到托尔曼（Tolman）的“认知地图”。后来K. 勒温（K. Lewin）提出了心理气氛（Psychological Atmosphere）的概念，认为个人行为会随着个人及其环境的改变而改变，而组织环境中的组织气氛是调节组织成员的重要动力来源，之后组织气氛的研究开始形成基本框架并在国外得到长足发展。G. 利特温（G. Litwin）和R. 特格里（R. Taguiri）认为组织气氛是一套可测量的工作环境特征，可以为组织成员亲身体验并影响成员行为。普里查德（Pritchard）和加拉加斯（Karasick）认为组织气氛来源于组织成员，特别是高层管理者的行为与政策。哈尔平（Halpin）最早将组织气氛概念引入学校组织的研究，之后诸多学者对学校组织气氛展开了研究，如霍伊（Hoy）和米斯克（Miskel）认为学校组织气氛是学校成员对于学校一般工作环境的知觉，霍伊（Hoy）和克劳沃（Clover）认为气氛通过校长和教师间行为的交互作用形成，诺特（Norton）提出校风是学校的集体人格等。

国内相关研究起步较晚。20世纪90年代中后期，以黄希庭、潘孝富等为代表的学者对中学组织气氛进行了深入和具体的研究，主要集中在学校内部教师和领导层面，对大学中的学生组织气氛研究较少。随后，诸多学者开始研究大学校风、学风、班风，尝试对班主任、班级学生干部的重要性和特质进行阐述，但对班级组织气氛以及学生精英群体从中扮演何种角色、班级气氛形成机制等研究较为缺乏。

学术界对组织气氛的定义较多，但基本认为组织气氛是经由一群有着共同组织文化的个体在互动过程中对所在组织环境产生的一种相对稳定的知觉和解释，这种知觉与解释可以被组织中的成员普遍感知到（比如成员对管理风格的感觉、对奖惩制度的感觉、对程序和规则的感觉等），这种感知会形成一种社会力量或压力对组织中的个体行为和效果产生影响。一个组织的气氛是组织的性格，使之明显区别于别的组织，它表现为组织的情感、态度和行为趋势。组织气氛不仅仅是一种感觉，它折射出的是一个组织持有的共享价值观、规范等组织文化，因此组织气氛是组织文化的外在表现形式。

一、良好大学班级组织气氛的判断标准

研究大学班级中的学生精英群体如何对班级气氛产生作用，首先需要对良好班级组织气氛的判断标准作出解释。施贝德（Schneider）认为："组织文化通过人力资源管理实践来影响组织气氛，进而影响员工的工作态度、行为以及对组织的奉献精神，并最终影响组织的生产效益。"① 与企业、政府等组织相比，大学班级具有相对民主、松散、自治的特点。大学班级组织气氛是在班级成员互动过程中形成的，通过特定事件、情境和具体的事物为班级所有成员甚至与该班级有一定接触的师生所感知到的宏观知觉，这种宏观的、整体的知觉经由班级成员自觉不自觉地抽象化处理后形成心理上相对稳定的普遍概念和感觉，可作为影响班级学生行为的动力来源。这种概念和感觉可以是对班级总体氛围是温暖、冷漠还是平淡的印象，也可以是对班级成员人际关系疏远或亲密的判断，亦可是对参与班级管理与决策机会的多寡、班级奖惩机制是否科学公正、管理方式民主还是专制、管理风格灵活还是机械，甚至组织成员的个人成就动机强弱以及成员个体是否感受到自身价值，等等。这种普遍概念和感觉将对组织成员中的个体产生直接的心理作用，并影响他们的行为。

组织行为学对组织气氛主要采取心理测量的方式进行，其标准并不统一，国内学校组织文化研究也主要集中在对中小学班级的研究与测量，对大学班级组织气氛的测量标准尚未建立。本文对某高校十个文明班级的成员、学生

---

① Schneider, B., Salvaggio, A. N., & Subirats, M. Climate strength: a new direction for climate research. *Journal of Applied Psychology*, 87 (2), 220 – 229. 2002.

骨干、班主任和他们的辅导员、分院党委副书记进行了访谈，并对这些班级进行观察、分析，总结出判断大学班级组织气氛良好的基本特征和八个方面的标准。被访谈者较为一致认定良好的班级组织氛围往往包括平等、宽松、温暖、公正、积极、主动、高成就感、向心力强等特质，并提出下列八个原则性的判断标准：

一是集体荣誉感强，具备较强的凝聚力和向心力。这是判断班级气氛最重要的一个标准。所有受访者一致认为，一个班级如果凝聚力不强就不能称之为优秀的班集体，也不具备良好班级气氛的基本条件，良好的班集体最为重要的是班级成员有共同的目标、理念，以及他们认为重要并坚持的内容，因此每当涉及班级集体活动、比赛等重大事件的时候，班级成员能够克服自身困难，努力与班级的行动、目标保持一致并为之努力。而凝聚力与向心力较弱的班级往往一盘散沙，很难组织大型活动，体现出个体行动、小团体意志的特征。

二是温暖和谐的人际氛围。班级学生日常交往较为融洽、平等，体现出一种令人舒适的人际氛围，学生能在这个过程中感受到相互之间的认可、包容、理解、尊重、合作，而非敌意、排斥、怀疑、孤立。因此班级成员认为在班级中能够感受到温暖，这样的人际氛围有利于培养他们社会交往能力。

三是班级学生具备目标明确并愿意为之努力的特质。绝大多数成员有较为明确的目标，这个目标可以是长期、中期或短期的，他们清楚实现目标的路径是什么，并能够持续不断地付出努力。他们往往能够在班级中找到树立目标的榜样或竞争者，后者往往成为他们行动的重要动力。

四是公平公正的竞争通道。在关系学生发展的核心问题上，拥有一套制度科学、程序公开、结果令人信服的机制，这套机制使得班级中的学生能够理性、平和看待结果，也即不论结果对他们是好是坏，他们都认可结果本身及结果产生的过程。一般情况下，这样的班级管理灵活性较高，能够根据班级自身的理念对学校、学院的相关制度进行个性化处理，使之符合管理的实际。

五是班级成员积极对班级进行自我管理、自我服务、自我教育。大学班级的日常教育及事务工作主要由班级学生骨干完成，他们对自身承担的责任及由此附加的意义，因此往往能积极主动、有效地开展各项工作。

六是集体活动数量和参与率保持在较高比例。在学分制逐步推广、学生“同班不同学”的现象日益普遍的大学校园，集体活动的数量是保证班级成员人际互动率的重要措施，能够成功组织集体活动是营造班级气氛融洽的前提条件，而班级成员参与集体活动比例则体现了班级气氛是否良好的重要指标。

七是与其他班级相比有突出的优势，班级成员在其中得到了切实的发展。良好的班级气氛背后是对班级的认同，这种认同不仅体现在人际关系、价值观念上，更需要班级成就来支撑，通过班级成员的努力使得集体在各级各类竞争中脱颖而出，并最终形成较为稳定的整体优势，这种优势既是班级良好气氛的体现，也是维系良好气氛的重要因素。

八是班级成员认为受到正面影响并有相应的行为反馈。班级成员知晓自己感受到了这种良好的气氛，且后者对他们的思想和行为产生了正面影响，如学生感受到班级好学、认真的气氛，进而调整自身学习目标和学习态度，并取得了进步。在受访者中有一名学生是大类分流进入某个班级，最初因对专业不满意而学习不认真，存在考试不及格现象，但他也表述了自己不论在班级还是宿舍都感受到同学学习刻苦 、一丝不苟的态度，后来也改变了态度，并消除了挂科现象。

（一）金字塔型：良好组织气氛中的班级学生精英群体结构

良好班级气氛会引导班级成员建立共同的价值观念、社会信念和行为标准，并对成员的思想和行为形成指导和压力，而在这个过程中班级管理及服务的指导者与具体实施者（班主任和学生骨干）发挥了核心作用，本章研究的重点在后者。研究组织气氛的核心在于组织中的领导者或管理者与普通成员之间的互动模式及其影响机制，大学班级组织气氛的直接领导者与管理者是班主任与学生骨干。大学教育与中小学教育在管理学习方式上都存在巨大差异，这就决定了大学班级自治的特点更为明显，自我管理、自我教育、自我服务是大学各类学生组织的三大功能，因此大学班级的实际管理者是学生骨干。研究开展前预设的班级组织气氛的作用发挥者是学生干部，但在访谈过程中发现，用“学生骨干”这个提法并不准确，因为它一般用于形容学生干部、学生党员，不足以囊括在良好班级气氛行程中发挥作用的其他人，因此“学生精英群体”的提法更为恰当。

访谈中，不论是校院两级管理者，还是班主任、学生干部、普通学生都承认班级中存在学生精英群体。受访班主任认为他们只是引导和创造一个温馨的环境，没有精英群体的实践就无法创造良好气氛。受访班级成员也普遍认为班级中存在精英群体，且不同班级精英群体结构、人数不同，呈现出“金字塔型”“品字型”“一字型”“混沌型”四种不同特点，不同的班级组织气氛往往与不同学生精英群体结构呈现出互为因果的关系。但符合良好班级组织气氛的八个标准的班级主要呈现的是“金字塔型结构”。在这种结构中主要包括三类人：学生干部、学霸、艺体特长生，他们是班级中的关键少数，既有少数个人榜样，也有榜样群，人数 4—15 人不等，分为三个层次，第一层次 3 人，第二层次 5 人，第三层次 8 人甚至更多。

金字塔底端是班级学生干部，他们保证班级日常工作的运行（尤其是奖惩制度），确保信息渠道畅通，营造出一个公平公正的基本氛围与和谐亲密的人际关系。金字塔中端是具备两项左右身份或技能的学生，如某位有文艺特长的心理委员时常组织各类活动，并能代表班级或学院参加各类比赛获奖；某位学习成绩优秀的女生不仅参加学科竞赛，还带动班级相当数量的同学参加等。金字塔顶端是代表学校或本专业最高水准、具备两项以上身份或技能，在学院乃至学校层面产生影响的学生，如某位男生既是学生会主席，不仅带动班级同学参加学科竞赛，还经常代表学校获得国家级奖项；某女生不仅品学兼优、担任学生会副主席，还参与了一个知名度较高的创业项目。班级学生精英群体或通过自身过硬的工作能力，或过硬的专业技能，或优异的才能在班级气氛中发挥不同的作用。这种“金字塔型结构”非常有利于构建良好的大学班级组织氛围。

（二）学生精英的角色与功能分析

学生精英群体主要分为学生干部和非学生干部两类，他们在班级气氛中各自发挥着不同的作用。

班长、学习委员、生活委员等确保班级正常运转。他们完成上情下达、下情上传的工作，让班级成员及时接收来自学校的重要信息。他们还以敬业的精神影响其他学生干部，让他们获取通力合作可让集体获得荣誉并从中获得成长的认知。具备良好班级氛围的受访者认为整个班级干部群体都很认真努力工作，每个活动都有主心骨，这让他们感到班级是有序、可以依靠的。文艺、体育、心理委员等在提升人际互动率和班级凝聚力方面的作用不可替代，他们通过经常组织集体活动、努力提升同学参与率来增强班级成员之间的人际互动和班级凝聚力。受访学生说，他们所在班级的气氛之所以好于其他班级，主要原因是心理委员经常性举办团体辅导、组织班级参加学校心理情景剧大赛，或者文艺、体育委员经常组织班级内外各类文体活动或竞赛，由此增加了班级成员的互动率和竞争意识，并自然增加了亲密度、提升了荣誉感。寝室长的作用不可忽视。在班级组织相对松散的情况下，寝室长的作用与班长一样重要，好的寝室长"诲人不倦"，差的寝室长"毁人不倦"。某个班级以寝室为单位获奖、寝室集体考研的现象很多，该班受访成员表示寝室长的生活习惯、为人处世、学习态度对其他成员的影响是全方位的。

上述三类学生干部的作用发挥到位将产生两个良好效果：一是带动其他班级学生干部认真工作，进一步发挥自我管理的功能；二是确保班级良好组织气氛构建的基础。学生干部中最重要的是班长，一位辅导员曾说"每一个班长都会在班级中留下一个烙印"，热衷学生工作的班长会带动班级成员到各类学生组织中担任学生干部，热爱学科竞赛的班长会带动班级同学去参加学科竞赛，而一个不知道奉献、服务或能力不足的班长势必带来班级学生干部队伍的混乱，协同效应自然下降。如果文体委员等负责班级大型活动的学生干部缺位，班级气氛往往是疏离的。寝室长作用发挥不到位在一些情况下易产生寝室生活管理混乱、人际关系紧张等问题。

学生精英群体中还有少量学生没有担任学生干部，但依然成为班级中学生的榜样，他们一般在学业成绩、学科竞赛、社会实践、志愿服务、文艺体育等某些方面具备优势，这些优势即使是在学院或学校甚至更高层面都是有竞争力的，因此往往会为班级带来荣誉，增加班级的集体荣誉感，同时他们往往具有较强的人格魅力，能够较好地融入班级，与成员进行良好互动，故其个人才华及人格特质能够为班级成员所感知并模仿。

（三）学生精英群体的总体特征

学生精英群体可以营造良好的班级氛围，良好的班级氛围也会固化并提升班级学生精英群体的行为。组织管理中最重要的因素是人，"金字塔型"的班级精英群体结构和他们的角色之所以能够产生良好的班级组织气氛，核心因素在于人的素质不同，班级精英群体普遍存在下列三个素质特征。

首先，成就动机强，发展目标明确。班级精英群体普遍具有强烈的成就动机，渴望得到他人和社会的认可，具有较为明确的长期目标和合理的短期目标，愿意为达成目标而付出持续的时间和精力。与普通学生相比，他们表现出更为专注、坚毅、主动的特质。

其次，在某一到多个方面具备一般同学难以企及的才能。前文所述，学生精英群体之所以能够得到班级其他成员的认可，并非单纯因为传统意义上的学习成绩好，而是在管理能力、创新能力、学习成绩、人格魅力等方面有突出表现，他们能代表专业较高或最高水平，能够为班级带来荣誉，具备能力越全面影响力越大。大学生们普遍认为，大学里的精英应该是综合的，仅仅在某一个方面有能力并不够，而仅仅是学习好并不能让人崇拜，只有那些在学习、科研、社会工作、创业、竞赛等方面有一技之长的人才是值得羡慕和学习的榜样，因此榜样是分层的，这与班级精英的“金字塔结构”一致。

再次，行为处事公正灵活，乐于奉献。班级精英必须愿意为班级和同学做贡献，自私的学生干部不能得到认可，也不会对班级气氛营造产生正面效应；其次，班干部需要有良好的情商和工作能力，只有工作热情而没有工作方法一样难以得到班级同学的认同。班级成员认为他们认同的班干部往往坚持原则性和灵活性相结合，他们性格外向、活跃，个人能力强，有号召力和人格魅力。

有趣的是，受访学生表示他们普遍反感高高在上、专横跋扈的学生干部，认为这样的学生干部不能纳入精英群体，不认为他们对班级良好组织氛围的构建产生正面作用。因此大学班级学生精英群体不仅需要能力突出，而且还需要有人格魅力，并且能够被其他学生认可与接受方能纳入学生精英群体的范畴，这与老师认为的学生精英群体组成是有一定差异的。但考虑到学生才是班级气氛的最真实感受者，我们在判断一个学生是否属于学生精英群体的时候，应该主要考虑班级学生的意见。

二、学生精英群体对班级组织气氛的影响过程

学生精英群体对班级组织气氛的影响主要通过他们与成员的互动，以及班级成员对他们的工作和个人表现及其产生结果进行反馈两个方面来发挥作用，这两者是互相影响、互相促进的，在良好的班级气氛形成过程中缺一不可。

（一）学生精英群体与班级成员的互动机制

学生精英群体主要通过加强管理与服务工作、引导学生学习行为、开展文化活动、提升人际交往互动率四个方面发挥作用。

首先，注重提升管理与服务质量的基础性作用。第一，班级学生干部之间职责明确、分工协作，形成了良好的工作机制，在学生中树立了一定的威望，有利于开展工作。第二，制度健全。优秀班集体的共同特征是制度健全，不仅严格执行各项制度，一般还有班级自行制定的细则。如受访的文明班级事先都制定并公布了学生入党的评分细则、操作流程，学生之间虽然竞争激烈但不会产生矛盾。第三，沟通顺畅及时。班级成员能够及时获取各类重要信息并做出相应的选择，很少出现因未及时掌握信息而错过各种重要节点的情况。第四，过程控制严格。几个受访班级学生干部十分重视违纪行为的控制，对迟到、旷课、考试不及格等行为的容忍度很低，他们的坚持带来了学生的行为转变。第四，决策过程注重民主与集中结合。班级在进行一些涉及学生重大利益或集体性活动时，事先均制定详细的规则或方案后再由全体学生讨论决定，如果学生之间存在意见分歧，班委会做出一个相对折衷的方案让工作得以顺利推进。如针对大学班级难以组织的各类旅游活动，两个受访班级解决得很好，他们不完全同意全体成员投票的方式，认为那样只会让活动流产，因此往往采取提前征求意见后限定对两、三个方案投票，如果没有明显的结果，则由班委决定先去哪一个，下一次活动去另一个。这种方式得到了班级成员的认可，即使有个别学生有意见，但慢慢也接受这样的运作。

其次，设置学习目标，进行压力传导并固化行为。施耐德认为，组织气氛是“在某种环境中员工对一些事件、活动和程序以及那些可能会受到奖励、支持和期望的行为的认识”①，大学班级管理也是如此，塑造良好的班级气氛，需要根据大学生的根本任务激发学生的内驱力，设置合理可行的学习目标，并在他们努力的过程中不断采取激励手段固化他们的行为。受访班级中，班级气氛特别突出一个班级班主任均根据学生专业特点设置了目标和路径，班级学生精英群体通过搭建平台、自身引领等方式营造了积极向上的氛围，让其他学生感受到引导或压力后激发模仿行为。某班级教师引导学生注意学

① Schneider, B. , Ehrhart, M. G. , & Macey, W. H. . *Organizational Climate and Culture. Annual Review of Psychology*, 64 (1), 361 - 388. 2013.

科竞赛和创业实践，要求有经验的学生带动没有经验的学生，班级的部分精英群体立即带领本班学生参与到团体竞赛中。这些经过竞赛训练成熟后的学生也会自然寻找其他没有经验的学生加入自己的团队，由此带动了班级绝大多数学生。另一个班级中，班长及几位奖学金获得者均在努力考研或考证，由于该班级学生之间实力相当，其他学生因“不甘心落后”继而效仿，考研、考证的比例达到八成以上。这些模仿行为由于符合学校和主流价值观念而得到学院领导、任课教师、班主任甚至家人的进一步认可和鼓励，他们的行为也得以逐步巩固。

再次，利用文化活动提升班级成员的人际互动率和亲密度。班级文化活动主要包括两类，一是需要班级多数甚至全体学生参加的活动，二是少数成员代表班级参加的活动，共同点是能够提升成员之间的互动度、亲密度，增强班级的凝聚力和集体荣誉感，这在大学班级组织日益松散的形势下具有重要意义。某个受访班级的文艺委员经常组织班级同学参加学校层面各类文体活动，班级因此多次代表学院获得荣誉，其本人也因出色的文艺才能多次代表学院获奖，班级成员人际互动率明显提升，班级集体荣誉感增强。另一个受访班级的体育成绩特别突出，体育委员组织动员能力强，班级学生积极参加学校的各类运动会，不仅如此，这位体育委员还在学校各类竞赛之外寻找与其他班级开展各类友谊赛的机会，并让尽可能多的同学参与。几乎所有受访学生都表示虽然班级集体出动的文体活动很难组织，大家也会有怨言，但真正坚持下来后觉得对提升班级凝聚力、增进同学间的了解十分有利。

最后，营造平等、亲密、团结、温暖的人际环境。大学良好的班级组织气氛，需要班内学生精英群体与班级成员之间营造一种平等、亲密、团结、温暖的人际关系。受访班级成员均认为他们眼中的班级精英群体待人热情、真诚，工作方法得当，关心同学的各种困难并给予及时的帮助。如心理委员有意识地在一些关键节点组织集体活动（重大考试前），也让班级成员感受到被关爱和融洽的班级气氛，对班级的好感度明显提升。班级其他成员必定到场加油，并做好后勤保障和服务工作。一位体育特长学生说：“我感到自己不是一个人在战斗，我是在为班级的荣誉而战，我希望能让班级同学为我感到骄傲。”一名普通学生说：“虽然我没什么特长，不能为班级争取荣誉，但是我为他们加油助威，也为班级做了贡献。”

（二）班级成员对气氛的感知及反馈机制

勒温认为，组织气氛的作用在于激发成员以需要为动力的动机体系，班级组织气氛亦是如此，基本遵循“激发需要——感受压力——行为调整——克服障碍——成绩肯定——重新平衡”的过程，这个过程并非是一步到位的，而是一个相对缓慢的过程。首先，班级成员的根本利益和需求是一致的，除了在大学期间得到更好的成长，建构完整的专业知识结构，提升综合素质和就业竞争力，还包括被接纳、被认同等心理需求。其次，班级精英群体通过自身的工作和榜样示范对其他成员产生认同和压力，让他们主动或被动地认识到自己的位置并模仿班级精英，在得到肯定并缩小差距后获得心理上的平衡和满足感，从而加深对班级的认同。班级成员以自己的实际行动使得这种班级组织气氛更加稳定、持久。一名受访男生自述在分流到目前专业前学习态度比较懒散，考试不及格现象时有存在，但现在班级学习氛围活跃，寝室其他三位室友不是学生干部就是学霸，感到有压力后开始努力，寝室其他人为他提供了便利的学习条件，目前考试不及格现象已经消失。一名受访学生表示他比较反感班级大合唱比赛，觉得浪费时间，所以时不时会缺席，但是看到其他同学唱得虽然一般但多数都参加，自己在彩排和正式演出的时候还是去了，他说：“班级同学一起为同一个目标努力的感觉很好，所以当我们没有获奖的时候很多同学都哭。我想失败也是一种收获。”另一名受访学生则说：“我们第一次班级活动拿了学院三等奖，这让我们更加积极参加学校的比赛，后来我们又获得了学校的二等奖。现在我们班级集体活动很容易就能组织起来，大家特别有劲头！”

良好的班级气氛让所有班级成员作出行为调整，继而带动这个班级行为的改变和学风的提升。受访的几个班级虽然组织气氛不同，但他们各自的绩效非常耀眼，连续多年被评为文明班级，其中两个班级很有特色，一个班级具备“三多一高”的优势：该学院中担任校院两级主要学生干部最多，参加学科竞赛并获奖、参加各类文体竞赛获奖最多，学生党员比例最高；另一个班级呈现出“三高一低”的优势：班级学习绩点在在学院排名最高，考研学生比例最高，图书馆自习和图书借阅率最高，考试不及格率最低。这些都是良好的班级组织气氛带来班级成员个体行为改变和绩效提升的结果。

三、培育“金字塔型”班级学生精英群体的路径

大学班级中的精英群体身上具备的特质已十分全面，他们已经具备一个良好管理者应具备素养的雏形，对他们进行有意识的培养和引导，也是大学人才培养的重要任务和成果。培育良好的班级组织气氛关键在构建“金字塔型”的班级精英群体结构，重点在于做好下列五个方面的工作。

（一）选好关键岗位学生干部，打好班级建设基础

班级学生干部看似普通实则重要。关键岗位主要指能够对班级管理和运行起到决定性作用的学生干部岗位，主要包括班长、副班长、学习委员、文艺体育委员、生活委员、寝室长等。其中班长的作用最为关键，应选择综合能力强、德才兼备、心学兼优、脚踏实地的学生担任。副班长、学习委员承担着考勤、学习行为监督工作，应选择原则性强、认真细致、学习优秀的学生担任。文艺体育委员承担着活跃班级气氛、增进人际互动、提升凝聚力的重要责任，应选择具有文体特长、性格开朗活跃、组织协调能力强的学生担任。生活委员和寝室长以往容易被忽略，实际上两者非常重要。生活委员掌管班级财务和生活，他们的工作透明度、对同学的关心度直接影响班级成员的感受，应由耐心细致、乐于助人的学生担任。寝室长对寝室内学生的实际情况最为了解，一般选择有上进心、人际沟通能力强的学生担任，如将其纳入学生干部各类评优的范畴将对寝室长的工作带来诸多益处。

（二）适当扩大班级学生干部比例，加强学生自我管理氛围

学生干部比例对班级组织气氛有较大影响。通过调查显示，当班级中学生干部比例接近50%时，班级学生自我管理的效能较高，原因是这一方面给予这些学生“被认可”“有责任”等一系列心理暗示，提升他们的成就动机，另一方面参与班级管理的人数接近班级人数一半时更容易带动其他学生的“从众心理”，有利于模仿行为的产生。高校学生管理以学生自治为主，让学生参与自我管理、自我教育、自我服务，不仅有利于提升学生的综合素质，更有利于培养学生的责任感、独立性，而随着学生教育、管理职能的不断扩充，学生需要面对的各类事务与日俱增，因此适当扩大班级学生干部比例是适应当下教育现实的。

（三）为班级精英群体制定个性化目标，鼓励开展外部竞争

目标设置是整个班级组织气氛建设中不可或缺的一环，除了给班级全体学生设置目标外，更为关键的是要为班级精英群体设置相对更高、更个性化的发展目标。班级精英群体作为班级成员心目中理所当然地应该成为榜样，他们的发展目标应该比一般目标更高，其竞争的空间应设置在班级乃至学院以外。其次，根据精英群体的不同特长为他们制定个性化的发展目标，更加有利于尽快脱颖而出。当一个班级中的班级精英能够跳出班级竞争的小圈子，在学院、学校乃至更大范围内得到认可，班级精英群体才算真正形成。

（四）提供平台资源，培育班级精英中的佼佼者

能否产生金字塔尖的学生精英关键在于是否能够产生特优生，而特优生的培养需要班主任、辅导员乃至学院领导为他们创设各类条件。作为班主任，一要鼓励学习能力强的学生积极参与各级各类学科竞赛、社会实践、创新创业、考研等，将他们树立为班级毋庸置疑的榜样；二要推荐有能力的学生到校院两级各类学生组织中担任学生干部，树立不同类型的榜样，但要注意这部分学生的学习成绩不能下滑；三要鼓励这类学生大胆尝试学业、工作、竞赛、社会实践等各方面的锻炼，培养综合素质全面的班级精英。作为学院管理者，要尽力搭建、提供各类平台和资源，为班级学生精英的发展实践提供条件。

（五）完善制度，建立班级精英群体服务班级建设的工作机制

培育班级精英的根本目的在于带动班级普通成员，以推进整个班级风气和效能的整体提升，因此要建立班级精英群体带领班级学生热衷学习、参与竞赛、社会实践的引导机制，避免出现班级精英各自为政、单兵作战的情况。一方面班主任应对他们提出要求，如有学科竞赛经历的学生应带没有经历的学生共同参加，学习成绩靠前的学生应与成绩靠后的学生结对等；另一方面要及时听取班级成员对班级精英群体开展结对、互动情况的评价并及时作出政策调整，并将反馈结果与学生精英群体的各类评优评奖适当挂钩。

四、影响班级组织气氛形成的其他因素

组织文化反映的是组织的价值观，而组织气氛体现的是组织成员对气氛

的心理知觉，组织文化决定了组织气氛，但相同的组织文化不一定产生相同的组织气氛。一所大学、一个学院、一个班级，虽然所持的价值观念总体是一致的，但除了班级学生精英群体的作用外，还有相当多的因素会导致产生不同的班级气氛，如果忽视这些因素仅仅考虑学生精英群体的培养，工作必将事倍功半。

首先，因专业不同导致班级建设的平台和条件不一。大学管理一般以班级作为基本形态，但不同的学科专业即决定了班级拥有多少资源和平台。如访谈班级中班级气氛最好的班级专业属于老牌应用型专业，学院较早引入和开发了多个竞赛软件，并多年参与全国、全省竞赛，已经为学生的专业训练创设了良好的条件。另一个班级专业属于新专业，虽然热度高，生源质量优异，但平台缺乏，依靠班主任和班级学生自行设计开发软件显得不太现实，他们只能通过考研、考证的方式来提升竞争力。

其次，班主任的能力和投入的层次不齐。班主任是一个班级的灵魂，他们既属于班级的一份子，又游离于班级之外，发挥着建塔基、营造关心关爱氛围、指引方向、调和矛盾的四大作用。如果班主任并不是有意识地引导学生设立合理目标并不断鞭策，就会产生两种结果，一种是班干部能力突出，有意识地带领班级其他学生，从而产生良好的班级氛围；另一种是班干部能力较弱，即使出现一些优秀学生，也属于单打独斗，缺乏带动班级其他同学的意识和机制，也无法产生良好的班级气氛。此外，班主任是否具备良好的管理能力，能否选择合适的人担任学生干部，是否愿意将热情和精力投入到班级中也直接影响到班级气氛的建设。此外任课教师的作用不可忽视。受访班级成员均提到了任课教师对他们进行了“与专业结合的心理暗示”，这种心理暗示起到了很好的作用，并收获了与之相对应的结果。

再次，性别结构影响心理感知敏感度。男女性在对班级气氛的感知上有较大的差别，女生更容易感受到班级气氛并产生压力，女生也更容易受到心理暗示，而男生则相对迟钝，受班级气氛带动的难度更大。女生认为自己的好胜心更强，只要看到同学比自己强就会不服气，从而采取仿效行动尝试追赶和超越。而一些原本学习不太积极的男生认为他们只有在超过半数以上的人给予正向引导的情况下才会对其他人产生影响。如某男生表示如果寝室内其他三人都已经完成作业，那么自己即使做到凌晨两点也会做完，但如果有两人做完，那么可能会与另外一位没有完成的同学等第二天再去完成。原因在于男生可以玩的内容更多，自制力还不够强，但他们也认为一旦他们找好了目标，就会比女生更努力、更专注。

班级作为我国大学管理的基本单位，其功能虽然目前面临诸多变化甚至部分消解，但它还将在很长一段时间继续存在并持续发挥作用。大学班级对学生成长产生的作用十分巨大，分析班级良好气氛的塑造、不同班级气氛的形成逻辑等，对于指导班主任工作、提升班级教育功能、引导学生成长成才意义非凡。

第八章

新时代高校学生宿舍思想道德建设

党的十九大报告指出，人民有信仰，国家有力量，民族有希望。要提高人民思想觉悟、道德水准、文明素养，提高全社会文明程度。① 历史和现实都表明，一个国家的繁荣强盛，一个民族的文明进步，很大程度上取决于社会思想道德水平。马克思认为，道德是一种社会意识形态，是调整人们之间以及个人和社会之间关系的行为准则和规范的总和。道德没有强制性，它依靠社会舆论、人们的信念、习惯、传统和教育来起作用。青年是祖国的未来、民族的希望，也是我们党的未来和希望。青年学生思想道德水平的高低将直接影响到中华民族伟大复兴中国梦的顺利实现。高校肩负着培养德智体美劳全面发展的社会主义建设者和接班人的光荣使命，必须坚持以马克思主义思想指导大学生思想道德建设。高校学生宿舍不仅是学生的生活场所，而且是大学生思想道德教育的重要阵地，更是“三全育人”的重要着力点。在新形势下如何推进学生宿舍思想道德建设取得更高质量的育人实效，是当下教育工作者亟需解决的问题。

一、学生宿舍思想道德建设在高校育人体系中的作用

宿舍是大学生生活、学习的园地，是大学生思想、情感、信息交流的重要场所，也是对学生进行思想政治教育，帮助学生树立正确的世界观、人生观、价值观和道德观的第二课堂。据调查，大部分学生每天在学生宿舍的停留时间接近三分之二，极少数学生除了上课外，绝大部分时间待在宿舍，成了“宅男”“宅女”。学生宿舍的管理与服务、文化与实践等因素势必对学生

---

① 《党的十九大报告辅导读本》，人民出版社2017年版，第42页。

的成长成才产生重要影响。因此，高校学生宿舍要从立德树人的高度，充分发挥其管理、服务、文化、实践等方面的育人作用。

（一）学生宿舍的管理育人作用

当前有的高校在学生宿舍管理问题上出现多头管理，互相推诿扯皮，导致“谁都负责，谁都不负责”的现象，从而弱化了学生宿舍管理的育人功能。新时代，面对自主意识强而责任意识弱，要求别人多而约束自己少，学习重理论轻实践，内心情感丰富而心理承受力差，网络依赖性强等特性的当代大学生，需要不断强化学生宿舍的管理育人功能。

学生宿舍管理育人功能主要体现在三个方面：一是管理方式的规范作用。学生宿舍管理是一项系统工程，程序多，事情杂，牵涉面广，需要进行科学、规范、严格的管理。这种科学、规范与严格的管理长此以往而形成一种管理文化或模式，从而可以使学生在这种管理氛围中受到浸染，起到“春风化雨”的作用。学生在其间，情不自禁地学会如何做人、如何做事，自觉增强法纪规矩意识，形成良好的社会公德和个人品德。二是管理内容的感化作用。无论是对宿舍资产、卫生管理，还是对学生日常行为的管理，都会潜移默化地感染和教育学生，促使学生爱护公物，讲究卫生，尊重他人，加强品德修为，形成良好品格。三是管理人员的自我教育与示范作用。一方面，学生干部是学生宿舍实现有效管理不可或缺的力量，让学生参与学生宿舍管理，有利于强化学生自我管理与自我监督意识，提升学生干部的协调组织管理能力；另一方面，学校职能部门和后勤服务部门管理人员的良好素质和言传身教深刻影响着学生干部，让学生感知良多、受益良多。

（二）学生宿舍的服务育人作用

习近平总书记指出，思想政治工作从根本上说是做人的工作，必须围绕学生、关照学生、服务学生，不断提高学生思想水平、政治觉悟、道德品质、文化素养，让学生成为德才兼备、全面发展的人才。① 围绕、关照、服务学生的根本目的是把学生培养成听党话、跟党走，德才兼备、全面发展的人才。

学生宿舍的服务育人功能主要体现在三个方面。一是服务理念的促进作用。在学生宿舍管理与建设中，要树立“一切为了学生、为了学生一切，为

① 《习近平在全国高校思想政治工作会议上强调：把思想政治工作贯穿教育教学全过程开创我国高等教育事业发展新局面》，《人民日报》，2016 年 12 月 9 日。

了一切学生”的服务理念。坚持这一服务理念就需要充分了解和认识学生，走进学生的心里，从而帮助学生解决心理上的困惑、生活上的困难和学习上的难题，从而实现学生的成长与进步。二是服务意识的自我养成作用。学生宿舍的服务不能完全由学校大包大揽，要大胆选配学生干部管理宿舍，实现学生自我服务，培养学生团结协作、无私奉献、乐于助人的良好品德。学生干部在服务同学的同时，无形中为其他同学树立了学习的榜样。这种朋辈之间的影响是巨大而深远的。三是服务过程的诚信教育。学生宿舍服务人员的服务水平、服务意识和服务效率，都对学生良好品德的形成起着重要作用。学生提出的一些宿舍问题，能做到高效解决，就会促使学生养成一种实干精神，反之，一点小事久拖不决，就会促使学生养成一种厌烦情绪。久而久之，学生可能会养成拖沓的作风。在学生宿舍服务过程中，凡是承诺的必须兑现，这是服务讲诚信的表现，又是教育学生讲诚信的重要环节。

（三）学生宿舍的文化育人作用

新形势下，加强和改进高校思想政治工作，要更加注重以文化人、以文育人。冯刚指出，从宏观角度，人无时无刻不受文化的影响；从中观角度，人受各种文化产品的影响；从微观角度，文化育人，最深刻最深远的是文化中蕴含的价值观对人的影响。①

学生宿舍的文化育人功能主要体现在两个方面。一方面，是不同专业学生在宿舍长期生活、学习过程中，自然形成的一种被烙上具有一定专业特性印迹的内在文化。这种文化具有无形的鞭策与引领作用，有的称之为精神。另一方面，是根据某种教育需要而构建的外在文化。加强学生宿舍思想道德建设便是建构这种外在文化的必然要求。在建构学生宿舍外在文化时，就应充分发挥中华优秀传统文化的熏陶作用，社会主义核心价值观的引领作用，革命文化和社会主义先进文化的激励作用。当然，外在文化假以时日也会转化为内在文化。因此，要深刻认识环境与人的辩证统一关系，从文化基础设施和文化精神氛围两个基本方面入手，全面深化文化环境研究和建设，以文明、优质、宜人的文化环境强化文化育人工作。②

---

① 冯刚：《新时代文化育人的理论考察》，《学校党建与思想教育》2019 年第 3 期。

② 冯刚，王树荫：《思想政治教育研究热点年度发布》，团结出版社 2018 年版，第 149 页。

（四）学生宿舍的实践育人作用

习近平总书记在全国高校思想政治工作会议上强调，要重视实践育人，坚持教育同生产劳动和社会实践相结合，广泛开展各类社会实践，让学生在亲身参与中认识国情、了解社会，受教育、长才干。① 高校要注重引导学生深入生活，关心身边人、关注身边事，在实践中增强社会责任、培养家国情怀。

学生宿舍的实践育人功能主要体现在两个方面。一方面，通过在宿舍区积极推行学生的“四自”教育，即自我管理、自我教育、自我服务、自我监督，达到实践育人之效。开展宿舍日常的出入登记、内务卫生、安全保卫、违纪违规、突发事件等方面的管理、巡查和处理，锻炼同学们自身的交往、沟通、组织、协调能力。另一方面，通过引导学生在宿舍参加劳动，接受劳动教育，从而达到实践育人功效。引导广大学生踊跃投身创建文明宿舍和文明舍区活动，既要做好个人宿舍“小家”的美化，又要做好集体宿舍“大家”的创建，在日常的点滴行动中养成良好的生活习惯，努力实现个人价值的升华。

二、当前高校学生宿舍思想道德建设存在的主要问题

学生宿舍是高校开展思想政治工作的第二课堂，也是进行思想道德建设的重要载体。在新的形势下，高校应该加强学生宿舍思想道德建设，但受各种因素制约，依然存在如下一些问题。

（一）在学生宿舍管理与建设中缺乏理想信念的有效引导

目前，大学生的理想信念主流是积极、健康、向上的，但受“利己主义”“投机主义”“个人主义”和“历史虚无主义”等错误价值观念的影响，致使部分大学生在理想信念上产生错误认识。诚然，原因是多方面的，但与学生宿舍缺乏有效的理想信念引导是分不开的。首先，有的高校没有认识到学生宿舍在大学生思想政治教育中的重要阵地地位，在大学生理想信念教育中放弃了学生宿舍这一阵地，让其成为大学生的“自由王国”；其次，在学生宿舍管理中，辅导员、班主任等未能及时针对理想信念存在错误认识的学生展开

① 《习近平在全国高校思想政治工作会议上强调：把思想政治工作贯穿教育教学全过程开创我国高等教育事业发展新局面》，《人民日报》，2016 年 12 月 9 日。

有针对性的思想引导教育；再次，有的高校在学生宿舍文化建设中，未能将理想信念教育纳入宿舍文化建设之中。

（二）在学生宿舍管理与建设中缺乏责任意识的有效担当

随着社会的快速发展，网络的普及、西方文化思潮的冲击，深刻影响到当代大学生的道德素养、思维心理，使得大学生自我意识的形成和自由意志的完善出现了偏差，责任意识呈现弱化甚至缺失趋势。大学生的责任意识淡化主要表现在：凡事以自我为中心，片面追求自我权益、自我价值的实现，淡化个人义务和社会责任意识；较多考虑道德行为的功利后果，只顾及到自己的利益，不乐于助人，缺乏奉献精神，参与志愿服务活动态度消极。这些责任意识缺乏的现象在学生宿舍不停地上演，但得不到有效地制止，从而任其蔓延，甚至负面现象压倒了正义的一方。

（三）在学生宿舍管理与建设中缺乏时代精神的有效弘扬

时代精神是激励中华民族奋发图强、振兴祖国的强大精神动力，是大学生宿舍文化建设的重要内容。高校在学生宿舍管理与建设中缺乏对时代精神的有效弘扬。一是缺乏对井冈山精神、长征精神、延安精神、西柏坡精神、雷锋精神、“两弹一星”精神、北京奥运精神等伟大精神进行正面有效的宣传，致使部分大学生对这些伟大精神内涵缺乏应有了解。二是缺乏时代优秀典型人物的有效引领。恩格斯曾指出，人的自由全面发展使“人终于成为自己的社会结合的主人，从而也就成为自然界的主人，成为自身的主人——自由的人”。① 这种自由是相对于高考前被束缚、被强制、被压抑的学习阶段。考入大学后，这些学生在精神上没有了高考前的紧张度，身心得到彻底解放，但面临着如何实现学习、生活、交往，以及适应新环境等适应性问题。同时，大学生处于心理不断成熟的时期，是一个“追星”的年龄。于是，有的学生就出现动力不足、迷失前进的方向、丧失拼搏的斗志等问题。因此，在广大学生的精神世界里迫切需要一个属于自己的偶像，学习的楷模。在这个时期，组织开展深入有效的优秀青年典型事迹展览，营造让更多的人向优秀看齐的浓厚氛围，但落实这种大力弘扬先进人物的好做法比较少见。

（四）在学生宿舍管理与建设中缺乏专业学习的良好氛围

学生宿舍是高校重要的教育与管理场所，良好的宿舍文化对学生的学风

---

① 《马克思恩格斯选集》第3卷，人民出版社1995年版，第760页。

建设、专业学习起着巨大的影响作用。当下，有的大学生对学习抱着消极应对的态度，喜欢宅在宿舍里虚度光阴，不思进取，宿舍里缺乏学习的良好氛围。一是部分学生对宿舍的功能认识不到位，仅仅认为宿舍就是一个休息、娱乐的地方，而忽视了同学们可以在宿舍交流学习的功能；二是宿舍追剧成风、熬夜看剧比比皆是，网络游戏遍地开花，晚睡晚起现象普遍，严重影响了同学们的正常作息，导致上课迟到、缺课屡禁不止，选修课必逃、必修课选逃成为高校学生流行的口号，六十分万岁、多一分浪费的错误观念在学生的大脑中根深蒂固。三是对学霸宿舍欠缺挂牌示范，广泛宣传不够，没有营造浓厚的宿舍学习氛围，宿舍之间没有榜样的有效引领，激发不出同学们的学习动力。四是宿舍区未设置自习室和图书室。多数高校学生宿舍离图书馆、教学楼比较远，学生来回不方便。宿舍区假若有专门的自习室和图书室，为同学们提供一个学习场所，对宿舍良好的学习氛围将起到积极的促进作用。

（五）在学生宿舍管理与建设中缺乏个人不良品德的有效约束

高校宿舍区的管理者主要是宿管员或物业管理人员，他们对学生宿舍的管理要求相对较低，管理育人功能几乎没有发挥作用。学生在宿舍里放松自我，不良习气日渐养成，不良品德难以约束。一是独立自主的生活能力较差，部分学生作风散漫，生活拖沓，不爱整理宿舍内务。而宿舍管理人员对日常的内务多以抽查为主，甚少发现问题抑或发现问题没有及时采取措施进行批评教育，导致学生的不良生活习惯难以改正。二是过于追求物质享乐，盲目攀比，抽烟、喝酒普遍，化妆、购物超出承受范围之内，更有甚者因家庭条件一般通过办理信用卡、校园贷等来满足个人欲望。宿舍管理人员对学生的不良消费习惯难以知晓，更谈不上有效约束，致使校园贷等现象在高校还时有发生。三是诚信缺失严重。学生宿舍在管理上要做到精细化、准确化较难，导致了部分学生瞒着老师、家长到校外私自租房，及学生晚归未归等现象。学生为了不受到校纪校规的惩罚，常常编撰理由来掩饰，导致学生养成不讲诚信的习惯。

三、新时代高校学生宿舍思想道德建设的主要内容

高校宿舍作为大学生的“第一社会”“第二家庭”“第二课堂”，对学生的健康成长成才起着重要的作用。学生宿舍思想道德建设要从广泛深入开展

理想信念教育，培育和践行社会主义核心价值观，弘扬中华优秀传统文化，注重个人品德建设，推进诚信感恩教育，强化责任意识、规则意识、奉献意识等方面着力。

（一）广泛深入开展理想信念教育

习近平总书记指出，广大青年一定要坚定理想信念。“功崇惟志，业广惟勤。”理想指引人生方向，信念决定事业成败。没有理想信念，理想信念不坚定，精神上就会“缺钙”，就会得“软骨病”。大学生的理想信念教育是高校思想政治工作的核心，直接关系到高校培养什么样的人、如何培养人以及为谁培养人这个根本问题，大学生理想信念教育要因事而化、因时而进、因势而新，把理想信念建立在对科学理论的理性认同上，建立在对历史规律的正确认识上，建立在对基本国情的准确把握上，不断增强道路自信、理论自信、制度自信、文化自信，坚持共产主义远大理想，增强对党的领导的信念和中国特色社会主义崇高信念，永远紧跟党高高举起中国特色社会主义伟大旗帜。高校要始终发挥理想信念教育的主阵地作用，将理想信念教育放在重要位置，转变教育理念，更新教育形式，丰富教育内容，要让学生克服个人主义、利己主义、拜金主义、享乐主义等价值观念，增强社会责任感和使命担当，激发学生树立远大人生目标。

（二）培育和践行社会主义核心价值观

社会主义核心价值观的基本内容是富强、民主、文明、和谐，自由、平等、公正、法治，爱国、敬业、诚信、友善。它从国家层面、社会层面、个人层面进行了高度概括，向全世界展示了中国特色社会主义的价值主旋律，它“承载着一个民族、一个国家的精神追求，体现着一个社会评判是非曲直的价值标准”。学生宿舍作为高校思想道德的重要阵地，将社会主义核心价值观融入到宿舍文化中去，把社会公德、职业道德、家庭美德、个人品德和社会主义核心价值观紧密结合起来，从而提高思想水平，增强社会责任感。办好我们的高校，必须坚持以马克思主义为指导，全面贯彻党的教育方针。要坚持不懈培育和弘扬社会主义核心价值观，引导广大师生做社会主义核心价值观的坚定信仰者、积极传播者、模范践行者，把培育和践行社会主义核心价值观融入教书育人全过程。① 大学生对社会主义核心价值观的自觉认同和实践，在很大程度上对实现中华民族的伟大复兴的“中国梦”起着决定性的作用，对于培育和传递全社会的积极能量，实现“两个一百年”的伟大奋斗目标具有重大而深远的现实意义。

（三）积极弘扬中华优秀传统文化

文化是一个国家、一个民族的灵魂。它体现着一个国家、一个民族的价值取向、道德规范、思想风貌及行为特征。中华民族在长期生产生活实践中产生和形成的优秀传统文化，为中华民族的生息、发展和壮大提供了丰厚的精神滋养。中华优秀传统文化中蕴含着博大精深、丰富深刻的哲学思想、人文精神、道德观念等，可以为我们在新时代认识和改造世界、走向国家治理现代化和建设社会主义精神文明贡献智慧。中华优秀传统文化进校园、进宿舍，有利于落实立德树人根本任务，提升学生的思想道德境界，提升学生人文素养，有助于大学生世界观、人生观、价值观的塑造，为大学生进一步认识世界、改造世界、完善自我提供借鉴作用。高校弘扬中华优秀传统文化，为高校思想政治教育提供了丰富的文化资源，为大学生价值观念、行为标准、道德体系等建设提供了重要内涵依据，有利于推动思想政治教育的顺利开展和育人效果的实现。高校弘扬中华优秀传统文化，将文化精髓更好更多地融入学生的学习、生活中去，使优秀传统文化内化为学生的日常言行，增强大学生对中华优秀传统文化的了解和认同，有利于加强校园文化建设，培育大学生的文化自信，营造和谐美丽人文校园。

（四）注重个人品德建设，推进诚信感恩教育

国无德不兴，人无德不立。良好的道德修养和社会公德是一个人安身立命的根本，是一个人成事创业的根基。大学生良好的道德修养与宿舍文化氛围息息相关。健康、积极、向上、和谐的宿舍文化对学生的思想观念、价值取向、行为规范、学习态度和生活习惯产生重大的影响。古人云：“近朱者赤，近墨者黑。”创建积极向上的宿舍文化，将有利于宿舍成员树立崇高的人生理想，明确奋斗目标，紧跟时代发展的步伐，将个人梦融入中华民族伟大复兴的中国梦之中。创建文明守纪的宿舍文化，将有利于大学生个人行为规

① 《习近平在全国高校思想政治工作会议上强调：把思想政治工作贯穿教育教学全过程开创我国高等教育事业发展新局面》，《人民日报》，2016 年 12 月 9 日。

范的养成，从大学入校起共同制定文明公约，注重思想品德建设，养成诚实守信、感恩奉献的生活工作作风，增强自我约束力，塑造高尚人格，成员之间彼此影响，互相监督。创建和谐友爱的宿舍文化，将有助于培养大学生的环境适应能力，构建良好的人际关系，相互尊重，相互关爱，帮助学生缓解紧张焦虑，增强心理承受能力，为将来顺利步入社会打下基础。创建干净整洁的宿舍文化，将有利于大学生的身心健康成长，养成严谨务实的生活作风，展现新时代大学生的良好形象，继而将好的生活习惯延伸至学习、工作等方方面面。

（五）强化责任意识、规则意识、奉献意识

党的十九大报告强调，推进诚信建设和志愿服务制度化，强化社会责任意识、规则意识、奉献意识。① 作为新时代大学生，要自觉弘扬社会主义核心价值观，增强责任意识。责任意识是一种自觉意识，表现得平常而朴素。大学生肩负的责任就是不仅要将专业知识学好，将理论知识与社会实践结合起来，也要积极参与校园文化活动，提高自身的综合素质，德智体美劳全面发展，成为符合新时代社会需求的有用之才。“没有规矩，不成方圆。”大学生要提升规则意识，以规则作为自己行动的准绳，要遵守法律法规、遵守社会公德、遵守家风家规、遵守校纪校规、遵守寝室规则等，只有这样才能做到宿舍友好相处，校园井然有序，社会和谐稳定。奉献是中华民族的传统美德，也是全人类共同的价值追求。大力弘扬奉献精神，是新时代进行伟大斗争、建设伟大工程、推进伟大事业、实现伟大梦想的必然要求。大学生是祖国建设的主力军，是中华民族伟大复兴中国梦顺利实现的创造者和战斗者，要大力弘扬“奉献、友爱、互助、进步”的志愿精神，积极倡导社会文明新风，从小事做起，从身边做起，帮助需要的人，将奉献意识和奉献行动内化于心，外化于形，为国家建设添砖加瓦。

四、新时代高校学生宿舍思想道德建设的路径

宿舍是学生学习生活的主场所，对学生良好道德水准、文明素养的形成具有重要影响，加强学生宿舍思想道德建设显得尤为重要。习近平总书记明

① 《党的十九大报告辅导读本》，人民出版社 2017 年版，第 42 页。

确指出："要通过教育引导、舆论宣传、文化熏陶、实践养成、制度保障等，使社会主义核心价值观内化为人们的精神追求，外化为人们的自觉行动。"① 按照这一遵循，高校可从思想指导、组织领导、文化倡导、朋辈辅导、心理疏导等方面发力，深入推动学生宿舍思想道德建设。

（一）思想指导进宿舍，促学生坚定理想信念

恩格斯说："一个民族要想站在科学的最高峰，就一刻也不能没有理论思维。"而拥有理论思维，解决思想道德问题的基本前提就是要强化理论武装，坚持以习近平新时代中国特色社会主义思想指导学生宿舍思想道德建设，做到先进思想在学生宿舍生根开花。

一方面，将习近平新时代中国特色社会主义思想的精髓贯穿到学生宿舍管理与建设的全过程。要深入理解和把握习近平新时代中国特色社会主义思想，就必须认识和把握其理论精髓。把"实事求是、人民中心、知行合一"作为习近平新时代中国特色社会主义思想的理论精髓，不仅具有重要的历史价值，也具有重要的理论价值和实践价值。② 首先，高校要坚持实事求是原则进行顶层设计，一切从本校学生宿舍的实际出发，将习近平新时代中国特色社会主义思想的核心内容融入学生宿舍的各个角落，渗透到宿舍管理的各个环节，但不搞花架子和形象工程；其次，高校要坚持人民中心原则进行宿舍管理与建设，围绕学生中心，遵循学生成长和发展规律，充分了解广大学生的思想、心理和学习生活需求，使之真正成为高校思想政治工作的"第二课堂"。再次，高校要按照知行合一原则加强学生宿舍管理队伍建设，提高宿舍管理队伍的思想政治素养，确保习近平新时代中国特色社会主义思想在学生宿舍管理与建设中落地生根。

另一方面，要发挥学生的主体作用，鼓励学生持之以恒地学习党的最新理论成果，做到学思结合、知行合一。一要通过各种方式鼓励学生主动学习《毛泽东文集》《邓小平文选》《习近平新时代中国特色社会主义思想学习纲要》等党的指导思想理论成果，从而增强理论水平，提升理论素养。二要以学生党员为骨干在学生宿舍建设政治理论学习园地，发挥学习园地的阵地和

① 中共中央宣传部：《习近平总书记系列重要讲话读本》，学习出版社 2014 年版。
② 韩庆祥：《习近平新时代中国特色社会主义思想的理论精髓》，《光明日报》，2018 年 05 月 25 日。

辐射作用。每周组织一至两次学习沙龙或报告会，由学生组织与主讲，安排一名退居二线的党务老干部在宣讲内容上的把关与指导。学校为学习园地提供必要的办公设施和桌椅，提供一定的政治理论类书籍。通过开辟学生宿舍学习园地，营造主动学习政治理论，加强理论武装的良好氛围，促使宿舍成员养成好学乐学想学会学的良好局面。三要开展“学思想，见行动”教育活动。提升学生宿舍思想道德水平的基本前提就是要系统全面学习习近平新时代中国特色社会主义思想，而根本落脚点就是在实践中去践行、去感悟，通过思考做到融会贯通，通过实践做到知行合一，从而实现学以致用、用以促学、学用相长的良性循环，从而有利于提升学生宿舍的思想道德建设水平。

（二）组织领导进宿舍，促学生强化责任担当

组织是人们为了达到某种共同目标，将行为批次协调与联合起来所形成的社会团体。① 所谓组织育人就是这一组织在实现共同目标过程中表现出的某些个性所具有的育人功能。学生宿舍是高校思想政治工作的重要阵地，具有意识形态教育的基本功能，这就需要高校充分调动各级领导干部、党团组织，以及广大优秀党团员深入学生宿舍，发挥组织育人的独特价值。

第一，高校要制定组织领导进宿舍工作实施方案，成立组织育人工作领导小组，明确职责任务，划定工作边线与要求，建立合理有效的奖惩制度，形成组织育人工作合力。学校组织育人工作领导小组作为组织领导进宿舍工作的决策部门必须担负起主体责任，研究和解决学生宿舍思想道德建设、学生宿舍管理与建设等重大问题，协调各部门、各学院之间的关系，检查与指导组织领导进宿舍工作的进展情况，确保建立起组织育人协同推进的工作格局。

第二，将组织领导进宿舍与开展“不忘初心，牢记使命”主题教育活动结合起来。当前，各高校正如火如荼地开展“不忘初心，牢记使命”主题教育活动，而深入解决学生宿舍思想道德建设问题理应成为主题教育活动的一个重要内容。在主题教育活动中，将组织领导进学生宿舍作为各级党组织和党员领导干部践行初心使命的重要指标，要求各级组织和领导干部深入学生宿舍了解学生的思想心理和学习生活状况，解决宿舍管理和建设中的各种

---

① 于显洋：《组织社会学》，中国人民大学出版社 2001 年版，第 13 页。

问题。

第三，建立党员领导干部联系学生宿舍制度。一是在宿舍设立思想道德建设工作室，将其作为党员领导干部联系学生宿舍的工作阵地进行建设；二是每周安排3次领导干部（校领导至少1次）定点联系活动，以此来了解学生的思想、学习、生活状况，主动关心学生、服务学生，倾听学生的意见，不断改进学生工作管理水平；三是实行辅导员进宿舍值班制度，安排辅导员到所带的年级、班级宿舍区与学生进行谈心谈话，将思想教育工作从办公室延伸至学生宿舍，实行全程、全方位育人。四是充分发挥基层党团组织的作用，设立党员示范宿舍、优秀团员宿舍，并建立优秀内务和示范寝室奖励制度。

（三）文化倡导进宿舍，促学生形成时代精神

文化是人类相对于经济和政治的一切精神活动和产物。其中，既包括世界观、人生观、价值观等意识形态部分，也包括自然科学、技术、语言、文字等非意识形态部分。

文化的核心功能就是以文化人、以文育人。在学生宿舍思想道德建设中，文化始终贯穿于实践活动的所有环节和要素，是开展实践活动的条件、内容和重要载体。

首先，加强物质文化建设。物质文化是众多文化样态中最直观的一种文化形态。物质文化在学生宿舍思想道德教育中的重视程度、运用范围在相当程度上影响着文化育人的实际效果。高校应结合宿舍所住学生的专业特点，将习近平新时代中国特色社会主义思想的核心内容、社会主义核心价值观、优秀中华传统文化、革命文化、社会主义先进文化等融入到宿舍的物质文化建设中，通过开展宿舍装饰大赛、建立书屋、悬挂名人名言、张贴励志标语及名人照片，打造专门的文化墙等措施提升学生宿舍的物质文化氛围。

其次，加强精神文化建设。精神文化是一种非物质的、不可视的文化载体形式。相对于物质文化而言，精神文化更加具备隐性教育特征，对学生宿舍良好思想道德养成教育具有十分重要的涵养功能。高校应将校园文化、校园精神、学习风气、校训校规等具体内容有机融入到学生宿舍的建设中，使教育内容在无形中得到传递，教育对象在无形中接受思想道德教育，进而提升学生宿舍思想道德建设水平。

再次，加强制度文化建设。制度文化相较于物质文化和精神文化而言更具体体现出了强制性与约束性，对学生良好思想道德的养成具有规范作用。邓小平指出："这些方面的制度好可以使坏人无法任意横行，制度不好可以使好人无法充分做好事，甚至会走向反面。"① 在学生宿舍良好思想道德养成教育中，制定科学合理的制度对于提升教育效果具有十分重要的作用。高校要根据实际情况，制定相应的宿舍管理条例，健全学生宿舍制度文化建设，进而形成一种良好的学生宿舍思想道德建设氛围。

通过加强学生宿舍的物质文化、精神文化和制度文化，从而形成积极向上的宿舍文化。这样，不仅有利于熏陶大学生的思想和行为，并在潜移默化中影响学生的思想认识、学习生活习惯及行为方式，而且能够推动大学生形成科学的世界观、人生观、价值观等，培育与塑造健康的人格，进而提升学生的思想道德水平。

（四）朋辈辅导进宿舍，促学生立志成长成才

开展朋辈辅导，主要是通过大学生身边的先进典型或优秀事迹进行示范教育，是一种将抽象说理变成通过活生生的典型人物或事件进行教育的有效方法。这样，有利于激起广大学生的思想情感共鸣，引导学生学习、对照和仿效，促进学生激发内生动力。树立先进示范典型，发挥其重要的示范、激励、引导作用，是我国推动思想政治教育的成功经验和有效方法，也是培育新时代良好学生宿舍思想道德的重要途径。

一方面，高校要主动挖掘培育先进示范典型。主动挖掘培育先进示范典型是彰显榜样引导作用的基本前提，也是建设良好学生宿舍思想道德的重要途径。每个宿舍的成员特点不一，其优势也不一样，但每个宿舍成员肯定都会有其长处或过人之处，高校应该组织专门的人员进行先进示范典型的挖掘，培育一种人人奋勇争先的良好氛围，进而引导学生向榜样学习，提升宿舍成员的思想道德素质等综合能力，从而有助于学生宿舍良好思想道德的建设。

另一方面，高校要注重宣传先进示范典型的优秀事迹。发挥榜样示范作用的首要前提就是培育和挖掘先进示范典型，而彰显榜样的示范引导作用则需要相关部门大力宣传示范典型的优秀事迹，扩大受众覆盖面。一是利用新

① 《邓小平文选》第2卷，人民出版社1994年版，第333页。

媒体技术，采取学生群体喜闻乐见的网络语言，将榜样的优秀事迹在网络空间加以传播，从而增强榜样的示范引导作用。二是举行优秀榜样座谈会及报告会，让优秀的榜样与学生群体面对面交流，进而能够有效拉近二者的距离，从而取得事半功倍的育人效果。三是将优秀学生的先进事例编撰成册发放给全体学生，组织全体学生进行学习与讨论，让低年级的同学加以学习，更好地发挥榜样的传帮带作用，从而促进学生宿舍思想道德建设。

（五）心理疏导进宿舍，促学生健康成长

心理疏导就是对学生的心理障碍、情绪变化进行及时合理的调整，将其带至正确的发展轨道上来。心理疏导是教育工作者关爱学生、凸显人性化教育最直接的表现。大学生正处于世界观、人生观及价值观养成的关键阶段，他们对外界的事物充满好奇却又缺乏相应的理性思考与抗压能力，遇到突发负性事件或重大挫折往往会导致自身的情绪不稳、悲观消极、自暴自弃甚至做出轻生等冲动行为，从而给自己、同学及家庭带来巨大的负面影响，极不利于学生宿舍思想道德建设顺利开展。为此，高校要建立心理疏导进宿舍工作机制，加强对学生心理的积极正面引导，为创建学生宿舍思想道德建设的良好氛围夯实基础。

一是高校要落实领导干部、辅导员、心理专干、班主任等学生工作人员在学生心理疏导与心理咨询工作中的主体责任。高校要发挥领导干部联系学生宿舍、辅导员进宿舍值班、班主任下寝室等工作优势，及时发现学生在心理方面的问题，并利用专业的知识技能及理性的分析判断能力积极引导学生做出合理的行为选择，及时纠正学生的错误思想和行为，引导和帮助学生走出心理困惑。

二是高校发挥班级学生干部在心理问题与突发应急事件中信息源作用。班级学生干部与同学们在一起的时间较长，有更多的机会接触了解到同学们的思想行为等变化，从而为及时开展心理疏导提供了基础与前提。在大学生活中，寝室同学的关系更为密切，得到的信息与资料也更为客观真实，务必重点发挥寝室长的引导作用，一旦发现某位同学出现心理问题就应该及时上报并加以解决，阻止事态进一步恶化，防止意外事件的发生。

三是开展心理疏导与心理健康知识进宿舍活动。研究发现，当前大学生的总体心态是健康的，学生存在的心理问题以发展性问题为主，主要是完成人生发展课题过程中遇到困难而产生的轻度心理问题，大部分属于心理困扰。学生的发展性问题主要包括自我认识问题、环境适应问题、人格发展问题、学习策略问题、人际关系问题、恋爱和性问题以及求职择业问题等，学生的障碍性问题主要有强迫症、恐惧症、焦虑症、抑郁症、同性恋倾向等。① 高校应根据学生心理上存在的发展性和障碍性问题，有计划地在学生宿舍开展一系列心理知识培训，制作心理知识宣传专栏，针对学生可能存在的发展性和障碍性问题，结合一定的案例，提出一些解决建议与措施，编制成册发放给学生，从而增强自我进行心理疏导的能力。

① 杨晓慧：《当代大学生成长规律研究》，人民出版社 2010 年版，第 90 页。

第三篇

03

教师队伍研究

第九章

改革开放40年高校师德师风建设发展

高校人才培养的根本任务是立德树人，深入贯彻落实立德树人根本任务，直接关系到能否为党和国家社会主义建设培养高素质的重大政治任务和重大民生工程。教师是教学活动中的主体，担负着科学文化与高尚品德传播者和引路人的重要角色。“党和国家事业发展需要一支宏大的师德高尚、业务精湛、结构合理、充满活力的高素质专业化教师队伍，需要一大批好老师。”① 党的十八大以来，习近平总书记通过多种形式指导高校教育建设，并在党的十九大中明确提出“加强师德师风建设，培养高素质教师队伍”的要求。师德师风建设作为一项重要的政治要求深入贯彻实施。

一、改革开放40年师德师风建设发展历程

纵观改革开放40年来的师德师风建设，与我国教育发展，特别是与我国教师管理政策关系密切。师德师风建设遵循大致的趋势，可以划分为四个发展阶段。

（一）1978年—1984年：师德师风在建设酝酿期中初步建立

1978年，经历十年“文革”的中国教育迎来了新的发展生机。教育领域重新正视高校教师的价值和地位，教师的政治待遇和物质待遇、社会地位得到提高。邓小平在1978年的全国教育大会上提出，“学校应当永远把坚定正确的政治方向放在第一位”“教育事业必须和国民经济发展的要求相适应”等意见②，成为这一时期师德建设的主要遵循。这一时期，由于政治任务仍旧是

---

① 《习近平在北京市八一学校考察时强调全面贯彻落实党的教育方针努力把我国基础教育越办越好》，《光明日报》，2016年9月10日。

② 《在全国教育工作会议上的讲话》，《人民教育》1978年第Z1期。

主要任务，所以教师政治思想素质的强化是师德建设的主题。1978 年十一届三中全会召开，中央提出各级各类学校加快发展速度，扩大发展规模并提高教育质量的重大决策部署，并先后出台发布《实行科学技术人员交流的暂行办法》《关于高等学校恢复和提升教师职务问题的请示报告》等教师管理政策。其中，1978 年 12 月发布的《关于评选特级教师的暂行规定》中，明确提出“以思想政治素质代师德”①，教师要不断提高思想政治觉悟和共产主义道德品质修养，确定了这一时期师德建设的主要方向。随着市场经济的发展，高校教师的待遇与教学环境等客观条件得到改善，“对现代师德师风的形成，起着不可或缺的作用”②。青年教师比重日益增多，关于这些新生力量的师德培育研究逐渐增多。这一时期以政府为主导的高校教育和教师管理政策调整，高校教育的重新重视和教师的自我自觉重新被激发，师德师风建设处于最基本的酝酿和自我建设期。师德是“调整教师之间、教师与学校领导之间、教师与学生家长之间、教师与社会各方面关系的行为准则”③，倾向于作为高校教师的基本职业道德要求。

（二）1985 年—1998 年：师德师风在改革跟进期中逐步形成框架

随着改革开放政策的逐步实施和现代化建设的发展，科教兴国战略的提出使得教育提升到优先发展的战略地位。社会主义市场经济要求更多的人才以适应社会经济高速发展的需求。政府主导型的高等教育发展模式与社会经济发展需求的不对称关系，急需改革高等教育体制，激发高校自身的活力，扩大高等教育的规模。

1985 年《关于教育体制改革的决定》提出扩大高校管理自主权，激发高校人才培养的潜力，高校进入大规模扩招的时期。“根本目的是提高民族素质，多出人才、出好人才”，“扩大高等学校办学自主权”。④ 这一系列措施，重建并恢复了高校教师的管理体制和社会地位，为全社会重新形成“尊师重教”的社会风气创造了有利条件。大规模扩招不可避免地导致教师质量的下

---

① 王毓珣，杨婷：《改革开放以来我国中小学师德规则政策的变迁及分析》，《当代教育科学》2017 年第 5 期。

② 罗任权：《论市场经济与现代师德师风的形成》，《中山大学学报论丛》1997 年第 2 期。

③ 徐志：《谈人民教师的职业道德》，《湖北社会科学》1989 年第 11 期。

④ 中华人民共和国教育部旧版官网：《关于教育体制改革的决定》，http://old.moe.gov.cn/publicfiles/business/htmlfiles/moe/moe_177/200407/2482.html.

降，因而，国家相继出台了一系列文件为高校建设发展指明新的方向，也将师德师风建设推进到了更高的层次。1986 年，国家开始对高校教师施行在职培训和考核，提高教师的业务能力和素质。1993 年 10 月 31 日通过的《中华人民共和国教师法》中具体规定了教师的权利义务、法律责任等制度。1998 年发布的《中华人民共和国高等教育法》则对高校包括设立、教师工作者、学生等基本条件做了详细的规定。这一时期的教师管理政策在提高高校管理自主权的同时，强化了教师管理的法治性，在提高教师专业素质，达到为社会经济发展提供人才的同时，对师德师风建设作出了更为精细、更新的要求。

（三）1999 年—2010 年：师德师风在改革深化期中形成工作机制

1998 年全国高校扩招，高等教育学生人数急剧增长，而与之相比，高校的教师增长速度与数量却远落后于学生的增长。从 1998 年到 2010 年，全国高等教育毛入学率从 1998 年的 9. 8% 上升到 2010 年的 26. 5% ，生师比由 1998 年的 11. 62：1 扩大到 2010 年的 17. 3：1。① 高校的快速发展导致了师德师风建设问题逐渐突出。这一时期的高校出现了师德师风建设重形式轻内容、重理论轻实践、重个人轻集体的问题。高校师德师风建设常常流于交流、学习而在实际的操作问题中缺乏相应的体制机制。同时，对于教师个人而言，全球化的思想激荡也使一些教师关注弘扬人的本性，忽视了教师的职责担当，敬业精神十分淡薄；教师的学术道德问题受到关注。这一时期，高校思想政治教育体系不断科学化、规范化，在教师和学生中出现了教师与思想道德教育的剥离现象。② 部分教师认为思想政治教育是专职思想政治理论课教师的责任，忽视了教师对学生进行思想道德教育的责任。2002 年，江泽民在北京师范大学校校庆中提出，教学要“志存高远、爱国敬业，为人师表、教书育人，严谨笃学、与时俱进”，成为本时期师德师风建设的标准。2005 年 3 月，教育部下发的《关于进一步加强和改进师德建设的意见》指出，师德师风建设要以热爱学生、教书育人为核心，以‘学为人师、行为世范’为准则”“要将

---

① 中华人民共和国教育部官网：《2010 年全国教育事业发展统计公报》，http：//www. moe. gov. cn/srcsite//A03/s180/moe_ 633/201203/t20120321_ 132634. html.

② 冯刚、严帅：《改革开放 40 年高校思想政治教育管理的发展历程》，《北京师范大学学报》2018 年第 1 期。

教师工作摆在更加重要的位置，加强教师队伍建设特别是教师职业道德建设”①。《关于进一步加强和改进师德建设的意见》提出了改进师德建设的重要性和紧迫性、总体要求及主要任务、主要措施，推动了高校师德师风建设进入新的层次。这既是高校教师师德师风修养的目标，又是高校教师教育活动中要遵循的行为准则，成为本时期高校师德师风建设的方向。

（四）2011 年—2019 年：师德师风在内涵提升期中丰富内涵

这一时期，中国特色社会主义建设进入新时代，社会改革取得巨大成就的同时，也面临着各种思潮的冲击，给社会思潮和高校教师造成了一定的冲击和影响。

胡锦涛在清华大学建校 100 周年大会上以“百年教育、教师为本”提出，要加强师德建设，以高尚师德做学生健康成长的指导者和引路人。要把加强教师队伍建设作为教育事业发展最重要的基础工作来抓，努力建立一支师德师风高尚、专业知识丰富、建设机制结构完善、充满活力的高素质专业化教师队伍。2011 年，教育部有关部门研究制定了《高等学校教师职业道德规范》指出要“树立优良学风教风，以高尚师德、人格魅力和学识风范教育感染学生。模范遵守社会公德，维护社会正义，引领社会风尚。言行雅正，举止文明。自尊自律，清廉从教，以身作则。自觉抵制有损教师职业声誉的行为”。“切实加强师德教育”“改进和完善师德考核”“加强师德建设的组织领导”② 等要求进一步推动了高校师德师风建设。

2012 年到 2015 年，相关部门先后印发了《关于加强和改进高校青年教师思想政治工作的若干意见》《关于建立健全高校师德建设长效机制的意见》等重要文件对高校师德师风建设作出具体部署。《关于建立健全高校师德建设长效机制的意见》明确提出：“大力加强和改进师德建设，努力培养造就一支师德高尚、业务精湛、结构合理、充满活力的高素质专业化高校教师队伍。”同时指出，“当前社会变革转型时期所带来的负面现象也对教师产生影响。少数高校教师理想信念模糊，育人意识淡薄，教学敷衍，学风浮躁，甚至学术不

① 中华人民共和国教育部官网：《关于进一步加强和改进师德建设的意见》，http：//old. moe. gov. cn/publicfiles/business/htmlfiles/moe/moe_ 512/201212/xxgk_ 145826. html.

② 旧版《高等学校教师职业道德规范》，http：//old. moe. gov. cn/publicfiles/business/htmlfiles/moe/s5972/201201/xxgk_ 129190. html.

端，言行失范、道德败坏等，严重损害了高校教师的社会形象和职业声誉。一些地方和高校对新时期师德建设重视不够，工作方法陈旧、实效性不强。各地各高校要充分认识新时期加强和改进高校师德建设工作的重要性和紧迫性，建立健全高校师德建设长效机制，从根本上遏制和杜绝高校师德失范现象的发生，切实提高高校师德建设水平，全面提升高校教师师德素养。”① 为这一时期高校师德师风建设吹响了警钟。《关于建立健全高校师德建设长效机制的意见》明确了高校是师德师风建设的主体，在坚持“坚持师德为上，以立德树人为出发点和立足点”的同时，关注高校教师的思想与个人诉求，落实其主体地位，强化师德师风建设的“针对性和贴近性”，细化鼓励与督查、惩处的细节，将师德师风建设纳入师德师风建设的主体与客体发展的长效机制中，以细化的制度要求规定师德师风建设的标准。

习近平总书记在全国高校思想政治工作会议上指出，高校立身之本在于立德树人，要加强师德师风建设。十九大报告指出“加强师德师风建设，培养高素质教师队伍”。高校师德师风建设持续被关注并被引入制度建设等更深层次的长效机制研究。2017 年的《关于加强和改进新形势下高校思想政治工作的意见》指出，“加强师德师风建设，增强教师教书育人的责任担当”，“完善教师职业道德规范，实施师德‘一票否决’”。2018 年颁布的《关于全面深化新时代教师队伍建设改革的意见》作为教师队伍建设“里程碑”式的政策文件指出要弘扬高尚师德，坚持“健全师德建设长效机制，推动师德建设常态化长效化，创新师德教育，完善师德规范”“实施师德师风建设工程”等明确的方向和强有力的系统措施，强化师德师风培养宣传和监督考评制度。

二、改革开放 40 年师德师风建设的基本经验

师德师风作为一种社会意识形态的呈现，在不同的时代具有不同的具体内容和经验，但其发展具有一定的历史继承性。② 总结改革开放 40 年以来高校师德师风建设的主要经验，为展望外来师德师风建设提供有益借鉴。

---

① 中华人民共和国教育部官网：《关于建立健全高校师德建设长效机制的意见》，http：//www. moe. gov. cn/srcsite/A10/s7002/201409/t20140930_ 175746. html.

② 张煜：《论师德师风在高校思想政治理论课中的重要性》，《学校党建与思想教育》，2014 年第 15 期。

（一）围绕高等教育发展不断丰富师德师风的内涵

我国的高等教育发展始终与时代的发展相契合并最终成为引领时代发展的重要力量。高校师德师风建设趋势与高校的建设发展同频共振。

从社会环境来看，改革开放40年来，受到社会市场经济转型、全球化、区域发展与互联网发展等影响，教育领域形成了教育大众化、市场化和国际化趋势，促进了高校的快速发展，在关注高校发展的各项指标及提升科研能力的同时，忽略了对教师的思想政治教育。① 高校师德师风建设从改革开放早期作为一种自律的朴素职业道德，到作为促进高等教育更深层次内涵式发展的长效机制，成为强化高校教师队伍建设，促进高等教育健康发展的重要因素。

从政策环境来看，改革开放以来我国高校师德师风建设始终与国家高等教育政策，特别是教师管理政策息息相关。改革开放以来我国高校教师管理政策主要以提升教师队伍质量为目的。我国高校教师队伍质量提升主要通过教师在职培训、改革人事制度、实施创新驱动等政策为主。② 从1978年—1984年从最初的以恢复高校教师的社会地位和政治权利，到1985－1998年注重高校教师的在职培训、推行高校教师的聘任制人事制度，鼓励高校教师流动，1999—2010年引入市场机制，推行创新驱动政策，鼓励高校教师科研产出及转化，2011年至今则注重高校教师的内涵提升，从思想道德建设和专业改革考核机制等方面全面提升教师的质量。师德师风建设是提升教师队伍质量的重要部分，理所当然在教师管理政策改革推进中，其内涵不断丰富，以适应当代的提升高校教师队伍质量与实现高等教育内涵式发展的需要。

（二）强化教师主体自律和制度他律的结合

改革开放40年以来，我国一直在不断探索适合我国教育国情的高等教育教师管理体制。在社会经济快速发展对人才大量需求的背景下，对教师的可量化的能力评价指标如科研成果、教学成果等成为评价教师最重要的因素，被高校广泛施行。“高校教师职业道德修养就是教师个人在道德品质方面所进

---

① 秦苗苗、曲建武：《改革开放以来高校师德建设发展研究发展述评》，《思想教育研究》2018年第5期。

② 田建荣、乔娜、祁占勇：《改革开放40年我国高校教师管理政策的变迁逻辑与未来走向》，《教师教育学报》2019年第1期。

行的一种自我教育、自我锻炼的活动”①，也就是说，是一定程度上，师德师风建设具有内在自律与非可量化的特征，如何加以细化量化，必须有效结合师德师风建设的这种内在自律与制度他律的结合。改革开放以来，高校师德师风建设围绕二者深化结合展开。

改革开放早期高校教师师德师风建设主要以制度他律为价值取向，教师主体自律与制度他律的结合并不密切。随着高校教师管理制度的不断完善，2011 年至今，在推行高等教育内涵式发展的背景下，高校教师的自律也被提到重要的地位。制度建设重视教师自律建设的强化，出台一系列文件不断细化制度他律规范，由非可量化的自律标准向可量化的他律标准转变并结合，“使内在约束与外在约束有机地结合起来，自律和他律有机地统一起来”②，形成一套完善可执行的长效师德师风建设体系。同时，也鼓励并强化对高校教师师德师风建设的宣传。组织高校教师评选“全国优秀教师”“全国优秀教育工作者”“全国模范教师”等彰显教师价值，激发教师内在使命感、荣誉感的活动，充分调动了教师的主动性、积极性和创造性。

（三）师德师风建设价值取向由国家本位转为教师本位

改革开放以来，师德师风建设紧紧围绕“培养什么样的老师、怎么培养老师”展开，不断强化教师在师德师风建设中的主体地位。改革开放 40 年以来，我国高校师德师风建设的价值取向逐渐由“国家本位”向“教师本位”转变。改革开放早期，为了恢复高等教育办学的目的，我国高等教育实行国家本位，以国家政策为主要导向，导致师德师风建设的“国家本位”的价值取向明显。强烈的政治价值取向是快速恢复高等教育的必要方法，利于奠定高等教育的基本遵循与方向。

国家本位的师德师风建设一定程度上过于强调教师的责任，特别是在我国经济社会快速发展时期，国家本位的价值取向愈发造成高校教师责任与权利的不平衡。随着国家改革的深入、经济社会的发展，高等教育政策赋予了高校发展更多的自主权，特别是市场竞争机制的引入，高校教师的价值越发变得多元化，在教师作为为国家经济社会发展培育高素质人才的队伍的同时，

---

① 王珍珍：《高校教师的职业道德修养探究》，《武汉船舶职业技术学院学报》2014 年第 4 期。

② 张泽强：《改革开放以来高校师德建设的主要经验》，《东北师大学报》2016 年第 6 期。

高校教师自我价值实现的意识随着社会改革的深入愈发显著，高校教师的经济诉求更加强烈，思潮更加多元。关注高校教师的价值和成长，师德师风建设的价值取向转向也成为必要途径和必然事实。强调高校教师的权利与责任的统一、使命教育与制度规范的统一，愈发内化为高校教师师德师风建设的价值取向，高校师德师风建设中教师的主体地位更加突出。

三、新时代高校师德师风建设的发展展望

师德师风建设既是关乎新时代高校教师队伍建设的一个重要命题，也是一个被社会广泛关注的舆论热点。要确保新时代师德师风建设的科学有效，未来的师德师风建设发展要做到三个符合，即符合中国新时代的发展需求、新时代高等教育的发展规律、办人民满意教育的期待。

（一）贯穿立德树人根本任务

师德师风建设，在高校的立德树人工作中居于核心地位。立德树人是高校的立身之本，也是每一位高校教师的使命与担当。在新时代，立德树人就是要求教育要为中国特色社会主义现代化建设培养合格建设者和接班人。习近平总书记在全国教育大会上指出：“教师是人类灵魂的工程师，是人类文明的传承者，承载着传播知识、传播思想、传播真理，塑造灵魂、塑造生命、塑造新人的时代重任。”因此，高校教师的师德师风直接影响着高校立德树人根本任务的落实。抓好师德师风建设是打造高素质教师队伍的内在要求和重要保证，是确保教师“为谁培养人”的前提和基础，更是保证教师自觉践行立德树人根本任务的关键。

立德树人是我国新时代高等教育发展的规律，新时代师德师风建设必须在立德树人的根本任务的本质要求下，在推进“双一流”建设、做到“以本为本”、实现“四个回归”等实践中，把教师队伍的师德师风建设放在更加突出的地位，以高水平的师资队伍引领人才培养工作。加强师德师风建设，使高校教师在立德树人过程中的职业规范和使命责任，内化为价值追求，外化为行为自觉，成为高校教师的普遍价值准则。

（二）构建师德师风建设长效机制

习近平总书记在北京大学师生座谈时指出：“评价教师队伍素质的第一标准应该是师德师风。师德师风建设应该是每一所学校常抓不懈的工作，既要

有严格制度规定，也要有日常教育督导。”教师作为教育的主体之一，他们的“行为是可塑的、动态的，也是需要规范的”①。

师德师风建设的长效机制是推进师德师风规范发展的基础。高校师德师风长效机制应建立健全教育、考核、监督与奖惩、宣传相结合的工作机制。一是制定和完善高校教师的道德规范标准。高校要根据教育部《高等学校教师职业道德规范》《教育部关于建立健全高校师德建设长效机制的意见》《关于全面深化新时代教师队伍建设改革的意见》等要求，紧跟高校教育发展的新形势和新要求，修订完善本校教师的道德规范、教学规范、学术研究规范和行为规范等配套政策，并将规范落实到教师日常管理和教育。二是建立和完善师德师风教育制度。师德师风教育要贯穿于教师管理与教育的始终，将其制度化、常态化，并积极探索创新性的宣传引导路径和形式，打造多元的师德师风教育机制。三是探索建立全覆盖式的高层次人才师德师风黑名单制度。将全国高校高层次人才纳入师德师风管理数据库，实行全面、实时、动态的师德师风管理。强化高校对高层次人才的师德师风考核和评估，将师德师风作为高校引进人才的重要指导性依据，剔除存在严重师德师风问题的人才，打造风清气正的人才体系。

（三）管理和自我管理的有效结合

他律性的制度管理和自律性的自我管理的结合，是新时代师德师风建设的难题和突破点。制度管理和教师自我管理的有效结合能拓展师德师风建设的天花板，最大化师德师风建设的效果。一方面要激发学校管理的内生动力。“双一流”建设、“以本为本”“四个回归”等激发高校管理的内生动力，对加强师德师风建设水平、提升教师队伍质量有重要的意义。师德师风建设是一项长期而艰巨的工作，要求始终贯穿于高校教育教学全过程，最终要落到高校管理的实践。高校作为师德师风建设的直接实施者，激发内在的管理动能。提升师德师风管理的效能是高校师德师风始终面临的课题。高校要将师德师风建设工作列入学校长期工作规划。形成“一把手”负总责，主管领导具体抓，牵头部门认真推进自上而下的组织体系，明确职责，细化分工，强调督察。根据本校的实际，建立完善各项规章制度，制定可操作性强、管理

---

① 常青、李力：《师德师风建设是落实立德树人根本任务的关键》，《光明日报》，2018 年 11 月 26 日。

效能突出的建设实施方案，努力营造团结协作、齐抓共管的良好氛围，构建高校师德师风建设长效机制，使师德师风建设真正落到实处。

另一方面要强化高校教师的自我管理意识。随着新时代师德师风建设，教师的主体地位愈发凸显。因此，在完善管理制度的同时，还要强化高校教师身正为范、为人师表的自律意识。一直以来，部分高校教师狭隘地认为高校教师的职责只有教学和科研，而未将“德育”纳入自己的教学目标和职业使命当中，这有悖于立德树人的根本任务。因此，在教书育人过程中，要大力鼓励教师用自己的“德行”去影响学生、引导学生，实现教师师德师风自我管理的自律。采取学校监管、同行监督、学校监督与宣传引导、表彰公开的形式，及时掌握教师遵守师德规范情况，引导教师形成师德师风的自觉行为。大力弘扬和表彰师德师风和教书育人成绩突出者，惩戒和劝导师德不正、师风不存的教师，严格执行师德师风“一票否决制”，从而形成一种良性的循环，营造风清气正的师德师风环境。

师德师风建设是一项长期且艰巨的工作，不可能一蹴而就，也不能有丝毫的松懈。我国高校的师德师风建设具有明显的时代特色，师德师风建设随着高等教育发展的新形势和新要求呈现出不同的形态。进入新时代，高等教育立德树人的根本任务进一步突出“德”字，师德师风建设进入改革开放以来的高潮期。新时代的师德师风建设要立足国情和教育规律，坚持立德树人，进一步凸显德育在人才培养中的地位和作用。我国要进一步完善顶层设计和激发学校管理的内在动能，打造师德师风建设的长效机制。创新形式，探索制度管理和教师自我管理的有效结合，打造符合中国特色现代化教育发展需求，贯彻落实立德树人根本任务的师德师风体系。

第十章

思想政治理论课教师自律问题研究

在党和国家对高校意识形态教育空前重视，并大力推进高校思想政治理论课（以下简称为“思政课”）改革的背景下，拥有“国家主流意识形态宣讲者和大学生健康成长引导者”这一职业角色①的高校思政课教师正日益引起人们的密切关注，其中最引人关注的重点就是该群体在提高教育教学实效上的角色胜任问题。我们注意到，随着高校思政课教育教学改革的深入开展，尽管许多思政课教师在教育教学上体现出了良好的角色胜任能力，但仍有一些思政课教师的角色表现还远未和高实效的思政课教育教学相匹配。究其原因，固然有各类课程同思政课建设的协同效应有待增强，学校、家庭、社会协同推动思政课建设的合力没有完全形成，全党全社会关心支持思政课建设的氛围不够浓厚等外在因素的影响，但部分教师在提高教育教学实效上缺少自身应有的角色觉醒，尤其是对角色规范这一角色扮演的制约要素还缺少足够的自律恐怕是最为根本的原因之一。鉴于此，认真探讨高校思政课教师角色自律的主要内涵、功能属性、现实表现及加强对策，使高校思政课教师借助其严格的角色自律表现来促成教育教学实效的产生和提高，就成为当下不可等闲视之的重要研究任务。

---

① 关于我国高校思政课教师的职业角色定位，尽管学者们有不同的界说，但目前获得国家文本最为充分赋权的是中宣部和教育部《关于进一步加强和改进高等学校思想政治理论课教师队伍建设的意见》所做的专门阐述：“思想政治理论课教师是高等学校教师队伍的一支重要力量，是党的理论、路线、方针、政策的宣讲者，是大学生健康成长的指导者和引路人。”本章对高校思政课教师的职业角色定位就是依此阐述而作出的概括。

一、"高校思政课教师角色自律"的主要内涵

所谓"高校思政课教师角色自律"，是指拥有"国家主流意识形态宣讲者和大学生健康成长引导者"这一职业角色的高校思政课教师基于教育教学实效的价值追求，自觉按照内化的应有职业角色规范来对自身职业生活进行自我约束和自我监督的状态，其内涵主要包括三个方面。

其一，对职业角色规范的准确认知是高校思政课教师角色自律的前提和基础。这里所说的职业角色规范专指对高校思政课教师的职业生活权利和义务所做的规定和要求，即明确高校思政课教师能做什么和不能做什么、应该做什么和不应该做什么。包括国家、高校、社会有关机构和组织为使高校思政课教师能够坚定政治信仰、传播先进思想文化、增强理论功底、提高教学技能而制定出的法律规范、纪律规范及道德规范等，是高校思政课教师职业生活的直接制约因素。一般来讲，当高校思政课教师获得自己的职业角色后，这些职业角色规范总会通过大众传播、职业培训教育或工作中的人际互动传递给他们，出于角色扮演的需要，每个思政课教师也都会以自己特有的态度来对待这些职业角色规范，而不同的对待态度往往决定了不同的角色扮演效果，也造就了思政课教师或他律或自律的不同职业生活状态。但这些外在的职业角色规范要想被思政课教师自愿内化和自觉遵守，使思政课教师的职业生活呈现出一种把外部要求变为内在需要、用主动律己取代被动守矩的自律状态，以发挥它们对思政课教师职业生活的长期、有效的规约作用，还取决于思政课教师对职业角色规范的准确认知。

职业角色规范认知作为思政课教师在可供利用的知识结构基础上，通过对自身职业角色规范的辨认和理解，从中获取稳定的、清晰的职业角色规范知识的过程，其认知结果是否准确，关键是思政课教师应有合理的文化知识结构，能够借此对相关角色规范予以"是否合角色发展规律与是否合角色发展目的"的辨识，并通过同化或顺应等方式来充分内化利于思政课教师发展的角色规范，以精准获得思政课教师真懂、可用的应有职业角色规范知识，从而为思政课教师下一步的自律性角色实践提供启动依据。现实中，一些思政课教师的职业生活之所以表现出跟着感觉东游西荡或我行我素的角色不自律迹象，这往往与他们不能准确认知相关职业角色规范，以致只能遗憾地获

得充满困惑，甚至是不正确的角色规范知识直接相关。毕竟只有对思政课教师职业角色规范的“知之准”，方有可能展示角色实践的“言之实”和“行之正”，进而有可能有效避免于言行失范中表现出自己管好自己职业生活的“律之严”。

其二，高校思政课教师的角色自律通过恪守应有的职业角色规范表现出来。通过对职业角色规范的准确认知，高校思政课教师诚然可以将应有职业角色规范“内化于心”，但仍需通过恪守应有职业角色规范即恭敬谨慎的“外践于行”，方能于保持知行如一中展示其角色自律的现实光芒。高校思政课教师对应有职业角色规范的恪守一般表现在两个层面。一是敬畏角色法纪规范这一职业生活的“高压线”，自己约束好自己。即思政课教师要对有关思政课教师的法律和纪律心存敬畏之心，通过在心中筑牢法纪责任的“高压线”，在传播和讲授马克思主义理论时要做到言有所戒、行有所止，譬如丑化和攻击党和国家的话坚决不能讲、破坏民族团结和祖国统一的事坚决不能做、歪理邪说坚决不能传、腐朽堕落坚决不沾边等，使自己在党规党纪和校规校纪等刚性规则的自我约束下展现良好的法纪自律形象。二是弘扬角色道德规范这一职业生活的“生命线”，自己监督好自己。即思政课教师要牢记“立德树人”的教育使命，无论什么时候都要把遵守职业道德作为自己安身立命的根本，当作职业生活正常开展的“生命线”，不仅要注意“什么不能讲、什么不能做”，更要积极发挥自己的主观能动性，以知道“应该讲什么、应该做什么”，并追求“讲得出彩，做得示范”的姿态来展示自己的职业活力。特别是面对困难和诱惑时要以尊重教育教学规律、关心学生、为人师表等道德要求来观照和督促自己的言行，使自己通过乐为国家唱响主旋律、敢为大是大非发声、愿为学生成长作好引导、能为社会所普遍尊重等方面的道德努力来彰显其激活职业生命的道德自律。

其三，教育教学实效是高校思政课教师角色自律的追求目标。思政课的教育教学实效是一个标志“教”思政理论之力度与“学”思政理论之效果相结合的教育学概念，这里特指在高校直接承担《马克思主义基本原理概论》《毛泽东思想和中国特色社会主义理论体系概论》《思想道德修养与法律基础》《中国近现代史纲要》《形势与政策》等思政课教育教学任务的教师通过开展有目的、有计划的教育教学活动，在实际中所产生的一种令大学生自愿亲近马克思主义理论、自觉反对错误社会思潮和不良社会风气、自然呈现正确价值取向的教育教学效果。尽管思政课教师的职业生活除了从事教学活动外，还要进行科学研究和社会服务等，但由于思政课教师的职业角色被明确定位为国家主流意识形态的宣讲者和大学生健康成长的引导者，加上“只有自己从事研究的人才有东西教给别人”①，以及教育感化力的增强需要教师通过社会服务中的善举为学生作出示范等客观事实的存在，这就决定了思政课教师职业生活的核心和旨趣是进行有效的教育教学，而思政课教师的自律生活，无论是自律的教学活动，还是自律的科学研究和社会服务等，最终都要以促进教育教学实效的产生和提高为目标。不以教育教学实效为追求目标的角色自律可以是其他职业角色如公务员、工人等职业角色的自律，但绝不是思政课教师的角色自律。而衡量一位思政课教师的角色自律是否严格，重点也是看他是否具有对教育教学实效的不懈追求，即其自律表现在多大程度上能避免教育教学实效的丧失或降低，在多大力度上能促进教育教学实效的产生和提高。

二、高校思政课教师角色自律的教育教学实效提高功能

从上可知，高校思政课教师的角色自律本质上是一种将外在的职业角色规范予以内在化和主体化的生活状态，也是一个为提高教育教学实效而展现必要的职业角色约束力和监督力的生活过程，体现出思政课教师的角色自律是保障思政课教育教学实效的内在要求和真实力量，具有突出的教育教学实效提高功能，现对这些功能分析如下。

其一，有助于思政课教师坚定教育教学立场，激发大学生反对错误思潮和不良风气的自觉性。教学立场是教师在教育教学生活中所处的地位与所抱的态度。高校思政课程尽管综合性强，涉及哲学、经济学、政治学、法学、历史学等多个学科领域的内容，但鉴于它所涉内容的学科性质主要隶属于马克思主义理论学科，使得这些课程除了像很多学科一样具有科学性、价值性和体系性外，还独具鲜明的意识形态性即思想政治性。正因如此，作为宣传

---

① ［德］雅斯贝尔斯：《什么是教育》. 邹进译，生活·读书·新知三联书店1991年版，第152页。

和维护国家主流意识形态的主阵地，高校思政课教育教学的开展就必须体现其教育教学的思想政治性，也就是说，“重思想、讲政治”应成为思政课教师不可动摇的教育教学立场。对于一个有着较高角色约束力的思政课教师而言，由于他在内心已经视自己的职业角色为对党和人民负责的思政理论传播者，因此他在充满各种思想交锋和政治对话的教育教学场合甚为注重将自己置于马克思主义传播主体的地位，能够于坚守必要的角色法纪规范中自觉“在马言马”，拒绝传播各种反马克思主义、抹黑社会主义的思想，从不发牢骚、讲怪话、说空话，使自己的教育教学言论始终与党中央和人民群众保持一致。不仅如此，面对拜金主义、享乐主义和极端个人主义等不良社会风气，以及新自由主义、历史虚无主义、民主社会主义和普世价值论等错误社会思潮，自律的思政课教师也是习惯以矫枉纠偏的态度给予有力批判，绝不躲避，从不含糊，反映出他们在教育教学立场上的坚定性。而坚持这一立场除了使思政课教师在这个浮躁的社会里能够基于该教育教学立足点来坚守思政课的教育教学原则，以保障思政课教育教学的方向外，更为重要的是，让有正确教育教学立场的思政课教师引导大学生看清那些裹着蜜糖的布尔乔亚式思想的本质，譬如了解文化资本论调对人身心的异化、知晓成名逐利逻辑对人类理性的放逐、清楚资本主义世界民主与宪政所夹杂的虚幻等，可以使大学生的许多思想经过必要修正和接受新的思想启蒙，其反对错误思潮和不良风气的自觉性得以激发。

其二，有助于思政课教师张扬教育教学理念，培养大学生对马克思主义理论的亲近感。同所有课程一样，我国高校思政课也有一个基于教育教学立场而总结出的含有“最高理想或根本目的”之意，并直接规范和指导整个教育教学过程的教育教学理念，那就是为民族复兴和国家发展培养有先进理论思维、有正确价值取向、有科学历史认知、有坚定政治信念等思想政治素养的新时代大学生。对于这一教育教学理念的张扬，自律的思政课教师一个最为突出的表现就是能够凭借其强大的角色监督力来坚持开展“理念至上”的思政课教育教学，即一方面注重在教育教学过程中自觉监督自己，防止实用主义、理性主义和形式主义等不利于教育教学理念张扬的因素对自身教育教学的渗入，坚决拒绝制造一些不管思政课的学科性质与历史使命、不顾大学生的思想困惑和政治疑虑、不问思政课对社会进步和学生发展需求的有效供给程度，乃至直接偏离教育教学理念的任务化、知识化、娱乐化的思政课①；另一方面也以高度的责任感经常督促自己提高教育教学的理论功底和交往能力，以透彻解释马克思主义理论、积极回应大学生的理论关切问题、耐心引导大学生站在理论高度思考和解决问题等，努力让学生感知和体认马克思主义理论对纷繁世界的洞察力、对政治选择的说服力，以及对实践生活的引导力，进而逐步培养大学生对马克思主义理论的敬仰之情、认同之心和运用之意等方面的亲近感。

其三，有助于思政课教师展示教育教学自信，促进大学生自然呈现正确的价值取向。现实中我们经常发现，大凡一个自律的思政课教师，他一般都能凭借其在讲政治、精业务、供服务上的努力，展示出自己在教育教学及其研究、课堂对话、实践教学等方面的诸多教育教学自信，如自如展现其高超的政治鉴别力和政治敏锐性、立足深厚教育教学研究功底而表现出的巨大理论说服力、基于关心和解决学生成长问题而展现出的从容与高效等，而这种自信的展示在让大学生深切感受到教师信仰魅力、学术魅力和人格魅力的同时，也常常领略到马克思主义理论在产生、发展和反作用于社会的过程中给他们所带来的幸运、感动、自豪和震撼。这不仅会使大学生在思想政治素养上的理性之光得以闪耀、情感之力得到迸发，而且也会在思政课教师的引领下学会有效参与公共政治生活，体会思想不断成熟后的精神愉悦与成长自由。特别是当思政课教师、学校和社会能适时对大学生的良好思想政治表现给予坚定的认同和鼓励时，大学生们就会习惯运用正确的价值取向来反对错误社会思潮和不良社会风气，能够无任何勉强地亲近马克思主义理论，更能不假思索地弘扬社会主义核心价值观，这对促进大学生自然呈现正确的价值取向无疑具有极大的现实意义，也将使思政课的教育教学实效达到极力理想的状况。

三、高校思政课教师角色自律的现状分析

要实现高校思政课教师角色自律的教育教学实效提高功能，必须要以思

① 匡促联：《<思想道德修养与法律基础>课程的教学理念及其张扬》，《大学教育科学》2010 年第 2 期。

政课教师的角色自律为支撑。然而在角色自律的彰显上，本书作者近期经过对北京、广东、湖南 11 所高校 112 名思政课教师在"法纪规范自律""道德规范自律"这两大角色自律方面共 21 个重要角色自律点上的表现进行问卷调查（回收 67 份有效问卷）、访谈（31 人）、现场观摩教学（14 人）后发现，尽管不少高校思政课教师的角色自律表现可圈可点，是提高其教育教学实效的重要保障，但一些思政课教师的职业生活状态并非总能展示出较高的角色自律，令人倍感忧思。

（一）调查内容及数据（见表 1）

表 1　调查结果统计表

角色自律表现程度的百分比人数或代表性原因个数 / 所涉角色自律点内容	自律强（%）	自律较强（%）	自律不太强（%）	自律不太强的代表性原因（个）
1. 总能自觉维护党和国家的形象	87.50	9.82	2.68	1
2. 总能自觉维护民族团结、社会稳定和祖国统一	91.07	8.93	0.00	0
3. 从不对党的理论、路线、方针和政策予以歪曲、割裂或断章取义	31.25	50.89	17.86	1
4. 从不在课下口无遮拦、妄议时政	38.39	45.54	16.07	1
5. 从不附和网上一些极端、片面的思想政治观点	33.93	52.68	13.39	1
6. 总能理性地对待学生成长中的思想个性和政治意愿	45.54	47.32	7.14	2
7. 总是自觉保持师生间的平等交流和友好互动	84.82	9.82	5.36	2
8. 总能用鲜活、重大、典型的事来准确诠释马克思主义的科学性和价值性	25.89	46.43	27.68	2
9. 经常能自觉将思政理论研究和思政教学研究的成果有机融入课堂	20.54	41.07	38.39	3

续表

角色自律表现程度的百分比人数或代表性原因个数 / 所涉角色自律点内容	自律强（%）	自律较强（%）	自律不太强（%）	自律不太强的代表性原因（个）
10. 经常能自觉将思政理论的实践成果有机融入实践教学	21. 43	42. 86	35. 71	2
11. 经常能自觉依据教学新形势和新环境来改进教学方法和教学手段	33. 04	50. 89	16. 07	2
12. 总能自觉遵守唯实、批判、创新等学术道德	25. 89	45. 54	28. 57	3
13. 经常能及时跟踪、掌握、讲授党的最新理论、路线、方针和政策	26. 78	48. 21	25. 01	2
14. 经常能主动关注并有效解答学生的思想困惑和政治疑虑	30. 35	42. 86	26. 79	3
15. 经常能为大是大非问题积极发声	36. 61	42. 86	20. 53	2
16. 经常能为维护社会公平正义有所作为	21. 43	45. 54	33. 03	3
17. 经常会主动了解并努力实现社会各界对思政课教师的角色价值期待	15. 18	43. 56	41. 26	3
18. 在个人有偿的社会服务中总把握好社会效益与经济效益之关系	73. 21	9. 82	16. 97	1
19. 在加强角色自律上经常能主动向优秀思政课教师看齐	21. 43	50. 89	27. 68	2
20. 经常自觉地对自己的角色表现进行反思	16. 96	48. 22	34. 82	2
21. 不会因一些外在因素的干扰而出现角色自律不严的现象	20. 53	52. 68	26. 79	4

（二）高校思政课教师角色自律现状的调查结果分析

其一，高校思政课教师的法纪规范自律性整体较强，但在呈现道德规范自律上还欠理论功底和理论学养的支撑。从表 1 中可以看出，作为思政课教师角色自律底线的法纪规范自律，无论是在维护党和国家的形象、民族团结、社会稳定和祖国统一，以及拥护党的理论、路线、方针和政策，还是保持课上课下和网上网下都一致等方面，80%以上的思政课教师的角色自律都比较强，体现了广大思政课教师在坚守法纪规范上的较高自觉性。但相比而言，思政课教师在道德规范自律上的表现就稍逊一筹，譬如有3成左右的思政课教师并非总能用鲜活、重大、典型的事来准确诠释马克思主义的科学性和价值性；在跟踪、掌握、讲授党的最新理论、路线、方针和政策上不是很及时；关注和解答学生的思想困惑和政治疑虑做不到足够的主动和有效；为大是大非问题和维护社会公平正义积极发声或有所作为也是能力不及，这其中不乏有“没时间关注”“没精力对付”“怕惹麻烦”“容易受网络大V的影响”等方面的缘由，但一个共同的原因却是一些思政课教师知识结构单一，或者把握马克思主义理论不够到位。譬如一些思政课教师直接认为自己有时之所以难以准确诠释马克思主义的科学性和价值性，其原因就在于自身“理论水平有限”“认知范围和程度不够”等。由此可见，如何提高马克思主义的思政理论功底和理论学养，以克服理论视野的狭窄和理论认知的肤浅，让思政课教师在明道用道中能够尽可能地彰显“足以为师”“德可配位”的良好角色自律形象，应引起广大思政课教师和教育教学管理部门的高度重视。

其二，高校思政课教师的角色自律普遍较强，但在加强一些角色自律点的自律上仍然存在比较突出的淡化或弱化现象。调查显示，在对思政课教师21个角色自律点表现的问询、访谈或观察中，只有1个角色自律点的肯定性回答人数低于40%，其中有16个自律点的肯定性回答人数还都超过了70%，这说明广大思政课教师的角色自律普遍较强，让党和人民基本放心。然而我们也遗憾地发现一些思政课教师由于忽视相关科学研究和社会服务对教学的助力作用，害怕受到打击报复和遭遇麻烦缠身、满足现状或甘于平庸，甚至是极为推崇自然主义的人生观和价值观，导致这些人在将相关科研成果融入课堂、将社会实践成果融入实践教学、坚持明辨是非和维护公正、尊重社会的角色价值期待、主动见贤思齐和习惯自我反思等方面缺乏应有的重视和作为，在职业生活中出现类似人们所言的角色自律淡化或角色自律弱化态度，譬如经常疏于以善救失、懒于仗义直言、迷于安常守故，等等。看来，如何纠正一部分思政课教师的角色自律淡化和角色自律弱化态度，让这些教师对角色自律要求始终保持一种内心的强烈需要和行动上的必要敬重，这是当前在探求如何加强思政课教师角色自律过程中值得思考的问题。

其三，高校思政课教师在自觉遵守角色规范上体现出了一定的角色定力，但其角色自律习惯的养成亟需得到促进。思政课教师的角色定力是思政课教师个体在思想上和政治上排除各种干扰、克服各种困难、抵抗各种诱惑，坚持正确立场、保持正确方向的毅力与能力。作为在思政观念、思政品质等思政层面凝铸的意志力量，思政课教师的角色定力既是其思想政治品格坚韧程度的集中体现，以及其思想政治素养的真实展示，也是思政课教师让其角色自律成为一种稳定而持久的行为习惯的最可靠保障。只是需要提醒大家的是，此次调查结果虽然显示出了很多思政课教师在不忘党的重托、不负社会期待和不丢人师本色上的执著与坚定，展示出了他们较高的角色自律，但透过一些思政课教师给出的诸如“当一些院系领导在公共场合对师生说思政课没有用时我就容易出现教学倦怠”“只要国家赋予思政课教师的权利在现实中得不到保障时我的角色实践偶尔会出现积极性不高的情况”“在获取科研项目及科研经费数量至上的学校，我有时会敷衍对待教育教学”“在学校有缺陷的科研制度导向和评价导向下我没法总能坚守学术道德”“领导在某方面出现不自律时我也会在相关方面的角色自律上出现动摇”“思政教师队伍中的‘鞭打快牛’现象有时让我不想了解并努力实现社会各界对思政课教师的角色价值期待，也不是很主动向一些优秀思政课教师看齐”等调查回答内容，我们也不难察觉到要促进思政课教师角色自律习惯的普遍养成，这不仅是一个思政课教师必须终身磨炼的自我必修课程，而且也是需要国家、社会和其他教师给予坚定配合和大力支持的公开课程。

四、高校思政课教师角色自律的加强对策

作为一种极佳的职业生活状态，高校思政课教师的角色自律不是一拥有“思政课教师”这一职业角色就可直接呈现，调查中也发现在思政课教学环境极为复杂的背景下，也很难仅凭思政课教师一己之力或单靠外在条件支持能得到稳定的体现，因为思政课教师的角色自律并不是稳固不变或直线上升的，它可能会在某一时期内表现为一个较为理想的状态，但也有可能很快被个人的浮躁、短视，或者是外界的一些偏见、怠慢，甚至是功利主义的社会风潮

和实用主义的校园风气所抑制。高校思政课教师角色自律离不开内外条件共同保障的客观事实存在，决定了加强高校思政课教师角色自律的有效对策必须从教师自身、学校、社会和国家等多个层面予以系统构建，以全力推动每一个思政课教师的职业生活走向自律甚严。

其一，注重资质考核和教育培训，夯实思政课教师角色自律的理性之基。如前所述，思政课教师的角色自律作为一种把外部要求变为内在需要、以主动律己取代被动守矩的生活状态，其所呈现出的自己为自己“立法”、自己让自己“守法”的内在化和主体化倾向无疑需要诉诸于理性，是准确认知和尽力恪守角色规范等理性奠基的产物。但在夯实思政课教师角色自律的理性之基方面，我们可以借鉴工程、管理等领域用来提升员工素养的办法，即通过注重对高校思政课教师从教的资格、条件、能力等方面的资质考核和教育培训来进行：

首先，实施严格的教师准入制度，全面考核思政课教师的基本理论功底。在这点上，各高校要积极落实中宣部和教育部《关于进一步加强和改进高等学校思想政治理论课的意见》中提出的“要制定高等学校思想政治理论课教师任职资格标准，实施准入制度”，在实施思政课教师准入制度的过程中除了核实教师的学历、学位和品行表现等，关键是要在严把新进教师理论学养准入关上作出实质上的努力，具体而言就是要特别注重全面考核思政课教师的知识结构、理论视野和学术能力（包括学术阐释能力、学术创新能力和学术服务能力），以确保其理论功底在帮助其认知和践行法纪规范和道德规范方面基本上能够做到同化合理和顺应有力。尽量避免将那些因理论功底不够深厚而出现角色规范意识欠缺、模糊，甚至是根本错误的求职者予以草率录入，坚决把好思政课教师职业的入口关。

其次，加强思政课教师的教育培训，提升其理论学养。关于对思政课教师的教育培训，一是要定期组织思政课教师开展马克思主义经典著作阅读活动，同时要求思政课教师提交阅读报告，并对阅读报告进行专业的评价，以帮助思政课教师掌握马克思主义的实质内涵，深化对马克思主义科学魅力和价值追求的理解，增强对马克思主义的信仰；二是要定期邀请哲学、政治学、经济学、社会学、伦理学、历史学、教育学、法学等相关学科领域的校内外专家指导思政课教师进行跨学科学习，帮助思政课教师学会突破自我表达的封闭话语、拓宽理论视野、掌握新的教学研究方法，以进一步提高思政课教师的学科融通力、现实问题回应力和错误思潮批驳力。总之，通过注重资质考核和教育培训，理性之基逐步得到夯实的思政课教师随着知识结构的优化、逻辑思维的严密和理论分析的彻底，其真学、真懂的学术魅力会得到提升，进而引发他们在教书育人时能够融会贯通、引领有力和慑入人心，在极大地增强职业生活自信心的同时无疑为这些教师准确认知和自觉践行角色规范提供了坚实的理性支撑。

其二，开展教育教学叙事，激活思政课教师角色自律的内在需要。需要引发动机，动机产生行为。思政课教师角色自律的行为既然源自角色自律的需要，我们就有必要在激活思政课教师角色自律的内在需要上有所作为。只是我们必须认识到，尽管思政课教师的角色自律需要归根到底来自其现实的教育教学生活或教育教学经验，但鉴于不经反思的教育教学生活容易使思政课教师出现主体意识丧失的教育教学麻木感，并因此会阻隔思政课教师自觉地开展教育教学反思，销蚀着思政课教师变革教育教学行为的勇气，容忍并合理化着各种教育教学问题的存在，乃至直接妨碍思政课教师角色自律的产生。因此，要激活思政课教师角色自律的内在需要，我们不妨借助教育教学叙事这一反思性的教育教学实践，即通过“于叙述教育教学经历中体悟教育教学真谛”的教学反思活动来促使思政课教师主体意识的觉醒，激发其角色自律的需要。思政课教师的反思性教育教学实践也反复证明，教育教学叙事作为一种思政课教师对自身教育教学经历进行体验描述、经验诠释和寻求意义的教学反思活动，由于它经常促使思政课教师对那些被视为司空见惯或理所当然的教育教学现状重新进行审视；对一些习以为常的教育教学理念或行为不断进行批判；对平凡事件的细微之处进行超平凡的价值发掘等，故而常常能让思政课教师从中获得新的理性启蒙及个性解放的力量，并在教育教学理性的逐步觉醒或教育教学个性的愈加澄明中增强角色自律的需要。

概括来讲，旨在激活思政课教师角色自律需要的教育教学叙事可以是某些难忘教育教学片段的叙事，即思政课教师对教育教学生活中印象较为深刻的片段的再思考，既要注意完整叙述其发生的具体细节，更要着重对其中的教育教学意蕴进行“是否合乎教育教学规律与是否合乎教育教学目的”的再解读，以借此引发思政课教师对其遵守角色规范效果的关注；也可以是思政课教师教育教学生活的叙事，如对教育教学研究服务于教学的叙事，对社会服务促进教育教学实效提升的叙事、对自身惯常课堂教学模式的叙事等，其目的是在分享教育教学生活体验、总结教育教学实效影响因素的过程中激发思政课教师对其教育教学实效提高策略的重视；还可以是思政课教师的传记叙事，特别是优秀思政课教师对其成长历程或教育教学生涯的完整叙事，能使思政课教师在聆听优秀教师严格的角色自律故事中频生难得的“角色颤动”或“角色感动”，乃至能够为直接引发角色自律的需要提供宝贵的情感之力，从而减少思政课教师角色自律的淡化和弱化现象。

其三，完善他律机制，增强思政课教师角色规范的实践效力。自律是个体的自律。思政课教师的角色规范最终都需要通过思政课教师个体的自觉践行来落实。但如果前述两大策略的实施还不能带来乐观的思政课教师自律，特别是当角色自律在一些高校仅仅被弄成一种形式或一句口号，甚至出现“自律成为自律者的墓志铭，不自律成为不自律者的通行证”等遗憾事件，乃至出现思政课教师角色自律的严重淡化或弱化时，敦促思政课教师遵守角色规范的底线要求和肯定思政课教师坚守道德规范的保障措施即他律手段就必须跟上。因为任何完善的思政课教师角色他律机制不仅是对角色越轨者的震慑与打击，以及对角色不安分者的警示和教育，同时也是对角色自律者的支持和褒扬。很多时候也不难发现只有形成有法可依、有章可循、赋权予责、监控到位、奖罚分明这一强有力的他律机制，他律手段方可在产生广泛的震慑教育效应和褒奖激励中增强角色规范的实践效力，从而逐步推动思政课教师严格自律的蔚然成风。在我国，尽管针对思政课教师的他律机制正处于积极建设之中，特别是国家近几年来通过一系列相关“意见”“规划”“要求”和“通知”等，对我国思政课教师的他律机制进行了宏观的系统建构，为众多高校建立较为细致的思政课教师他律机制提供了直接依据和权威参照，但目前一些高校在具体建立思政课教师的他律机制时仍需在“完善”二字上进一步下功夫：

首先是要体现思政课教师他律机制的科学性。这种科学性除了必须保证思政课教师他律制度的建设在投入、实施、反馈、评价、监督等层面的机制完整外，最重要的是思政课教师他律制度的内容必须彰显其应有的公正性和适度性。其中的“公正性”就是强调他律制度内容对于思政课教师责、权、利的明确规定和严格实施，使每个思政课教师在他律制度面前具有“权责对称、赏罚分明”的平等机会和公正待遇，对任何“责、权、利”的只取一端或绝对地排斥任何一端都难以使他律手段能够长久地、普遍地成为思政课处理各方利益关系的有效手段。而“适度性”则指对他律制度进行现实性与理想性相结合的适当整合，他律制度作为对思政课教师职业生活中利益关系的反映，其不仅要对思政课教师现实的职业生活给予必要的预防性或禁止性规范，而且还会对思政课教师的职业生活作出一定的褒奖性的理想“应然”指令。但无论是忠实于现实的预防性或禁止性规范，还是必须立足于超越现实的一些“应然”指令，既不可过宽也不能过严，过宽会引发思政课教师职业生活的无序或平庸，过严会阻碍思政课教师职业能动性的发挥，以至于让他律制度成为一堆无用的禁令或指令。

其次是要体现思政课教师他律制度机制的权威性。此处所言的权威性主要是指他律制度所具有的让思政课教师尊重和服从的影响力量。这一力量的产生尽管需要他律性制度本身应该具备科学性，但关键还在于制度的制定者和监管者特别是思政课教学领域的领导者要率先垂范，既要做到“正人”先“正己”，避免单向律“师”现象的发生，同时相关的监管也要落实到领导者自身，并要求领导者学会在监督状态下工作。近些年里，国家用以规定思政课教师的他律性制度不少，思政课教师也没少认真学习，但为何一些思政课教师仍然出现不大讲政治、学术不端正、角色自律状态经常因外界因素的干扰而出现摇摆、甚至抹黑国家形象等违纪违法、缺乏职业道德等行为，其重要原因就在于少数领导者本身就是他律制度的践踏者，如果很多普通思政课教师见到的都是领导者在公然不担负、不履行国家或学校规定的各项责任和义务，甚至公然让一些老实而有较大贡献的思政课教师在职称评定、权益分配等方面反复成为事实上的吃亏者，又有谁会继续主动遵守各项制度中的要求呢？没有权威性的他律性制度最终会遭到人们内心的拒斥值得每个领导者铭记。

其四，优化文化氛围，促进思政课教师角色自律的习惯养成。众所周知，思政课教师角色自律的过程和结果虽然总能反映出他们对待角色规范的一定觉悟和某种水平，但其最高的境界无疑是在职业生活中逐步养成定型化、自动化的守规条件反射系统，使思政课教师在扮演职业角色时能熟练地、不假思索地依规行事，形成轻松而自然地遵守角色规范的自律习惯。思政课教师角色自律的习惯养成诚然需要教师角色意识的觉醒，以及资质考核、教育培训和他律制度的力量，但同样离不开良好思政课教育教学文化氛围的深层次支撑，因为良好的思政课教育教学文化氛围作为国家、社会和学校重视思政课教育教学、促进思政课教育教学效力发生时所彰显出的积极性精神风貌和价值取向，既是培育思政课教师角色自信的土壤，同时也是思政课教师借此文化氛围的认同和支持而养成角色自律习惯的催化剂。否则，当教育教学文化氛围不认同思政课教师的教育教学价值、不满足思政课教师的教育教学需求、不辅佐思政课教师提升教育教学水平，以致成为阻碍思政课教师发展的桎梏时，任何思政课教师的角色自律都将在消极教学文化氛围的冲击和裹挟下变得逐渐松懈，甚至走向消亡。

从近些年思政课教育教学文化氛围优化的情况来看，虽然国家层面的操作越来越积极，例如党和国家对高校思政课的教育教学极为重视，从设立马克思主义理论一级学科、实施马克思主义理论研究和建设工程、推动各高校普遍成立马克思主义学院，再到加强思政课教师队伍及课程建设、完善思政课教师表彰激励机制、加大思政课教研教改项目和团队建设的投入等，就使得广大思政课教师通过获得学科归属感和价值被认同感，以及具体感知诸多政策的支持，其角色自律的需要和动机得到了较好的激发与保护，也为他们自觉呈现让党真正放心、使学生终身受益、为学生真心喜欢、受社会普遍尊重①的角色自律行为提供了极为有力的庇护。但是在促进思政课教师角色自律习惯的养成上，社会和学校层面的思政课教学文化氛围仍需亟待优化。其中就社会而言，一方面要大力宣传思政课教育教学的崇高社会价值和育人价值，以便通过维护思政课教师的职业自尊，以及增强他们的职业自豪感来培育其甘愿遵守角色规范的职业情感；另一方面应加强对思政课教师职业生活的社会监督，特别是要经常对一些有争议的角色自律表现进行广泛的社会讨论，使思政课教师从各种引人关注的讨论中全方位地了解社会对自己的角色自律期待，始终能够保持较高的角色扮演敏感度，继而逐渐形成角色扮演的自查自省习惯。而甘愿遵守角色规范的职业情感，以及角色扮演的自查自省习惯

---

① 赵中源：《高校思想政治理论课教师的角色定位》，《中国高等教育》2016 年第 8 期。

恰恰是帮助思政课教师养成角色自律习惯的强大心理驱动力量与有效牵引力量。至于学校层面的思政课教学文化氛围如何优化，于转变“重学科研究，轻教学研究”和“只认核心期刊而不看是否与马克思主义理论学科与教学相关”的传统观念中加大思政课有效教学研究在奖励和职称考评体系中的比重、“在教学科研与教学年度考核时充分考虑思政课教师从事马克思主义理论研究、社会服务和课堂有效传播的实际贡献”①、积极营造各类课程和思政课同向而行的全员全方位全过程育人氛围、提高党委领导建设好思政课的政治担当能力、为那些能给学生带来有益性和有福性思政理论教育的优秀思政课教师开通其成长的“绿色通道”及“推动思政小课堂与社会大课堂的融合”②等应成为当下要事，也唯有将这些要事执行到位，思政课教师的角色自律才会在良好教学文化氛围的浸润中保持不倦怠、不放松、不侥幸，并因此养成恒久而稳定的角色自律习惯。

---

① 顾晓英：《思想政治理论课教师的主体认同及其建构》，《思想理论教育》2015 年第 2 期。
② 郑永安：《发挥思政课立德树人的关键作用》，《光明日报》，2019 年 5 月 28 日。

第十一章

高校辅导员职业道德标准研究

高校辅导员队伍是一种特殊的教师团体，在高校发展和学生的成长过程中发挥着非常重要的作用，辅导员的个人素质和职业素养对大学生的生活与学习会产生重要的影响，高校辅导员区别于其他教师的特殊性在于他们既是传道授业解惑的教师，又是学生大学生活中产生疑问时的咨询师和导师，他们要关注学生生活的各个方面，是连接学生与学校的纽带。① 大学是培养创新型人才的摇篮，它具有特殊的地位，发挥着极其特殊的作用，大学生是我国未来社会主义事业的建设者与开拓者，辅导员要引导大学生在日常的学习中全面掌握相应的知识与技能，并能对自己所学的专业进行很大的完善，培养大学生拥护党和国家的社会主义思想，坚持以人为本，培育大学生独立自主的学习创新能力，要让学生以超前的眼光去面对新世纪的机遇与发展。作为一个优秀的学生，不仅仅表现在学业考试成绩方面，健康的心理和高尚的情操也很重要，学生要做到全面发展。因此，辅导员在日常的工作中，必须要坚持以立德树人为中心，在辅导员工作的日常中贯彻思想政治教育，努力做到全过程全方位育人，为我国教育事业迈上新台阶添砖加瓦。

一、对高校辅导员职业道德标准的理解

随着我国高校辅导员工作的专业化和职业化的深入，高校辅导员的工作逐渐地成了专门的职业，那什么才能称之为“职业”呢？职业是人们在社会生活中，对社会所承担的一定职责和所从事的专门业务。② 因此，高校辅导员

① 史慧明：《高校辅导员职业伦理的几个基本问题》，《思想理论教育》2012 年第 10 期。
② 赵锋：《关于高校辅导员队伍职业化问题的思考》，《思想教育研究》2014 年第 6 期。

作为高校中对学生思想意识培养、专业知识学习、安全等各方面相关的负责人，毫无疑问，辅导员的工作符合职业的特征，可以说辅导员的工作就是辅导员的职业。每一种职业，都有职业道德要求，这就要求高校有相应的制度，用来约束高校辅导员，正所谓没有规矩，不成方圆。我们可以将职业道德理解为在某种特定的工作岗位的工作人员所应该遵守的这份工作下的道德方面的标准①，职业道德涵盖了很多方面，它包括各种人际关系，是当前在职业生活中普遍存在的一种特有的社会道德现象。而当前高校辅导员职业道德则是高校辅导员在他们的工作岗位上，要处理的各种人际关系的总和，包括与社会、国家、学校、学生还有他们自身。

在2019年江苏省高校新任辅导员岗前培训班（115人）意见反馈调查问卷的18题的调查结果中可以看出，当前高校辅导员对辅导员职业道德标准大多数比较清晰，但是还是有小部分人并不是很清楚。具体问卷结果如下：

18. 您清楚辅导员的职业道德标准吗？［单选题］

选项	小计	比例
①清楚	92	82.88%
②比较清楚	17	15.32%
③有点模糊	2	1.8%
④不清楚	0	0%
本题有效填写人次	111	

正所谓没有规矩，不成方圆。这就要求高校应该有相应的制度，辅导员自身要有较高的政治觉悟，来督促高校辅导员坚守辅导员工作的职业道德的底线，这就是高校辅导员所应该遵循的职业道德标准。习近平总书记指出：“青少年阶段是人生的‘拔节孕穗期’，最需要精心引导和栽培。”② 在人生的漫长旅途中，大学时期是一个关键的时期，高校辅导员怎样去引导学生树立自己正确的人生观和价值观，这一点很重要。怎样去引导学生进行全面的发展？用怎样的方式去开展高校学生心理健康教育？这对于教师如何引领学生

① 朱平：《高等学校教师职业道德修养》，合肥工业大学出版社2005年版。
② 《习近平在全国高校思想政治工作会议上的讲话》，《光明日报》，2016年12月9日。

未来树立正确的人生观提出了新挑战。为此习近平主席送给了教师六点建议①：第一点，政治要强，意思是让每个辅导员要有信仰，并且要在平时的工作生活中遵守信仰，遇到问题时，要用合适的方式让学生接受教育，引领学生以新的思想去完成自己的使命；第二，情怀要深，以爱国主义为中心，以国家和民族的大义为目标，在党和国家的伟大实践中，与党和学生一起不断探索新的知识，来丰富自己的思想；第三点是思维要新，第四点是视野要广，这两点可以综合来看，就是说高校辅导员要在自身具有厚实的政治理论知识的基础上，要会运用理论知识以及超前的眼光来创新教学方式，让学生的课堂学习更加生动有趣，合理利用网络，引导学生树立正确理想信念和思维方式，教会学生学习和利用互联网的新思想来拓宽自己的视野；第五是自律要严，做到上课和下课身份的一致，要积极主动的弘扬爱社会主义的主旋律，向学生传递正能量；第六，人格要正，辅导员自身拥有美好的人格，才有魅力吸引学生。如何将这六点贯彻到辅导员身上就显得尤为重要。俗话说："亲其师，才能信其道"，只有辅导员拥有了高尚的人格，才能用自己的人格来感染学生，以深厚的理论功底赢得学生的尊重，自觉做为学为人的表率，做让学生喜爱的人。辅导员在大学生树立正确人生观的过程中，发挥着很重要的作用，在某种程度上，辅导员在学生思想塑造方面比一般的任课老师影响更大。

二、当前高校辅导员职业道德现状

新时代背景下的高校辅导员队伍，在学校立德树人的根本任务中发挥着重要作用。但是，面对新任务与新挑战，部分高校辅导员在自身职业道德建设中也存在不同程度的问题。把握当前高校辅导员职业道德建设中的正能量与存在的问题，是进一步推进高校辅导员建设的重要前提。

（一）当前高校辅导员职业道德中的正能量

当前在高校辅导员的工作岗位涌现出了很多佼佼者，他们奉献自己的青春和才华在辅导员的岗位上，为其他辅导员树立了榜样。习近平总书记在全

① 张烁：《用新时代中国特色社会主义思想铸魂育人 贯彻党的教育方针落实立德树人根本任务》，《人民日报》，2019年3月19日。

国高校思想政治会议和全国教育大会等许多重要的正式场合，都明确地表示了对高校教师的美好期望，因此中共中央宣传部和教育部联合发布了“闪亮的名字，绚丽的青春——2019年‘最美高校辅导员’‘最美大学生’事迹。①这激励了高校辅导员的奉献意识，也给辅导员的职业道路带来了许多正能量。

例如当选“为最美高校辅导员”之一的山东大学海洋学院的范蕊，在从事辅导员工作的13年以来，始终坚持每一周去一次她所带的学生的宿舍，而且每天都至少会和一个学生面对面沟通，她通过网络来记录学生日常生活中的点点滴滴，积极利用互联网和各种平台来为学生答疑解惑，而且她还前后在网络社交平台上发表原创文章1300余篇，除此以外她还有一个拥有近两万粉丝的叫作“陌上花开”的微信公众号，回答过学生的提问2万多条，真真正正地做到了“有问必答”，成为山东大学的一张名片。她的专著《在海滩上种花——一个大学辅导员的工作日志》《奔跑吧，青春——一个大学辅导员的工作日志》得到了学生和其他高校辅导员的高度认可。她在她的“范蕊情感教育工作室”中，开设了很多面对校内外学生的情感与情绪教育课程，为学生带来了很大帮助。还有重庆大学的微电子与通信工程学院辅导员袁利在担任辅导员工作的29年期间，不管自己的所在学校如何变化，学院如何发展，她作为辅导员还是学院领导，她始终不忘初心，坚持在自己的岗位上做好自己的事。在她担任辅导员期间，她认真负责，为了更好掌握学生动态，她几乎住在了学校；她利用自己的休息时间，深入地了解学生，还为每个学生建档立卡，来充分了解学生的真实情况；她利用互联网，与学生和其他辅导员积极交流，为其他辅导员也做了好榜样。不仅如此，她还指导辅导员建立运行谈心谈话周记制度，她和其他辅导员的谈心谈话周记，已经作为重庆大学学生工作示范资料，陈列于重庆大学“立德树人”专题展览馆。这些优秀辅导员的付出和辛勤，给辅导员事业添上了重重的一笔，值得高校辅导员去学习和借鉴。

（二）当前高校辅导员职业道德中出现的问题

除了这些正能量的例子，近年来，教育工作中也出现了少数教师职业道德败坏的现象。近期教育部曝光的六起违反教师职业行为中，有湖南文理学

---

① 《2019“最美高校辅导员”风采展示》，《高校辅导员》2019年第4期。

院教师刘某某私自收取并侵占学生费用问题、上海海事大学教师姜某某学术不端问题、扬州大学教师华某某性骚扰学生问题等。这些违规违纪的行为，对学生造成了严重伤害，极大损害了教师的伟大形象，造成极其恶劣的社会影响。对于这些恶劣现象，党和国家决不姑息，这些违反教师职业道德行为的人都受到了严肃处罚，最终刘某某被开除党籍、免职；姜某某被党内严重警告、行政记过处分；华某某被降低岗位等级，调离了教师岗位，而且还取消副教授职称撤销教师资格。还有一些由于高校对辅导员人才的需求过大，高校在招收辅导员的时候对学历的要求比较宽松，针对于以上的种种行为，我们不得不深思，当前教师在工作中迫切需要一套道德标准，针对教师团体中出现的问题和对优秀辅导员行为的肯定，各级教育部门和学校要进一步绷紧监督之弦，加大监督纪律执行的力度，要在社会和学校中时时警告，一定要杜绝师风师德问题的反弹，营造风清气正的教育行业之风。对于这些违法乱纪现象，广大高校辅导员要引以为戒，做到以身作则，时时刻刻保持警惕，成为以道德约束自己的先锋和楷模，在对广大学生的教育过程中始终秉持着成才先成人，成人先做人的原则，贯彻好思想道德教育先锋的作用。从以上这些案例和目前辅导员现实状况中，我们可以总结出当前辅导员职业道德现实情况中存在的很多问题。

1. 高校辅导员专业与自身学历不符合要求

专业不匹配这一点体现在各个学院的辅导员有很多本身都不是这个专业的，然而新时代对辅导员提出的新要求除了思想政治教育和日常管理工作还包括发展引导工作，这就要求辅导员要热爱祖国，热爱党，知识储备足够丰富，并且要在日常生活过程中努力学习思想道德知识，不断提升自身的政治素养，还要在学生专业问题和职业规划方面答疑解惑，这就要求辅导员应该按照自己的专业来安排所属学院。但是现如今由于人才需求量过大，导致很多学生在专业方面有疑问的时候，辅导员自身很难给予专业的回答，尤其是做职业规划的时候，不能给予学生清晰明确的建议。在根据教育部公布的《普通高等学校辅导员队伍建设规定》文件中，对于辅导员的学历有明确的要求，高校辅导员学历必须在本科及本科以上，具有从事对学生进行思想政治教育工作时所必要的马克思主义中国化相关理论和知识，必须掌握关于思想政治教育教学等相关学科的教学原理和方法，不仅要有理论方面的知识，还要懂得运用合适的方式方法将其付诸于实践，但由于当前高校中人才缺乏，辅导员工作报酬又低又辛苦，因而对于一些来自专科院校的辅导员来说，自身的组织管理能力和语言文字的表达能力较弱，难以胜任思想理论教育的引领工作。①

2. 部分辅导员职业道德素养较低

高校辅导员的工作是繁杂琐碎的，大部分高校辅导员是刚毕业不久的学生，一方面，大多数辅导员除了工作以外，还要提升自己的专业知识，为自己未来发展做准备，当辅导员工作所带来的经济效益满足不了他们的需求时，有的辅导员就会在其他方面去获取经济利益；另一方面，有的辅导员在个人生活方面，投入了太多精力，对工作也就得过且过，难以承受生活和工作两方面带来的双重压力，当发生突发事件时没有合理的办法解决。还有部分辅导员，安于现状，没有终身学习的理念与意识，在辅导员任职期间，往往懈怠于新知识的学习，并且在思想政治方面的知识比较陈旧，对于当代青少年的成长知之甚少。

3. 对学生思想政治教育的重要性认识不到位

辅导员的工作究竟是什么？辅导员的工作就是为高校思政知识的传播做贡献，为学生的日常生活提供帮助，辅导员应当在自己的岗位上用心做好自己的工作，竭尽全力地去推进高校育人的目标。很多时候，由于学生的各种生活琐事占用了辅导员太多的工作精力和时间，导致一些辅导员在思想以及政治方面做得不怎么到位，这既是客观原因，也是主观原因。

辅导员对学生的思想意识不到位，首先是对学生的思想教育不够重视，认为有相应的课堂政治知识教育，便不需要辅导员对学生进行针对性的思想教育。其次是有的辅导员思想比较陈旧，并不了解当代大学生的思想特点，对学生期望值不是过高就是过低。有时候以为大学生已经是成年人，有他们自己独立的想法，对思想政治的理解有自己的一套想法；有时候又觉得学生身心发展水平较低，全方位的思想政治教育对学生而言是没有必要的。而且在平时的工作中，有些辅导员和学生家长的交谈比较少，有的即使已联系过学生家长，但由于沟通方式不当，也没有达到相应的交流目的，所以更深层

① 代玉启：《思想政治理论课教师与辅导员协同育人探究——基于“思想道德修养与法律基础”课程的思考》，《思想理论教育导刊》2018 年第 9 期。

次的思想教育也就没有那个必要了。这些细节方面的不到位，给学生正确思想道德意识的培养过程带来了缺失。著名教育学家陶行知先生曾说过："没有道德的人，学问和本领愈大，为非作恶（概率）愈大。"这句话的意思是说，如果一个大学生只拥有优异的文化课成绩，却丧失了最基本的道德素养，他也就不可能真正成为一个对社会有贡献的人。所以，辅导员必须重视学生的基本思想政治教育，引导好学生树立对社会主义的正确认识，让学生明白必须时时刻刻将社会主义思想牢记于心，运用于行，正如叶圣陶先生说的"教是为了不教"正是这个含义。

4. 职业信念不够坚定

当今社会，大多数辅导员在自己的岗位上工作一段时间后，大都会觉得辅导员的这份工作没有前途，然后产生想要转到其他部门的想法。这种惯性思维让大量的辅导员在工作期间就只想着提高自身学历，为自己的未来发展打算，因而对学生的管理和教育毫不关注。有的辅导员对于怎样更好地服务社会、服务于学生、帮助学生个性发展等这些应该做的事没有热情和动力。而且部分高校的领导对辅导员的发展路径不够关注，使得辅导员在学校教师行列中没有地位，辅导员没有机会发挥他们帮助学生健康成长的作用。因此，辅导员人才的流动和缺失很大，辅导员队伍的稳定性很低。

然而作为一个负责任的辅导员，我们一定要有坚定的职业信念、以学生为主、尊重学生、带着赞扬的眼光去支持学生。但有的辅导员却恰恰相反，他们的职业信念不够坚定，面对自己辅导员的工作，不够积极主动，面对很多情况都是在敷衍了事，没有真正做到为学生去解答疑惑；有的辅导员不熟悉自己所带班级学生的家庭情况、学生生活和学习情况，发生了一些不好事件。其次，有一些辅导员并没有相应地为学生考虑，这是一个辅导员的失职。有少数的辅导员只是把这个岗位当作一个特殊的"桥梁"，当作走上更高岗位的一种简单性的过渡性岗位，他们想通过这个职位，为自身谋取更好的发展，因而他们对这份工作没有充足的热情以及坚守岗位的责任心。

高校辅导员的工作量很大，又枯燥无味，辅导员要事无巨细地关注学生生活的方方面面，学生生活中大大小小的事，都有可能需要辅导员去解决，辅导员要关注学生的日常生活、出行安全、心理问题等各个方面。当学生生活有困难了，辅导员要积极与学生沟通，照顾学生情绪，帮助学生解决基本生活问题；当学生产生矛盾冲突了，辅导员要在第一时间去调节；当学生学习有困难了，辅导员要尽其所能，联系科任老师，帮助学生解决学习方面的问题。所以说辅导员的工作是很辛苦的，辅导员的工作包括很多，有连夜出现的突发事件，还有节假日的时候学生安全方面的工作，这些工作都没法用时间来限定，当大多数任课老师在放假休息的时候，辅导员可能还要处理学生碰到的问题，所以辅导员的休息时间很难保证，有的时候可能刚刚要休息，却又出现新的需要解决的问题，马上又要投入工作，这就导致高校辅导员对于自己的工作容易倦怠，产生厌倦心理。①

5. 无法正确处理与学生之间的关系

辅导员应该是大学期间与学生最亲密的老师之一，尤其是对于刚进入大学的学生而言，辅导员必须具有足够的耐心，引导学生快速适应大学生活，辅导员应该具有良好的心理素质，始终坚持以生为本。而现实情况下很多辅导员并没有做到这一点，新生在进入大学这个陌生的新环境时，心理难免会产生落差，短时间内无法适应大学学习生活，这时候就需要辅导员起到疏导作用，引导学生自我调节，能够在新的环境中找到适合自己的学习和生活方式。现实情况中有的辅导员对学生没有耐心，当学生有问题的时候，不能通过细致入微的分析，帮助学生找到正确的解决方法，不能切切实实地帮助学生解决问题；尤为重要的一点是辅导员不能和学生打成一片，不了解当代青少年面临的心理问题和思维方式，用陈旧的思想来和学生交流，不注重语言方面的技巧性，在和学生交流的过程中做不到思维清晰，语义明了，而且在平时的工作和生活中过于严格，只做严师，难成益友。

在 2019 年江苏省高校新任辅导员岗前培训班（共 115 人）意见反馈调查问卷第 19 题调查结果显示，新任高校辅导员对于与学生建立良师益友关系的自信度还有提升空间，所以要在高校辅导员的培养培训环节，引导他们与学生建立良好师生关系，这也是辅导员职业道德标准所要求的一部分。

19. 您对构建辅导员与学生的良师益友关系自信吗？[单选题]

---

① 王志华，苗洪霞：《论高校辅导员专业道德涵养》，《国家教育行政学院学报》，2012 年第 4 期。

选项	小计	比例
①很自信	73	65.77%
②比较自信	35	31.53%
③不太自信	2	1.8%
④不自信	1	0.9%
本题有效填写人次	111	

6. 身体素质和心理素质有待提高

辅导员所处的位置不仅仅需要的是一个有知识的老师，更需要的是一个身体素质、心理素质、德智体美各方面共同发展的老师。辅导员工作不同于一般任课的教师工作，上下班时间没有明显的界限，也就是“工作即是生活，生活也即工作”，过了白天的工作时间后，名义上是下班了，但是学生生活上有问题，高校辅导员还是要作出耐心的解答，学生出了一些问题，无论何时何地，辅导员都应该尽己所能，尽量在第一时间赶到现场。面对这样的灵活性的工作，没有一个强健的体格是难以胜任的，所以说作为高校辅导员，必须要提高自己的身体素质。①

作为高校辅导员，除了具有良好的身体素质，过硬的心理素质也是必备的，除此之外，还要具备教育学、心理学、管理学方面的专业知识，才不会在处理学生问题时手忙脚乱。由于当前我国高校辅导员的平均年龄较小，较为年轻化，有些并不是毕业于专门的师范类学校和师范专业，没有正式系统地学习过教育学学科相关知识，更谈不上利用教育学和心理学这些知识来进行思想教育的指导工作，这种非专业化的辅导员对于学生的身心发展特点没有进行过专门的研究；还有的辅导员自身心理素质不好，在发生突发事件时，控制不好自己的应对情绪，不能用一颗平稳的心去冷静地面对突发事件，处理一些事情的时候带有个人情绪，对事情的处理方法不当。

三、多维探究提出高校辅导员职业道德标准的必要性

作为高校学生的日常管理者，辅导员在处理好自己家庭、社会等其他方

① 卢景昆：《新时期高校辅导员的素质结构探究》，《教育与职业》2010年第20期。

面私人问题的情况下，更要随时随地地去提升自己的专业知识。专业知识的提升不仅仅可以提升辅导员自身的工作水平，更能潜移默化地影响大学生的思想以及行为。

（一）新时代对高校辅导员提出新要求

党的十九大全面开启了新时代，我国正站在能否建成全面小康社会和努力建设社会主义现代化国家的这个关键节点上，高校辅导员更应承担起领导广大学生从根本上升华自身的政治思想与觉悟，鼓励大学生走向祖国最需要的地方，在祖国需要的地方发光发热。辅导员要引导学生为建设社会主义现代化国家贡献出属于自己的一份力量，承接好一个优秀的未来接班人的身份。但是由于当前很多辅导员存在着自身政治理论基础知识薄弱、职业奉献精神不足和语言沟通能力欠佳等方面问题，这就需要辅导员应该从学校培训和自身不断学习中，贯彻党的爱国主义思想，严格地把好思想政治素质的发展方向，建立热爱思政工作的思想，及时转变语言交流方式，以此来推进和加强新时代高校辅导员队伍的建设。①

十九大以来，习总书记提出了用新时代中国特色社会主义思想武装全党的重要理论决策，而高校如何将新时代中国特色社会主义思想渗透到大学生的思想中，将成为当前高校面临的最重要的问题。用中国特色社会主义思想武装学生，要顺应时代发展的潮流，遵循历史的变迁。作为一个大学辅导员，要积极响应总书记的号召，坚持认真学习，引导学生德智体美全面发展，并能以相应的姿态在日常的生活和工作当中去实践。近年来，由于对人才的大量需求，随着大学的不断扩招，进入大学的学生也越来越多，这无疑对高校的管理工作提出了新的挑战。高校所需要的硬件以及软件实力都要有相当大的提升，同时，这些新变化对于在日常生活中跟学生走得很近的高校辅导员也提出了新的要求。随着时代的发展，如何把学生培养成更加全面、新型以及顺应时代发展潮流的人才，这将成为现在以及以后高校培养人才的关键问题所在。而辅导员作为高校学生管理工作的直接工作人员，专门从事学生的思想道德教育及行为管理工作。辅导员应该根据时代的要求及学生的特点，不断提高自身的素质及能力，转变工作方式，更好地开展学生管理工作。

---

① 刘涛，张胜利：《新时代高校辅导员的新要求》，《高校辅导员学刊》2018 年第 10 期。

（二）国家对于高校辅导员职业素质的重视

国家教育改革和发展规划、高校辅导员职能能力标准、高校辅导员队伍建设规定（教育部43号令）等文件中已经有相应明确的要求，辅导员作为教师要在日常工作中不断加强自身思想道德水平，为满足学生在思想道德方面的成长要求提供必要保障。辅导员要走向学生的日常生活，充分了解每一位学生的实际状况，做好学生的良师益友，要以爱国主义和爱社会主义的思想感染学生，带动学生的积极性以及主动性，培养学生的爱国情怀。辅导员要树立先成人后成才的教育理念，要坚持学生德智体美劳全面发展原则，学生是民族振兴与发展的重要参与者，所以辅导员应不忘初心，竭诚为了每一位学生的成长提供必要保障。辅导员要树立坚定的底线意识、遵守社会主义的发展、守正创新、洁身自好、带头抵制社会中的不良习气，要给学生起到带头作用，带领他们学习社会主义的思想与文化。

高校辅导员在日常的工作与生活中要加强思想政治理论知识的学习，辅导员的相应政治高度是判断一个辅导员是否合格的重要指标之一，辅导员是大学生成长成才的指导者和引路人，必须要加强自身的政治素质。高校要在合适的时间组织教师培训，学习最新的教育理念与思想，高校辅导员应该坚定自己的信念，始终将为学生服务这一信念作为奋斗的目标，在日常生活中坚持不懈地提升自身的政治素养。当一些突发事情发生之后，辅导员必须冷静下来，以清醒的头脑去面对问题，才能解决问题，这才是一个辅导员在日常工作中最为难得的。辅导员在日常学习中，要引导学生学会将理论与实践相结合，提高自己专业知识水平的同时，引导学生继续深入探索，将理论知识能够运用于实践，以达到双赢的目的。以先国后家的理念，增强高校学生的爱国主义情怀，努力将学生培育为一名新时代的合格社会主义接班人。

（三）高校辅导员在高校及学生中所应达到的职业道德责任要求

辅导员作为连接学校与学生之间的纽带，在高校的日常工作中，传达学校对学生的要求和学生的反馈意见，这就要求辅导员在消息的传递过程中，尊重学校的安排，能够赢得学生的信任，准确和快速地为学生传递学校的最新消息。

随着时代的发展与进步，现在大学中更多的是年龄较小的学生，他们大都是独生子女，心理相对比较脆弱，这就需要大学中有一个具有更加专业的职业道德水平的人去解决学生问题，这就是辅导员。这个时期很多的高校学生正在慢慢形成自己的人生观、价值观与世界观，① 他们拥有相对较为独立的思想，但心里或多或少会产生一些叛逆的心理，尤其缺乏集体主义思想，这样就给辅导员带来了很多的工作问题。这就要求辅导员结合不同的人去制定相应的教育方针，以大局观为主，充分了解高校学生，培养他们的集体主义精神，让他们懂得自爱的同时，爱家、爱集体、爱社会主义国家。

事实上，辅导员这条道路是任重道远的，学生是我们坚强的后盾，能够得到他们的支持，我们的前进之路才会走得更加平坦稳妥，才能够让我们在辅导员的位置上发挥自身优势，不断进步。辅导员与学生经常进行近距离的接触，是学生日常学习和生活中的良师益友，辅导员要做好学生的心理健康辅导工作。随着时代的高速发展，当代大学生的心理健康问题已经到了刻不容缓的地步。辅导员对于学生了解比较全面，自然心理健康的问题也应该交予辅导员来做。对于辅导员而言，不仅仅要在合适的时期引导学生接受正常的心理健康教育，更要对已经出现心理健康问题的学生尽快进行心理疏导工作，及时使学生打开心结，用更加积极的态度去面对未来的大学生活。当代大学生是以后建设社会主义现代化国家的有用之才，只有有坚强健康的心理，才能够支撑大学生健康成长和为社会主义做贡献并进。这就需要辅导员耐心地与班委之间相互配合，更多地了解每一位学生的心理活动，确保能让每一位学生都能够成人成才，达到社会主义的预期目的。

（四）高校辅导员在职业发展中自我提升的需求

随着大学的扩招，越来越多的学生进入了高校校园当中，这样就需要更多的辅导员参与到高校教育事业中来。辅导员工作普及化以及年轻化的发展方向，使辅导员日常的工作更便捷，更具有活力，但相对而言很多刚毕业的辅导员的教育经验不足，在思想上还未从学生转变过来，甚至还存在对日常工作意识不够强、对在工作中所需要的政治思想与专业知识并不达标的可能性，这就需要辅导员能够在工作与生活之余更加努力地去学习相关思政知识并能合理运用它们，将自己原先的知识与新学的内容更好的结合，贯穿到工作中去。辅导员可以从高校组织的职业道德教育培训中去学习，逐步提升自

---

① 朱江：《高校辅导员立德树人的内涵与任务论析》，《辽宁大学学报（哲学社会科学版）》2018 年第 3 期。

身的理论知识，这样才能够运用于实践，最终达到以政治修养、敬业精神以及育人理念三位一体的教育品质。辅导员应该用一颗求知的心去学习，从前辈的手中接过这一伟大的旗帜，努力学习，自我完善，以人为本，做到从学生中来，到学生中去，自觉加强辅导员的思想政治教育以及职业道德的建设，以培养出更好的品质，去应对现代高校建设过程中面临的新挑战。俄国教育家乌申斯基曾经关于教师道德的论述对世界整体教育的发展进步有重大影响。在乌申斯基的观点里，他认为教师的职业信念和个性品质是所有教育进行的基础以及背景，他说："一个人信念的力量是无穷无尽的，只要树立不断发展的教育理念，才能有助于坚定职业信念的形成。"因而作为高校辅导员，就要用自己强大的职业信念与个人魅力去潜移默化地影响学生、感染学生，从而达到提高学生思想素质教育的目的，尽到一个辅导员应尽的职责。当前我国高校的辅导员的发展基本有两条路线，一种是辅导员通过自身的不断奋斗，丰富自己的思政知识基础，来提高自己的学历，从而能顺利转入课任教师行列，进行专业课程的教学；还有一种就是在辅导员岗位上认真工作，兢兢业业，最终能以优异的工作成绩通过学校和学生的考核，转入行政部门继续任职。

四、辅导员应遵守的职业道德标准

每一位辅导员选择了这个行业，就应该遵守作为一个合格学校辅导员的职业操守，自觉提升自己的职业道德品质，加强对专业知识的学习，升华自己的政治思想水平。① 更多地了解职业道德的内容，并能在生活和工作中去实施，也要更快地转变自己的观念，避免出现对工作的抵触心理，更好地服务于广大学生，积极参加到高校学生日常的教育工作中去，舍己为人，真正做好服务于社会、学校、学生，这样才能显现出一个高校辅导员师德水平的高低。

（一）坚定政治方向，坚守廉洁自律

在新的时代，党和国家对教育的发展提出了新的要求，对教师如何能对

---

① 江卫平、蒋莉萍：《高校辅导员队伍专业化建设的几点思考》，《思想·理论·教育》2005 年第 S1 期。

学生进行更好的教育，提出了一些全新的观念。自从党的十九大以来，教育界通过学习以习近平同志为核心的党中央所提出的关于高校发展的意见，明确各高校要积极配合与践行新思想和新文化，因而高校辅导员也要在党中央树立的总目标下，坚决破除各方面的弊端，在新时代下将改革开放的思想融入教育的方方面面。广大辅导员要通过学习习近平同志关于全面深化改革的重要思想，在教育的改革中贯穿新的时代特色，在新时代随着国家相关律制机制的完善，教育发展达到新的历史高度。在教育事业中，推进全面深化改革要依靠学生与老师相互配合，在学校发展改革中必须尊重学生、尊重实践、尊重创造。辅导员必须关注学生生活中的方方面面，把目标聚焦到一切为了学生、一切依靠学生，在平时工作中辅导员要与学生互相配合，依靠学生，与学生共同描绘大学生活的美好篇章。习近平总书记在全国教育大会讲话中指出："培养什么人，是教育的首要问题。我国是中国共产党领导的社会主义国家，这就决定了我们的教育必须把培养社会主义建设者和接班人作为根本任务，培养一代又一代拥护中国共产党领导和我国社会主义制度、立志为中国特色社会主义奋斗终身的有用人才。这是教育工作的根本任务，也是教育现代化的方向目标。"① 毫无疑问，作为新一代的辅导员，应该要有相应的政治觉悟，合理安排好自己的日常工作与生活，把工作重心放在立德树人、育人育才这个根本使命上。在高校学生的学习生活当中，辅导员充当着引路人这一关键的角色，这就需要辅导员明确自己肩上的重任，切实出发，做好学生的思想教育工作，树立良好的师德形象，通过日常过程中与学生的接触，充分地了解每一位学生，做好大学生的心理健康教育。

"教风决定学风，师德决定教风"。习近平总书记在"三严三实"讲话中提到"既严以修身、严以用权、严以律己，又谋事要实、创业要实、做人要实"。当前我国正在全面建成小康社会的关键阶段，辅导员要自律自主，不被眼前利益驱使，始终坚持自己的信仰，以身作则，让教育事业如春日暖阳，干净明媚。

（二）自觉爱国守法，创新知识体系

徐特立曾说："人民不仅有权爱国，而且爱国是个义务，是一种光荣。"

---

① 新华网：《习近平：坚持中国特色社会主义教育发展道路　培养德智体美劳全面发展的社会主义建设者和接班人》，2018 年 9 月 10 日。

高校辅导员作为中华民族的儿女，必须把爱国主义思想作为首要的思想。爱国，不仅是一种思想，更是一种情怀，在祖国面临危难之际，辅导员要为祖国忧心，施以援手，勇往直前。当辅导员怀揣一颗爱国的心去向学生传达爱国主义的优秀品质时，爱国主义热流便在潜移默化间奔涌入学生的血液，延绵不绝。守法，是要守住一种社会的规范，高校辅导员应该履行自己的教师职责，全面贯彻国家所规定的教育方针，自觉遵守教育的法律法规。

高校辅导员在授课过程中，除了传统的课程教育，以及组织各种线下活动外，辅导员还应该站在为党育人、为国育才的爱党爱国高度，借助互联网和新媒体在日常的教育工作中融入新的思政工作和活动元素。互联网的发展极大地促进了信息共享，使得学生不仅可以迅速地获取、筛选各种信息，开阔视野，而且打破了地域和时间限制，这样可以让辅导员更好地与学生进行交流和互动，有效地促进大学生的个性化发展。

习近平总书记在全国高校政治会议上提出："要大胆合理的使用现在的互联网新媒体来增加工作的多样性，推动思想政治教育与互联网相结合，这样可以增强活力并具有吸引力"，相对于其他教育方式来说，互联网作为新型媒介，拥有其他方式无法比拟的效果，它具有速度快、信息量大、形象生动等特点。同样，辅导员工作也可以适当借助互联网开展网上公开课、形象的动态模拟、网络公益以及各种心理测试等多种方式，这些方式在一定程度上能够调动学生的主动性和参与性。互联网对学生的影响不只有利，还有弊端。辅导员应该客观地看待互联网的作用，引导学生认识到互联网的潜在威胁，保持主观意识，避免盲从。

辅导员应该具有超前的眼光与意识，紧紧抓住信息时代所带来的便捷教育方式，大胆合理地运用新媒体媒介来增加日常教育的便捷性，调动学生学习的积极性，尽快提升他们对马克思社会主义的学习兴趣和能力，提高他们的心理健康水平。辅导员在带领学生接受新型的文化教育时，也不能忽视互联网安全教育，让学生积极利用互联网去学习、去创新。辅导员要合理运用互联网去丰富高校学生的日常生活，利用互联网去发挥他们的爱国主义情怀，传播新时代的正能量。① 高校要创新辅导员的发展路径，让辅导员找到合理的

① 冯刚：《提升新时代青年问题认识水平 增强辅导员解决问题工作能力》，《学校党建与思想教育》2019 年第 3 期。

方式与学生在互联网上互动交流，要以辅导员职业道德品质的原则以及相关规范为目标，必须提高高校辅导员的新媒体运用技能，增强他们的政治意识、大局意识、核心意识和看齐意识这四个意识，使他们成长为正能量的网络“意见领袖”。

（三）清晰自身定位，积极奉献社会

辅导员作为大学生大学生活中亦师亦友的特殊存在，要切实参与到高校学生的日常生活当中，与学生保持亲密的关系，不能因为平常事务的杂乱而忽视学生的日常教育问题。高校学生是未来建设社会主义现代化国家的栋梁之才，辅导员是他们的引路人，这就更加需要辅导员加强日常的思想教育以及政治教育，建立合理的班委队伍结构，使班委成为辅导员的贴心帮手，通过班委随时掌握每一位学生的日常动态，并经常对班委进行培训和合理的监督。辅导员要对学生日常生活与学习当中出现的问题作出解答，眼光放长远，对于未来要做好规划，真正做到未雨绸缪，从而争取小我带动大我，做到整体提升。① 辅导员在日常的生活与工作中应该及时发现问题，解决问题，对于自己工作上的失误要做好反思，避免在以后的工作中发生类似的错误。② 辅导员应该经过各种渠道的学习，更深层次地提高自己的工作能力和道德水平，随时随地给自己充电，为以后的教书育人打下坚实的基础。辅导员应该经常反思自己是否以合理恰当的方式去教育当代高校学生，高校辅导员的工作是一个不断积累的过程，而在积累经验的路上总会发生一些自己无法解决的问题，这就要求高校辅导员长期不断反思与总结，虽做不到吾日三省吾身，但是也要在工作和生活中经常性自我反思，也正是这种经常性的自我总结才能提高辅导员的综合素质，这样才会距离成为一名合格的现代化辅导员越来越近。

在日常的工作中辅导员要辨清方向，带领学生走在正确的轨道上，通过自己的一言一行来影响广大的学生，从而带动学生德智体美劳整体全面地发展。辅导员应该始终将自己的社会主义信仰放在心中，牢记自己的育人使命

① 张向战：《辅导员工作对大学生思想道德形成的影响力研究》，《思想教育研究》2008年第12期。

② 刘培军、牛亏环：《高校辅导员专业道德内涵特性及其提升路径》，《成人教育》2013年第9期。

与职责，以立德树人、服务社会主义国家和高校内涵式发展为己任，在全面建成小康社会和国家复兴的征程上，展现光辉的职业道德品格，作出自己应有的贡献。

（四）潜心教书育人，传播优秀文化

辅导员作为大学生日常思想教育的核心力量，必须明确自己的责任和义务，坚决履行党的基本方针与路线，与高校达成共鸣，树立成为合格辅导员所努力的方向及目标，统筹兼备地为之做出贡献。

辅导员应从基层开始，带领班干部队伍构建良好学风，对每一位高校学生进行思想政治教育与心理教育，为建立班级良好的氛围而奋斗。辅导员队伍中的人专业水平参差不齐，就更需要辅导员严于律己地提高自己的思想觉悟与专业素养。在高速发展的新时代，辅导员必须与时俱进，学习最新的知识，准确传达最新的思政工作理念，树立终身学习的意识。① 在日常的生活中，辅导员应该有特色地针对特殊的人群制定相应的方针，在当今“90后”为主体的大学生中，集体荣誉感较差，这就需要辅导员与班委会队伍上下一心，不断地探索前进，培养学生集体荣誉感。

既然选择成为一名大学辅导员，就应该悦纳成为一名辅导员所带来的荣誉感和所要承担的责任，面对高速发展的社会，辅导员有必要接纳一切新事物，并用独特角度的思维方式去选择有价值、有意义的信息，取其精华，弃其糟粕，为学生择出有价值的信息。面对越来越年轻化的大学生主体，辅导员必须要以理论与实践相结合的方式，去应对与时俱进的现代大学生发展状况②。这就要求辅导员在日常的生活和工作中紧抓知识储备，提升自己的文化知识水平，热爱高校广阔的发展平台，正视学生的思想政治与心理健康的教育。作为一名合格的辅导员必须拥有与时俱进的责任心以及服务于广大学生的事业心，甘于奉献，一心教书育人。有侧重地培养学生从德智体美劳各方面的全面发展，脚踏实地地按照学校的培养目标以及辅导员指定的计划进行相应的教育教学，以提升学生的政治思想教育以及心理健康为目的，有计划地展开一个合格辅导员的工作。曾经有位很优秀的辅导员说过一句话：“将辅

① 李应建：《辅导员伦理精神培养初探》，《学校党建与思想教育》2010年第20期。
② 叶冲、王小丁：《育人为本理念下高校辅导员职业道德评价》，《四川理工学院学报（社会科学版）》2012年第4期。

导员工作当作自己的事业来做，我们就有事业；将辅导员工作当作自己的快乐来做，我们就有快乐；将辅导员工作当作自己的价值来做，我们就有价值。”作为一名合格的大学辅导员，就必须以大学生的思想政治教育为主线，教书育人，完成一个大学生正确价值观树立过程中的领路人所应完成的各种任务，做一个有价值的人。①

（五）遵守工作规范，确保公平公正

辅导员应该明确自己的工作任务，制定合理的工作计划，严格按照国家、高校、学生发展的要求来展开工作。在日常生活中，及时更新自身知识体系，协助高校的管理人员，为建设新型高校而努力。除此以外，辅导员工作最重要的一点是要满足学生发展需要，辅导员可以通过班委会队伍以及与学生之间的沟通来关注学生的日常生活动态和思想健康，积极主动地走近学生，了解学生，督促学生培养良好的生活习惯。同时，组织健康有益的团体活动，与学生深入交流，培养学生的合作精神以及活动组织能力，使学生能够更好地融入班集体，更快地适应新环境，辅导员要了解所有学生的情况，才能更加顺利地展开相应的工作。

辅导员作为日常生活中与高校学生走得最近的群体，就需要了解学生的家庭背景，做好经济困难学生的助学工作，为家庭困难的学生做好一切保障，努力做到公平公正，并且尽可能地为学生提供勤工助学的信息和渠道，培养学生对勤工俭学的主动意识，从而有效地推进贫困助学工作，使得每一个学生都能顺利地完成学业。大学生就业问题也是辅导员一项至关重要的工作，有效地开展就业指导课程，让学生了解当前的就业形势，并做出合理的职业规划也是十分有必要的，辅导员要帮助学生树立合理的就业观，避免因为对就业形势的盲目、对自己定位的不准确而导致就业困难，辅导员应该帮助学生树立警惕意识，做好相应的信息服务工作，为学生提供一个相对安全的求职平台。

（六）关心爱护学生，秉持诚信原则

建立良好的师生关系对于辅导员与学生的发展与成长是息息相关的，建立亲密和谐的师生关系可以使学生的成长更加精彩，并能减轻辅导员在日常工作中的压力，良好师生关系对于辅导员和学生的发展都起到了积极作用，

① 吴金洋：《高校辅导员考核体系优化问题研究》，北京化工大学学位论文，2010年。

使得两者在日常的工作与学习当中更加享受。因为刚上大学的学生大部分的心智并没有发育完全，所以在建立良好的师生关系过程中，辅导员应该侧重对学生各方面问题的考虑，要协助学校做好学生的安全防范工作，帮助学生树立正确的价值观、人生观、社会观。大学生接触到的信息纷繁复杂、良莠不齐，如何让学生用理性的眼光看待事物、筛选信息，需要辅导员正确的引导和帮助，定期进行学生工作的调研，并积极组织大学生焦点问题与学生进行探讨交流，深化大学生的思想教育，防止学生极端思想的形成，《普通高等学校辅导员队伍建设规定》中指出，辅导员还应该具有应对校园危机事件的能力，临危不乱。当然，高校在此过程中首先要保障辅导员的日常生活，为他们提供相对优质的工作环境和合理的薪资待遇，制定相应的政策，让他们可以把所有的精力都投入学生的日常教育以及自身素质的提高上，这样才能更加体现出一个辅导员的责任心与事业心。

在与学生建立良好的关系过程中，诚信是不可或缺的，在辅导员与学生的日常行为中，诚信可以作为衡量辅导员与学生之间关系是否亲密的重要准则，对相应的事情作出选择，要言行如一，诚心实意地与对方交心，辅导员应该为人师表，在面对大学生时以广阔的胸襟去包容他们，只有这样才可以更充分地了解学生心理是否有问题，对症下药。千里之行始于足下，学校的诚信教育必将影响学生的家庭方面的诚信，进而会影响到学生步入社会后是否做一个诚信的公民，所以说，辅导员的正确引导是高校、家庭与社会发展之间的重要一环。辅导员应该加强系统化的学校诚信教育，以学生为主展开各项道德实践引领工作。①

高校辅导员在日常工作中侧重于大学生的思想政治教育，以先成人后成才的教学理念，建立高校良好的工作氛围，真正走进学生的日常生活并且和他们打成一片。高校辅导员应该贯彻自己亦师亦友的教育方式，既可教书育人，亦可谈心解惑。所以这就需要辅导员拥有极其坚实的思想道德素质知识基础，能掌握好实施思想教育的力度和尺度，因地制宜。

---

① 高媛媛、汪贻洋：《高校辅导员正性道德情感刍议》，《思想政治教育研究》，2014 年第 6 期。

第十二章

校园文化对学生思想道德促进作用研究

校园文化是大学在长期办学过程中沉淀而成的恒久的、共同的价值追求，是对大学办学传统、治学风格、师生风貌的一种集中体现、高度凝练和概括，是大学文化的内核和精髓所在，贯穿大学建设发展的全过程。其中，大学精神是校园文化的灵魂和引领。美国著名的教育家弗莱克斯纳认为："在保障大学的高水准方面，大学精神比任何设施、任何组织都更有效。"校园文化集中体现在校训、校风、校歌、校徽、学风以及发展战略、人才培养目标、管理服务理念等多个方面。当前，加强学生思想道德的重点和核心之一即是培育校园文化，力求将校园文化建设贯穿高校人才培养、科学研究、社会服务、文化传承创新等各个方面，融入教师、学生、干部、后勤员工等各个群体中。

校园文化是大学文化的重要组成部分，是高校师生践行"全过程育人、全方位育人、全员育人"的宗旨，在不断的工作实践中所创造的，并且为高校师生普遍认可和遵循的价值取向、工作作风、行为规范和思维方式的综合及凝练，是确保高等教育事业向前发展的精神动力和灵魂源泉。

校园文化对高校学生思想道德建设具有重要影响，其导向规范、凝聚激励、熏陶感染等功能对高校学生思想道德建设具有培育与塑造作用，能够促进和引领高校学生思想道德的建设与发展，贯穿高校学生思想道德建设与发展的始终。从某种意义上讲，塑造良好的学生思想道德与培育高校校园文化是一脉相承和谐统一的，唯有深刻认识校园文化建设对高校学生思想道德建设的重要价值意义，并在实践中加以积极有效的运用，才能促进校园文化建设效果的有效传承、应用和创新，切实推动高校学生思想道德建设持续健康发展。

一、校园文化对加强学生思想道德建设的重要价值

目前，国内部分高校正在探索建立符合社会主义办学方向、丰富多元、深受学生喜爱的校园文化体系，这势必带来校园文化建设观念的更新和工作方式的变革，有利于提供多元服务、促进开放互动、调动师生参与，有利于实现管理方法上的统筹、发展模式上的融合、服务内容上的互补。这种在高等教育发展突飞猛进背景下的尝试和探索，能否实现既定的改革目标，达到既定的改革效果，关键校园文化建设要与学校发展命运与共、目标一致、深度融合，校园文化要与大学文化建设一脉相承、有机融合，校园文化建设目标要与高等教育事业发展定位紧密相连、和谐统一，本质是立德树人。概而言之，整个探索和实践过程，体现的是对文化、价值和目标的认同和践行，本质是对校园文化建设的遵从。

（一）校园文化的导向规范功能对高校学生思想道德建设具有培育与塑造作用

校园文化建设对大学发展具有导向和规范作用。作为一种无形地传承下来的精神介质，校园文化建设具有较强的稳定性、持续性、引领性和穿透性，能够客观真实地彰显大学的办学文化、办学风格和办学气质，对师生员工的心理、思维和言行都会产生潜移默化的影响，贯穿到师生员工精神生活的各个方面，在形成正面积极的个人价值观、树立正确的社会价值导向和构建崇高的精神世界为师生员工提供引领，是培养其良好的行为规范、引导自身言行的内生动力。这种作用具体表现在大学的规章制度、管理服务、校风学风、教学科研等各个领域，影响大学办学思路、发展方向、学术规范的构建，决定良好师德师风和校风教风学风的形成。

高校学生思想道德建设要从校园文化建设的规范导向功能中汲取营养和力量，使其这一特性在学生思想道德建设实践中得以检验，并在学生思想道德建设实践中得以丰富和发展。实践证明，校园文化建设规范导向功能的实现和产生，必须深深融入具有独立自我意识的师生员工之中，内化为师生员工的主观意识、价值判断和外在言行。只有校园文化建设成长为师生员工下意识的思维表达和情感牵引，转化为师生员工意识层面的诸多因素时，才能对师生员工的现实表现和言行举止产生举足轻重的影响作用，成为一种心理

和行为的定式及条件反射。所以，学生良好的思想道德水准作为学校人才培养目标之一，在从第一课堂、第二课堂、辅导员和专职思政队伍等多个方面共同发力、构建立体化的综合育人体系、形成工作合力的过程中，必须认识到，这些方面的协同和建设能否产生预期效果，很多程度上也取决于校园文化建设对高校学生润物细无声的规范和指引。

从另一个层面讲，高校学生身处大学校园之中，势必不可避免地受到校园文化建设的影响，其精神状态、工作效率、服务态度直接反映校园文化建设的规范导向效果。当前，我国高等教育已由规模和数量为特征的外延式发展过渡到注重公平和质量的内涵式发展上来，正在统筹推进世界一流大学和一流学科建设。“一流大学不仅是一个传播知识、培养人才、进行科学研究以及服务社会的场所，它更是一个文化的殿堂，追求真理的堡垒，引领社会的轴心机构，守望人文精神的家园。”一流大学建设必然要以一流的校园文化为支撑，这就要求我们以校园文化建设为引领加强学生思想道德建设，通过培训等方式将大学的理念变成学生的理念，将大学的信念变成学生的个人信念，变成学生的一言一行，提升高校学生的思想道德水准，增强其成为堪当民族复兴大任的时代新人的责任感、使命感，使校园文化建设的规范导向功能在学生思想道德工作中得到充分的阐释和彰显。

（二）校园文化建设的凝聚激励功能对高校学生思想道德建设具有培育与塑造作用

校园文化建设对大学发展具有凝聚和激励作用。校园文化建设作为精神和价值层面的综合体，具有无穷的激发力量，可以转化为师生员工的内在基因，影响师生员工的价值判断和行为选择，激励师生员工向上向善、追求真理、效法先进、探索未知世界，不断在实践中历练成长升华蜕变。与此同时，校园文化建设是一个和谐的统一体，能够将具有不同思想、国籍、文化背景、学习经历、工作经历的师生员工聚合统一到学校的发展目标下，求同存异，协同创新，在大学悠久的发展历史中升华为一种强大的凝聚力和战斗力，共同促进大学事业健康有序发展。

校园文化建设凝聚和激励作用的产生和出现，一个重要原因是校园文化建设既是高校历史文化的积淀，又是时代精神的升华，与时俱进、与时俱新使其永远保持先进性和吸引力。比如，柏林大学创始人洪堡认为，教育就要为人们自由地创造研究、自由地学习的条件，他的新人文主义精神在大学教育中的体现就是学术自由精神，即研究自由、教学自由和学习自由精神，这种学术自由精神一度成为大学人才培养的基本理念。斯坦福大学的校训即是"让自由之风劲吹"。在国外，许多著名大学骄傲的不是学校出了几届总统，而是培养了多少学术大师，这种自豪感鲜明地体现出了学术自由的风气，体现出了国外大学的校园文化建设。直到今天，英国的牛津大学、剑桥大学，美国的"常青藤联盟"等大学，都是大学崇尚学术自由的典范。校园文化建设既来源于历史传承，同时又不断汲取时代养分，中华民族的优秀传统历史文化是我国校园文化建设取之不竭的植根沃土，校园文化建设在传承与创新中不断发展完善，并被时代赋予新的内涵。同时，校园文化建设也与高校自身的发展历程紧密相连，与国家民族命运和时代变迁密切相关，与经济社会发展同向同行、同频共振，综合汇聚了方方面面的优质营养。如，东北大学的校训"自强不息、知行合一"，其中"自强不息"出自《易经》中乾卦的象传，其词云"天行健，君子以自强不息"，"知行合一"是第一任校长王永江在首届学生开学典礼时题写的校训。1928 年，身负国仇家恨的张学良成为东北大学第三任校长，他在对学生讲话时说："我很希望诸君，要坚定了志向，各用自己之所学，全国学者都能如此，则中国自强矣。"自此，"自强不息、知行合一"便成为东大师生薪尽火传的信念与理想。这一精神内核也充分反映出东北大学是一所具有爱国主义光荣传统的大学。

在学生思想道德建设建设过程中，要充分挖掘和发挥校园文化建设的凝聚激励作用，增强高校全员的育人意识，提高育人工作整体协同性、统一性。实践证明，高校学生思想道德建设需要极强的文化塑造，高校从校容校貌到师生精神状态，从管理水平到服务质量，都体现了校园文化建设的积淀，都体现了校园文化建设的辐射。推动高校学生思想道德向更高层次发展，必须以校园文化建设的凝聚激励功能为引领加强学生思想道德建设建设，把注重以人为本、加强学生理想信念培养和发扬人文关怀作为校园文化建设的重点，把加强为党育人、为国育才，打造爱岗敬业、诚实守信的工作作风作为校园行为文化，把见贤思齐，党员干部率先垂范、以身作则作为校园榜样文化，增强高校事业的向心力、号召力和凝聚力，强化高校教师的职业归属感和荣耀感，使高校教职工充分体味大学作为高层次人才培养的殿堂的特殊性，将其个人发展主动融入高等教育事业、融入学校发展，激发其做好本职工作的自觉性、主动性。

当前，我国经济处于推动“中国制造向中国创造转变、中国速度向中国质量转变、中国产品向中国品牌转变”的新阶段，呈现出中高速、优结构、新动力、多调整为主要特征的新常态。这种时代特征的变化对高等教育的影响是明显的，高校综合改革的步伐将不断加快，广大师生对校园文化建设的要求也将越来越高。传统校园文化建设方式已经远远不能满足师生员工的现实需要，必须顺应时代发展进行自我革新，充分利用现代信息技术手段建设“数字校园文化”，吸收借鉴社会化企业的先进运营经验，建立标准化的质量管理和考核评价体系，加强对校园文化建设工作的理论研究和实践探索，不断提升校园文化建设的质量和效率。保障这些举措的有效实施，前提是从意识层面提升高校教职工的认知水平，从文化层面认知立德树人的真谛，从校园文化建设的高度激发向上的动力，所有这些都有赖于校园文化建设凝聚激励作用的发挥。

（三）校园文化建设的熏陶感染功能对高校学生思想道德建设建设具有培育塑造作用

校园文化建设对大学发展具有熏陶和感染作用。某种意义上讲，校园文化建设是“时空的函数”，具有时间性、空间性和特殊性。校园文化建设在时间的推移和自身不断建设、积淀的过程中，对大学及其综合环境实施影响、融合渗透、生发效能，营建起一种特色鲜明、产生辐射的强大的校园文化建设场，形成独具特色的文化氛围和场域环境，熏陶和感染师生的价值观养成、思维判断和行为表达。可以说，校园文化建设场是校园文化建设的一种存在形态和特殊精神文化生态圈，是探测校园文化建设轨迹与效果的“能量函数”，校园文化建设的方向决定校园文化建设场的方向，校园文化建设的力度决定校园文化建设场的强度。在校园文化建设的指引下，师生之间也可以互相促进、相互影响。教师身上良好的师德师风、严谨求实的治学精神、开放包容的学术氛围、孜孜以求的研究态度，都在悄无声息地感染着学生，影响着学生，培养着学生。同样，学生的创新求变意识、对新生事物的迅速接受能力、对知识的不断渴求、对未知世界的好奇和探索，也都以无言的方式反馈给教师员工积极的信息，督促他们不断学习进步成长。

高校教职工担负着“管理育人、服务育人、环境育人”的重要作用，对学生产生着巨大的心理意识影响，潜移默化地熏陶、感染着每一个学生。在学生思想道德建设过程中，要深刻认识校园文化建设的这种熏陶感染作用，将其精髓植入高校点点滴滴的工作中。高校校园文化建设是学校人才培养、科学研究、社会服务、文化传承创新等工作的重要保障，广大师生是其主要服务对象，这一有别于社会其他文化的独特属性决定了高校校园文化建设工作是立德树人的重要组成部分，是全方位育人的重要环节，对于培养中国特色社会主义事业合格建设者和可靠接班人意义重大。高校教职工无论是不是上讲台的老师，其一言一行也在影响、熏陶、感化学生，激发学生形成良好的品质，健康成长成才。因此，要以校园文化建设的熏陶感染功能为引领加强学生思想道德，强化高校全体教职工的主人翁意识和荣誉感、责任感、使命感，使其明晰和认同自己是大学教育的重要组成部分，深刻认识自己所面对对象的特殊性，实现服务从被动到主动的转变，通过自己在管理服务过程中的言行和业务素质，让师生感受校园文化建设的滋养，接受大学全方位立体化的教育。

需要特别指出的是，校园文化建设不仅是精神层面的存在，更是可以通过建筑景观等进行的客观表达，其熏陶感染功能的实现一定程度上依赖校园建筑景观的帮衬。因此，大学的建筑不应仅仅满足居住生活和教学科研等共性需要，还需要充分彰显校园文化建设的意蕴，体现校园文化的弘扬和传承，充分浸润和反映大学的历史文化，努力做到古典与现代、自然与人文、科学与艺术的兼容并蓄。“一个具有文化魅力的校园环境必须要布局规划合理，注重整体校园建筑风格的配合及校园内各种环境因素的有机融合。”在建筑教学楼、图书馆、校史馆、博物馆、实验楼、音乐厅等校园景观的过程中，要能让师生员工从这些建筑物身上，感受到大学校园是探索自然、探索社会、探索人生的场所，能够给人以智慧和力量，能够彰显大学的精神和定位。

不可忽视的是，高校党组织和广大党员是发挥校园文化建设的功能作用、培育塑造高校学生思想道德建设的重要力量，是高校先进学生思想道德建设的倡导者、示范者、推动者、创新者。要按照全面从严治党的要求，充分发挥好后勤党支部的战斗堡垒作用和党员的先锋模范作用，与“学习型、服务型、创新型”党组织建设相结合，注重运用互联网等新技术新方法，提高高校党组织政治引领的有效性和吸引力，通过专题教育活动开展等多种方式，强化高校党组织服务改革、服务师生、服务党员的能力和水平，构建与立德树人根本任务相适应的党建工作机制，统筹推进高校学生思想道德建设。

校园文化建设是大学的独特气质和风格，是大学区别于其他物质形态的主要特征，是大学事业源远流长持续发展的精神力量。校园文化建设的导向规范、凝聚激励、熏陶感染功能，是相辅相成、密不可分的有机整体，三者相互作用、相互促进，相应的其对学生思想道德建设的影响也必然是综合的、统一的。以校园文化建设为灵魂引领，通过系统性、协同性、前瞻性的举措加强学生思想道德建设，探索模式多样、协同创新、资源共享、形成合力的学生思想道德建设体制机制，必将有效规范管理服务行为，提升管理服务水平，涵养学生思想道德建设，让所有高校育人要素的活力竞相迸发，引领高等教育事业持续健康发展。

二、辅导员在校园文化建设中的作用发挥

校园文化既不能独立存在，又具有无处不在的隐性特点，潜移默化地对师生产生着影响，促进师生的成长与提高。作为大学文化的重要组成部分，校园文化深刻影响着一所学校的校风、教风与学风的形成，对学校的和谐发展起着重要的促进作用。在校园文化建设中，高校辅导员因为扮演着学生的教育、指导、管理与服务的特殊角色，承担着学生就业发展、思想政治教育、日常生活管理等重任，成了学生思想政治教育的主力军，正发挥着不可替代的重要作用。正确认识辅导员在高校校园文化建设中的角色与职责，不仅能够帮助辅导员更好地做好本职工作，履行工作职能，更是高校培育高水平校园文化建设队伍的战略要求。习近平总书记在全国高校思想政治工作会议上曾强调，“教师是人类灵魂的工程师，承担着神圣使命。传道者自己首先要明道、信道。高校教师要坚持教育者先受教育，努力成为先进思想文化的传播者、党执政的坚定支持者，更好担起学生健康成长指导者和引路人的责任。”辅导员在高校校园文化建设中具有推动学生整体素质的提高、调动学生弘扬校园文化积极性的推动作用。因此，在校园文化建设中，明晰并梳理高校辅导员的角色和职责，重视他们在这一过程中的主要推动作用，对促进校园文化建设、加强立德树人、推进高等教育事业的发展具有重要意义。

（一）辅导员参与校园文化建设现状与问题分析

辅导员是大学思想政治教育工作的骨干，是大学生的指导者、领路人和知心朋友，对保证高等教育事业持续健康发展发挥着不可或缺的重要作用。加强和改进高校大学生思想政治工作，努力培养和造就一支素质高、业务精、深受学生喜爱与认同的高校辅导员队伍，对新形势下人才培养、校园文化建设具有重要而深远意义。正确地认识辅导员参与校园文化建设的现状与问题，也能够更好地发挥辅导员的作用，完成校园文化建设。

1. 辅导员参与校园文化建设现状

我国高校辅导员采用专职为主、专兼结合的方式配备。就目前而言，高校的辅导员队伍建设正呈现出学历高、队伍构成年轻化、专业背景多元化等特点，因此，辅导员具备在校园文化建设的理论与实践方面发挥重要作用的素质与能力，也必将在这一过程中发挥重要作用。他们既研究校园文化建设的理论支持，更要参加校园文化建设的实践执行。理论来源于实践，又指导着实践。

辅导员参与校园文化建设理论研究的工作。科学的理论因其能够透过事物表象抓本质，明晰事物内在联系，把握事物之间的规律，故而能够更好地预见事物发展方向，对实践有着较强的指导作用。辅导员参与校园文化建设的基础工作，就是加强对于校园文化建设的相关理论研究，必须注意在理论研究过程中，一定要做到坚持以马克思主义为指导和坚持社会主义办学方向，全面贯彻落实党的教育方针及立德树人的根本任务，切实加强和改进高校思想政治教育，培养新形势下全面发展的社会主义合格建设者和可靠接班人，助力中华民族伟大复兴的中国梦的实现。

辅导员参与校园文化建设实践的工作。实践出真知，它也是认识的最终目的与落脚点。进行校园文化建设的理论研究，就是为了推动校园文化建设实践工作的开展，而校园文化建设实践工作的开展，更是为了将校园文化落到实处，切实地服务立德树人的根本要求。辅导员通过实践活动的开展，增强在校园文化建设中的实干精神，将理论研究投入校园文化建设的实践中。校园文化建设中的实践，主要指辅导员精心组织设计的包括社团活动、科技学术活动、文体娱乐活动等一系列内容丰富、形式多样的校园文化活动的开展。在活动中，辅导员要真正将理论研究应用于实践，并注意在活动后积极听取学生的意见反馈，去验证总结理论研究的正确性。

辅导员参与校园文化建设新媒体探索的工作。高校辅导员的工作环境是一个开放、交流的系统，在社会迅速发展，受时间、空间界限越来越模糊的时代喜爱，科学技术尤其是网络技术的进步成了人们跨时空交流的工具，扩大了人与人交往的空间，降低了交往成本，高校辅导员的工作环境在更大程度上表现其动态性的同时，也呈现出日益复杂多变的特征。如何更好地利用信息化时代的新技术进行校园文化建设，是辅导员应当着重思考的问题。目前，在校园文化建设过程中，有些辅导员通过微信、QQ 等新媒体交流平台建立了微信群、QQ 群，还开通了公众号、微博等平台，展示校园文化建设成果，宣传校园文化建设。

辅导员对于校园文化的理论探索、实践工作以及新媒体探索工作的具体贡献是不可磨灭的，辅导员对于学生的建设性影响，也体现着辅导员队伍自身水平的提高。

2. 辅导员参与校园文化建设的问题分析

辅导员参与校园文化建设的过程中，在理论研究、活动实践以及新媒体建设探索方面取得了一定的成绩，但是仍然存在一定的问题。

主观认识不足，忽视校园文化建设。认识服务于实践，并且指导实践。辅导员只有全面、深刻地认识校园文化建设的内涵，才能够在自己的岗位上，为校园文化建设贡献自己的力量。但是，受文化认知结构、发展理念、政绩观等多方面的影响，在有些辅导员看来，自己的工作，就是避免学生出事，保证学生能够顺利平安地毕业。即使开展了一些校园文化活动，也只注重其所表现出的娱乐性和活跃性，而在活动组织设计环节即对活动开展目的及其本身蕴含的教育意义认识不清。与此同时，有些校园活动品味不高，注重普及而忽视提高，侧重满足需求而引导升华不够，这些现象都归结于辅导员对校园文化建设缺乏清楚的认识。校园文化建设，是一个动态发展并不断创造的过程，它仅存在于校园内，并以满足师生日益增长的文化需要为目的。

把校园文化建设局限在学生事务管理和思想政治教育上。文化是一种精神环境，重在熏陶、平衡和协调。在高校，日常思想政治教育、学生成长发展指导、校园安全稳定等辅导员日常工作既琐碎又繁杂，甚至有些辅导员还要承担一定的教学科研任务，这些都大量挤占了辅导员的精力，使其无法潜心于校园文化活动的指导与设计，不得不在实践中将校园文化建设局限于学生事务管理上，片面强调各项行政工作任务的安排与落实，把校园文化建设等同于各类活动的举办，当成了管理学生的抓手。在某高校针对全体学生进行的校园文化建设相关抽样调查显示，90% 以上的受访学生认为校园文化能够起到激励思想和规范行为的作用，但是，其中约有 42% 的受访学生认为校园文化活动在一定程度上影响知识传授。此外，校园文化建设的又一错误认识在于将其与大学生思想政治教育画等号，在育人观念上仍旧停留在“又专又红”层面，并未对历史积淀、学校办学方向和全体师生在文化中所起到的作用给予足够重视，没有将专业、师资和课程当成紧密联系的统一体。由于长期对校园文化建设认识的片面和僵化，未能充分发挥其应有的主导作用。

校园文化建设中功利意识和娱乐化倾向突出。功利主义教育，轻视过程，是一种急功近利地追求教育短期结果的短视行为。在这种观念的影响下，学生更多地关注教育对自己获得物质利益的帮助，而忽视对自己性格养成，精神境界培养的帮助。同样，个别辅导员也受到功利主义的影响，或者受指标考核的压力，更多地希望校园文化活动能够有立竿见影的效果。在这种情况下，学生就难以通过辅导员的引导形成正确的价值观和行为准则。受此观念影响，辅导员就更多开展拔苗助长式的校园文化活动，过分地尝试文化分数的量化，片面地指导学生拿德育分，增加就业筹码，甚至衍生出了考试文化。除了功利意识外，还有一些辅导员将校园文化建设简单地理解成了扩大参与面和提升热度，一味地强调娱乐性，吸引学生参与其中，更有甚者，在活动的过程中强调奖品，而忽视学生参与活动本身的意义。上述功利化和娱乐化的倾向，都在很大程度上影响校园文化建设的成效，阻碍学生的成长成才。

高校校园文化建设过程中缺少连贯性和整体规划。部分辅导员由于深陷日常管理工作压力中，未能正确理解大学校园文化建设对学生的引导作用，未能利用校园文化活动寓教于乐地贯彻学校的各类教育理念方针，未能把校园文化建设与学生思想政治教育有机融合，在日常工作中欠缺宏观性思考。甚至有个别辅导员，因为日常管理工作的繁重而对校园文化建设产生抵触情绪，不能自觉将高关联度的文化建设议题与高校发展的整体规划相融合，难以打破院系与年级的常见壁垒使教育合力不能形成，这些都严重地影响大学校园文化建设的教育成果。

（二）辅导员在校园文化建设中的角色定位

辅导员是特殊的教师，兼具教育与管理的双重属性和教师与干部的双重身份。他们是大学生思想政治教育的主力军，更是高校学生教育与管理的组织者、实施者和指导者，在校园文化建设过程中，发挥着不可替代的推动作用。能否正确认识辅导员在高校文化建设中的角色定位，对于积极引导辅导员自觉提升校园文化建设的意识和本领以及更好地履职有着重要意义。

1. 辅导员在校园文化建设中扮演着思想引领者的角色

在全国思想政治工作会议上，习近平总书记曾强调指出，要引导学生正确认识世界和中国的发展大形势，激励学生自觉把个人的理想追求融入国家和民族的事业中，勇做走在时代前列的奋进者、开拓者。在高校，辅导员是学生最亲密的朋友，在日常工作生活中与学生的交流接触最多。他们的一言一行对学生产生着潜移默化的深刻影响。在建设和谐稳定校园、弘扬先进校园文化等方面，辅导员也一直发挥着先锋队和主力军的作用。辅导员自身的思想观念和行为作为，都会成为学生效仿的标杆，对学生的人生观、价值观形成甚至未来发展，都会起到直接或者间接的影响作用。因此，高校辅导员在新形势下全面认识和深刻把握校园文化建设内涵，积极投身于校园文化建设中来，是辅导员的重要职责与使命。同时，辅导员还需与时俱进，不断进取，以适应高水平校园文化建设对其提出的能力要求。

当前时代，学生受到信息多元化的影响，校园文化建设面临着更加复杂的局面，高校辅导员应加强对学生的思想引领，将校园文化建设的精髓融入对学生的教育、管理、指导、服务中去，通过言传身教，引导学生创建科学的、与时代要求相符合的，并且适合自身发展的校园文化。辅导员要重视校园文化建设活动的组织与设计，打好提前量，分步骤、有目的、按部就班地开展好活动，发挥思想引领的作用。让形式多样、内容丰富的各类校园文化建设活动化成润物无声的春雨，滋养着当代大学生的思想道德素养和综合能力的提高，进一步增强校园文化建设的力量。

2. 辅导员在校园文化建设中扮演着平台搭建者的角色

校园文化既是社会主义精神文明在学校的体现，又是一所学校所展现出的独特精神面貌。每一所学校因其蕴含的校园文化不同，所展现出的精神面貌也存在很大差异，它是这所学校教育理念与教育模式的外在体现。先进的校园文化对促进学生良好品质的养成，全面提升学生综合素质有着十分重要的作用。作为一种潜移默化的育人力量，无论学生是课堂学习还是课外活动，都在接受着它是无声而有力的熏陶与感染，而这也是单纯的课堂教育所无法比拟的。

伴随着科技发展日新月异，各种信息交流平台在生活中不断更新换代，营造良好的校园文化氛围，搭建校园文化建设平台，在辅导员工作中，显得尤为重要。辅导员要结合自身的专业特长，为学生搭建学科专业平台、社会实践平台、校园文化平台和新媒体宣传平台。通过搭建“学科专业平台”，提升学生的专业素养和创新能力；通过搭建“社会实践平台”，为理论研究应用创造载体，指导并带领学生开展社会实践和志愿服务活动；通过搭建“校园文化平台”，让学生开展各类文体活动，提升学生的文化素质；通过搭建“新媒体学习宣传平台”，创新学习宣传的手段，采用青年学子喜闻乐见的方式，更好地传播和谐正能量。高校校园文化建设平台，需要持续不断地开展，才能够使校园文化永葆生机活力。

3. 辅导员在校园文化建设中扮演着理论探索者的角色

校园文化是大学的精华和灵魂，是大学建设发展的根基，随着大学产生而产生，伴随着大学发展而发展，不断地与时俱进。校园文化影响着大学校风、教风、学风的形成与发展，更是促进学校全面协调和可持续发展的重要保证，也是大学建设的重要组成部分。用先进的理论引导校园文化建设，既是文化建设的要求，也是研究和解决高校校园文化建设中现实问题的途径。辅导员在日常工作中，除了事务性的工作外，更是肩负着建设和丰富校园文化，增强学校文化软实力的重任，因此，推动校园文化建设不断产生理论成果，也成为了辅导员的重要任务。

从学生层面看，在社会发展新时期，随着经济全球化趋势的深入发展，文化的碰撞、交流逐渐增多，再加上信息技术的迅速发展，使得办学体系不断开放，各类思想、文化、观念更加多样化，学生的成长学习环境更加复杂。为了让学生更好地成长，就需要辅导员从更宽、更高的视角开展教育和指导工作。辅导员应该在高校校园的主阵地上，充分研究校园文化建设理论，积极探索，力争在校园文化建设中有更大的进步创新。

辅导员是校园文化建设中的重要力量之一。高校校园文化建设是辅导员思想政治教育工作实施服务支持、进行教育引领、教育管理的重要工具。辅导员在日常工作过程中，应协调各方力量，根据学生成长发展规律开展思想政治教育。辅导员必须有较为突出的理论优势和实践积累，以适应高标准的素质文化要求和相应工作内容。同时，辅导员要拥有较强的学术素养和研究思维，并能够在实践工作中总结经验，在优秀的学生工作案例和精品项目中，积累校园文化建设的理论依据。辅导员在高校校园文化建设中进行理论探索，既是对高校校园文化建设的战略性要求，又是对高校校园文化体系建设的创新体现。

因此，在校园文化建设过程中，辅导员要在深入研究相关理论的基础上，认真领悟建设内涵，把握建设目标，全心全意服务于大学生的需要，努力推动大学生成长成才。在当前的历史条件下，辅导员应该充分认识到自身所担负的校园文化建设引领重任，立足于自身工作岗位开展理论探索，不断增强自我理论水平和加强自我知识完善。高校辅导员应自觉加强理论探索，以科学的理论不断推进工作实践创新，再通过创新的理论成果促进具体工作的开展，用优秀的校园文化引领学生自觉成为有理想、有追求、有担当、有作为、有修养的当代青年。

4. 辅导员在校园文化建设中扮演着贯彻实施者的角色

高校校园文化是内化的高校精神文明，其建设的根本目标是培养学生成长成才。高校校园文化建设是以课外文化活动为主要载体，对高校学生进行熏陶、渗透的一种群体文化。作为校园文化建设的推动者、规划者和指导者，辅导员要以指导学生将理论应用于实践，在实践中总结经验，使学生在校园文化活动中成长、成熟为出发点，深刻把握校园文化建设的思想主题，为学生做好服务和支持工作，并积极引导学生参与到各类校园文化建设活动中来。与此同时，不断完善校园设施，努力为师生提供便于开展形式多样、丰富多彩、寓教于乐的校园文化活动的阵地，让活动本身所蕴含的深刻教育内涵能够在学生学有其所、乐有其所的活动体验中得到升华。因此，辅导员在组织策划校园文化活动的同时，也要自觉把教育和监督学生维护校园环境，自觉优化校园环境，摆在校园文化建设工作的突出位置不断地加以完善。

5. 辅导员在校园文化建设中扮演着传承创新者的角色

在高校校园文化积淀和形成发展的过程中，辅导员一直是传承民族精神、弘扬时代精神的先行者，也是校园文化建设中冲在最前线的战士。辅导员作为校园文化建设的主要贯彻者和落实者，必须要把握好校园文化建设的思想内涵，积极地鼓励学生参与各项校园文化建设活动，推动校园文化建设手段和方法的创新，为学生做好服务支持和教育管理工作，指导学生将理论应用于实践。要真正做好校园文化建设的传承创新，辅导员要从以下三方面入手：首先，要从实际出发，实事求是，了解学校的历史，办学传统、优势等，发扬学校的优良传统，尊重历史，接受历史赠与的同时不断创新，形成有自身特色的文化体系；其次，辅导员要结合当代时代精神，将科学的、崭新的、有时代感的精神融入校园文化建设中，要把教书育人、服务育人、管理育人工作与学生自我教育、自我管理、自我服务工作结合起来；最后，挖掘学校特色，继承和弘扬学校特色，深刻领悟校训、校歌等传递学校校园文化的载体。校训、校歌等文化载体就是无声的命令，是行动的力量，具有强烈的时代感和现实教育的作用。在一些著名学府中，其独特的校园精神往往是通过校训来集中展现的，借助校训的口口相传，传递积极向上、团结互助的良好校风，同时，深化学校办学精神，培育特色的高校校园文化。

三、以校园文化建设为依托加强学生思想道德建设的路径

以校园文化建设为依托加强学生思想道德建设，重点是强化辅导员在校园文化建设中的职责担当。马克思强调："权利和义务不可以分离，没有无义务的权利，也没有无权利的义务。"同样如此，角色和职责也是不可分离的，有什么样的角色，就有什么样的职责，并且，所在的角色定位决定着相应的职责担当，而发挥职责的过程，也是实现自身价值、体现自身角色的过程。在校园文化建设中，高校全体教师都有着自己的角色定位，辅导员更是有极为特殊的角色。高校辅导员面临的光荣而艰巨的任务，就是如何履行好角色对应的职责，营造积极向上的校园文化氛围。辅导员在履行职责的过程中，在校园文化建设中，要积极发挥，勇于担当，不断增强自身素质，应对复杂多变的新形势，探索解决问题的新途径，抓好本职工作，发挥自身角色在校园文化建设中应起到的重要作用。这个过程，也是校园文化建设不断进步发展的过程。因此，我们要明晰辅导员在校园文化建设中的职责担当，将校园文化建设责任化，让辅导员发挥其应有之义，打造良好的校园文化氛围。

（一）总结经验，研究理论，提高校园文化建设科学化水平

高校校园文化建设是一项系统性的复杂工作，有其自身的发展规律，而当前学术界对高校校园文化建设的理论研究不够，大多数研究成果往往局限在如何解决校园文化建设中出现的各类具体问题上。因此，提高科学化水平，更加全面、完整、系统地研究校园文化建设等相关问题，是目前研究高校校园文化建设理论的重要方向。高校校园文化建设不单单要研究国内高校的校园文化成果，更要研究国外高校的校园文化建设成果，特别是国内国际知名大学的校园文化建设成果，要学习借鉴先进经验，强化自身理论研究，争取更深层次的研究。

（二）开拓创新，搭建平台，努力将校园文化打造成“文化精品”

伴随社会发展，信息日益多元，各类媒体平台越来越多地出现在生活中，利用现代媒体搭建校园文化建设平台，完善校园文化构建体系，校园文化建设已经呈现机遇与挑战并存的现状。大体而言，校园文化建设平台，可以分为线上和线下两类：线上辅导员可以依托 QQ 群、微信群、微博等交流平台，开展学习交流，随时关注学生的思想活动动态，根据需要，有针对性地进行沟通。除此之外，辅导员还可以精选资源，建立网上课堂，让学生根据自己的时间和兴趣，选择更加适合自己的学习内容；线下则可以鼓励学生积极参与到辅导员精心设计和组织的各类校园活动中。这些校园活动，要内容丰富，有吸引力，适应当代大学生思想特征，并且在活动策划上，要真正做到寓教于乐，将德育、智育、体育、美育渗透其中。除此之外，辅导员可以开展社团活动或者社会实践活动。通过鼓励学生主动参与实践活动，去检验理论学习，这样不仅能够锻炼学生的综合能力，还能够通过走进社会，将主流价值观传播给更多的人。

特别强调的是，大学的校园文化活动不能盲目地注重娱乐性，要优化活动的整体设计，强化组织策划能力，在充分考虑实际情况，结合学生特点的基础上，融合地域特点、历史传统、人文风情、专业特色等，策划组织出经典的文化精品活动，让广大师生在活动中受到启发，激发热情，得到提升。目前，许多高校已经开始重视校园文化精品活动项目的重要性，并且积极地打造推出自己的活动。例如，每年泰晤士河上，都会进行剑桥大学和牛津大学的划艇比赛，后来，这项活动在中国被本土化，创新出清华大学、北京大

学、复旦大学等九所国内顶尖大学共同参加的高校联盟龙舟竞技比赛；武汉大学每年举办樱花节，吸引众多的游客，这一文化项目提升了武汉大学的知名度，同时也让游客更加了解武汉大学的历史；北京大学专门设立中国传统文化发展与培训班，通过学校影响力扩大国学、古文化教育范围，通过对传统国学的研究，打造精品“中国儒商论坛”项目。各高校在参考全国优秀精品文化活动的同时，也应该积极探索，寻找适合本校学生的校园文化精品活动。

在搭建各类建设平台，打造学生精品活动的同时，还要注意加强对学生组织、学生会以及学生社团的指导，最大限度地扩大学生组织在校园文化活动中的影响力，引导广大青年学生自觉地参与到校园文化建设的过程中，促进校园文化建设。

（三）与时俱进，坚定信念，引导学生全面发展

当今高等教育的重要任务就是培养适应社会主义建设需要的人才，培养德才兼备、全面发展的青年学生。这些学生，是民族的希望，也是祖国和人民的未来与希望。

辅导员是大学生的人生导师和知心朋友，在学生学习方面，他用自己的知识去教育辅导，同时，他又用自己的经验和人生感悟，去教导学生如何做事做人。在与学生沟通交流上，辅导员能够利用更多的时间更好地了解学生们的所思所感，更加有效地指导青年学生，帮助他们正确地面对困难、挫折和荣誉。教育要以育人为本，成为什么样的人，是教育最重要的内容。教育学家雅斯贝尔斯在《什么是教育》中这样写道：“教育的本质意味着：一棵树摇动另一棵树，一朵云推动另一朵云，一个灵魂唤醒另一个灵魂。”在校园文化建设过程中，辅导员就是距离学生最近的一棵树、一朵云、一个灵魂，对学生的影响是潜移默化的，其教育工作更应该是润物细无声的。在校园文化建设过程中，要充分发挥辅导员的引领作用，将以往死板僵化的道理，通过丰富多彩的文化活动，转变成学生自觉力行的行为方式，将文化的基因深深地烙印在学生的心里。

在大学生成长成才的过程中，辅导员作为高校教师队伍与管理队伍的组成部分，发挥着重要作用。在日常生活中，辅导员应将正确的人生观、世界观渗透在自身的行为中，并通过校园文化建设活动传递给学生。通过辅导员

自身的言传身教，与学生打成一片、融为一体，从学生的衣食住行等多方面渗透文化基因，如寝室文化、食堂文化、课堂文化等，从家文化、集体意识、团队精神等方面进行培养，加强对学生文明生活方式的教育，使其树立文明生活的观念，积极引导学生健康发展，多方面塑造学生，改变大学生“只有知识，没有文化”的现状。在学生的培养过程中，要改变培养光靠书本的现状，要更多地增加书本以外的因素，要通过活动来提高学生素质，增强本领，学习优良传统，自觉抵御市场经济中消极颓废带给校园文化的负面影响。

辅导员始终承担着传承民族精神，弘扬时代精神的重要使命，这就要求辅导员必须不断进取，与时俱进，既通过理论引导，又通过言传身教，将理论的精髓融入自身的工作中，用先进的思想激励学生、引导学生，充分发挥其在校园文化建设中的引领示范作用，使得校园文化建设真正能够在理论指导的基础下，又能够有实践抓手，从而有效开展学生教育，为学生发展提供良好的校园文化氛围，引导学生全面发展。

（四）注重实践，认真落实，在校园文化建设中提升自我

辅导员工作，是帮助学生在面对客观事物的时候，能够调整正确的态度，提高自我教育、自我管理、自我服务的能力。辅导员在校园文化建设的过程中，成就学生的同时，也是成就自我，实现自身成长发展的过程。通过研究校园文化建设，提升自己的研究能力和文化素养，通过加强学生管理，实现自身管理水平的提高。

高校辅导员是高校管理干部的主要来源，在当前“双一流”大学的建设背景下，一所学校的管理服务水平，很大程度上要依靠辅导员来体现。所以，要推进提升校园文化建设水平，就要在校园文化建设过程中，强化辅导员的培育作用，提高辅导员的认识，端正辅导员的思想观念，促进辅导员感受理解校园文化的内涵。通过参与校园文化建设，进一步地提升辅导员的综合素质，包括思想政治建设、业务能力建设、作风和廉政建设等，从而成为真正合格的“大学人”。著名教育家梅贻琦先生说：“学校犹水也，师生犹鱼也，其行动犹游泳也。大鱼前导，小鱼尾随，是从游也。”辅导员不仅教导学生，更应率先垂范，通过自身建设，使学生耳濡目染，其品德、情操得到熏陶，化于无形，得之不失，从而提升校园文化的影响力与号召力，使校园文化建设薪火相传。

打铁还需自身硬。辅导员要切实把握校园文化建设的深刻内涵，严格遵循校园文化建设规律，认真贯彻落实相关要求，自觉用行动做好工作，努力成为以“马克思主义为指导，具有扎实的理论功底，勇于开拓，善于创新”的高素质高水平的专业化队伍，切实推进校园文化建设不断向前发展，服务学生思想道德水平的提升，努力成长为德智体美劳全面发展的社会主义事业合格建设者和接班人，成为堪当民族复兴大任的时代新人。

第四篇 04

中小幼试点研究

第十三章

思想道德教育对中学生全面发展的作用研究

在党的十九大报告中，习近平总书记指出："人民有信仰，国家有力量，民族有希望。要提高人民思想觉悟、道德水准、文明素养，提高全社会文明程度。"为此，他强调要做好理想信念教育，要深入实施公民道德建设工程，要加强和改进思想政治工作。

新时代思想道德教育承担着最终推动"两个一百年"奋斗目标实现的任务。青少年由于不同人生阶段的个性发展状态不同，其教育内容、教育方式和具体目标也明显不同。如何加强青少年思想道德教育，形成对青少年实施思想道德教育的有机系统至关重要。青少年是人生"拔节孕穗期"，如何让思政课真正发挥好立德树人的作用，加强和改进中学生思想道德建设，是提高我国人口素质、促进人的全面发展的必然要求，也是增强我国发展后劲和国际竞争力的应然要求。

为了更好地促进学生全面成长发展，西南大学附属中学把目标锁定在厘清大中小学德育促进发展的方式方法及相互衔接的内在联系；基于"一切为了学生的发展奠基"的理念，科学分解设置各学段德育课程；遵循育德规律，促进逻辑认知发展，提高学生道德判断能力方面。

从学段来说，初中阶段是人的独立意识、自主意识和自由意志尚未完全觉醒和形成的时期，与"人的依赖"阶段个体个性被遮蔽的状况相适应，德育教育要以培育"大写的人"为主，而不是"个性张扬的人"。它以社会整体的价值为目标导向，侧重于"社会一般"，培育既具有较强的体力，又恪守、奉献的集体主义人格，排除个体对集体的破坏和叛逆，消解以自我、自由、自觉、自尊、自主为特征的个体人格。高中阶段，随着人的个体意识和自由意志的觉醒，思想教育也应随之调整。我们更应注重教育的缤纷多态，积极尝试各种个性化的思想教育模式和方法，日益注重思想教育作为一种“软实力”对人的思想、品格和道德所发挥的润物无声的精神滋养效果。

一、中学生全面成长发展的理论依据

中学生思想道德教育事关中华民族的整体素质，关系到国家前途命运，关系到社会主义事业是否后继有人。我们必须确保我们的研究实验是在科学理论指导下的实践。

马克思主义哲学理论。马克思初步提出人的全面发展理论是在《1844年经济学哲学手稿》中。在《德意志意识形态》中第一次正式使用“个人的全面发展”这一概念，明确地提出关于人的全面发展的思想。现实的个体是马克思研究人的全面发展的逻辑前提和出发点。马克思认为人的全面发展的内涵，主要包括人的活动、能力、社会关系、自由个性和人类整体的全面发展。

科尔伯格道德发展理论。基于科尔伯格在阐述他“三水平六阶段”认知——发展道德阶段理论对道德阶段、道德教育、道德时机等进行重新解读，使其与大、中、小学德育衔接发生必然的联系，提供理路支撑。然后，就我国在德育衔接工作实施中出现的问题进行具体分析，了解教育现状及产生该问题的原因，找到解决问题的办法。9—15 岁的孩子处于习俗道德阶段，这一时期从以人际关系的和谐一致或“好孩子”为定向到以法律与秩序为定向过渡，16 岁之后，进入后习俗道德阶段，应以法定的社会契约为定向，以普遍的伦理原则为定向。

系统论。系统思维指的是，人们必须把研究和处理的对象看作是一个完整的动态的系统，并辩证地对待它的整体与部分、部分与部分、系统与环境等的相互作用和相互联系，以求达到对问题作出最佳处理的一种思维方式。

加德纳的个性化教育理论。美国哈佛大学心理学家霍华德·加德纳提出了震动整个教育界的多元智力理论，为了实现因材施教的理想，加德纳提出个别化教育（individually configured education）的设想。

马斯洛需要层次理论。“需要层次论”是马斯洛在《动机与人格》一书中提出的最主要的理论，是自我实现理论的主要理论基石。马斯洛认为人的需要是从生物的本性—人最基本的生理需要开始，阶梯式向前发展，逐次满足自己的需要，主要经过安全的需要、归属和爱的需要、尊重的需要，最后达到自我实现的需要。人通过对低层次需要的满足向高一层次需要过渡，高一层次的需要始终以低层次的需要为基础。

罗杰斯的人本主义理论。人本主义在心理学领域首先提出了应该关注人本身，做人本身的研究，提出了人的价值和自我实现，对教育教学产生了巨大的震动作用，在人本主义心理学家当中又尤以罗杰斯最具代表性。罗杰斯提出了“意义学习”的学习观，学习是有意义的心理过程。

二、中学生全面成长发展主要研究成果

在德育对中学生全面成长发展作用的研究过程中，我校逐渐探索构建了“3D（时间、空间、全员三维度）熏论育德模式”，建立一系列德育量化评价机制，开发了一系列学科渗透育德课程，形成了一系列学生道德能力培养策略。

（一）以“二三四化”德育活动课为基础，构建“3D（时间、空间、全员三维度）熏论育德模式”

学校将教育的边界扩展到生活的边界，以熏育为基本特征，尊重主体意志的自由，重视激发内驱力，以体验唤醒人、发展人。具体说来，就是构建“二三四化”德育活动课。二是指教师学生“双主体”，即教师是教育主体，学生是受教育主体，教师和学生应当互相尊重对方的主体地位，充分发挥两个主体的主动性、积极性、创造性。“三中心”，即以学生为中心，以情景为中心，以活动为中心。“三分”选择性课程体系：分类、分层、分项；三维全效课堂体系：理论性课堂、实践性课堂、环境性课堂；“三我三秀”学生展示平台：我要、我有、我能的涵盖大学、社区、科技馆所、实践场地等的资源平台系统；“三位一体”联合培养框架：家庭、学校、社会。“四环节”：授之以知，晓之以理，动之以情，导之以行。“生活化”：近、小、实、亲。通过“二三四化”德育活动，打破了培养主体单一封闭的系统，在现实教育的环境下，基本解决了学生的个性化发展这个大问题。

学校“3D 熏论”德育理念，以时间（全程、阶段、节点）德育为经，以空间（三课堂：学校、家庭、社会）德育为纬，以全员（教职工、

学生、家长）德育为轴（简称“3D”），关注德育教育的系统性，构建全时全程全员德育网络，奠定学生身体、文化和精神三个底子，培养现代国家公民。

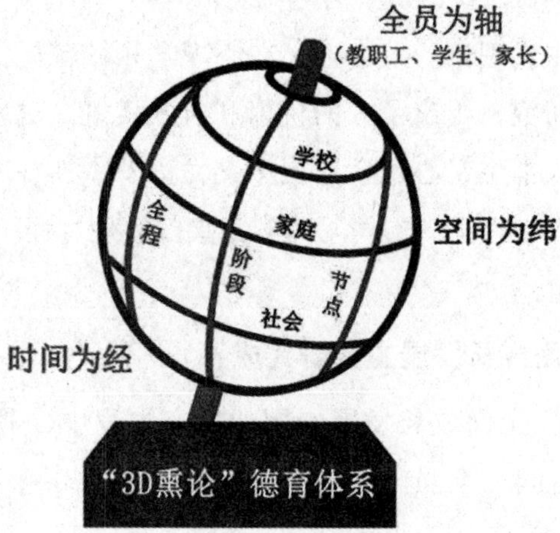

图 1　“3D 熏论”德育体系图

1. 契机与教育合力因素，强化学生的规则意识和家长的角色认同

关键时间节点的典礼文化建设，强化学生的人格教育，强化学生的规则意识和家长的角色认同。每年 9 月新生入学后，学校都有为期一周的人格教育，以及文明礼仪教育、生命教育、国防教育、意志品质教育，团队意识、协作意识、文化意识及人生规划意识培养的高强度素能拓展。有升学礼，有建班礼，有拜师礼，有感恩礼，教会学生具备西南大学附属中学学生基本的礼仪常识，确保学生极大地形成集体认同感和荣誉感。每年六月举办毕业礼、成人礼，培养学生的感恩意识、责任意识，我们在年级的日常教育教学行为中一以贯之，持之以恒根植影响学生终身的好习惯。

家校衔接的良好平台，多渠道、多方式形成家庭、社会的教育合力。父母是学生的第一任教师，家庭教育是学生成长的核心教育。为此，只有家校携手，方可助推学生健康成长实现双赢。为此，学校成立了家长服务中心，统摄家校共育工作。学校通过多种方式，创设多种平台，充分尊重家长的意愿，畅通家校协作渠道。通过“班级——年级——学校”三级家长委员会、家长学期例会制度、家长群的建立、家长讲堂的开设，邀请家长参与升学礼、成人礼、毕业礼等主题教育活动，参与入学教育方式的研讨决策，参与学生校服的招标定制、参与清华“新百年领军计划”候选人答辩，成为学生职业体验的组织者，成为学生各类地域文化探访活动的护航者。我们让家长成为学校教育管理的参与者、谏言者、见证者，让家长成为学校教育策略的理解者、倡导者和推行者，构建了和谐融洽的家校协作氛围，加快了学校各项教育发展的进程。我们创设了对话讨论式、展示式、专家报告式、联谊式、参观游览式等多种家长会形式。我们通过学校活动与家庭互动来培养孩子的“逆商”“动商”“财商”“友商”；通过寻找家风行动，让学生去寻找自己家庭中优秀的家风，在寻找的过程中，无形中受到家庭文化的感召；通过乡土情怀的培养，培养孩子对生我养我故土的热爱，提升我们家校沟通的层次与格局。我们还尝试“家长助教”新模式，家、校、生共情心理辅导，让家长参与公寓管理。

学校还举办教学开放日，设立家长访校周，使家长对教师的教学和孩子上课情况有所了解，加强家长与教师的面对面交流，增强家长对学校管理的了解。利用现代化技术手段，如家校通信息系统，通过手机短信实现家长和学校的时时沟通。通过“成长的脚印”“青春足迹”等各具特色的家长联系手册，使家长与学生、家长与教师、学生与教师每周都有一次心与心的交流，家长也能很详尽地了解孩子一周以来的学习、表现、情绪等情况。“心灵之约”“家长寄语”“老师想对你说”等栏目使家、校、生三者得到了充分的沟通和交流。比如我校2017级汇集全年级老师和家长的教育心得，将家校共育的案例编汇成《庭训雅集》。我们还利用家庭教育资源、社会教育资源，如爱国主义基地、家庭劳动基地、德育基地等，扩充学校教育和家庭教育内容。我们还主张家长与教师共同建设学生成长记录袋，探索合作互动的评价方式，促进学校与家庭评价理念、评价方式的改革。

发挥社区、街道及社会企事业单位的教育资源优势，为学生的志愿者服务、社会实践提供平台，为贫困学生设立助学金、成长基金等。教会学生学会学习，学会进取，学会合作，学会竞争，学会创造，做一个有生存本领、有生活情趣、有人格修养、有人生追求、有担当奉献的健康、快乐、独立、仁爱之人。

2. 以“魅力班级”为核心，强化班级文化建设，激发学生对于班集体的责任感、荣誉感，铸造班级精神

班级是学校的细胞，班级文化建设是校园文化建设的主阵地。学校实施规范、系统的“魅力班级”建设举措，让各班学生自主组团，自主设计，全员参与材料申报、多媒体展示、主题班会、设计展板四个环节的全程展示。内容包括班级标识文化（班训、班徽、班旗、班刊、班歌、班服、班级博客、班级网页）、制度文化、队伍文化、活动文化、环境文化等。实现班级文化观摩交流，智慧碰撞，班级魅力风格定型，真正实现百花齐放的校园文化。目前我校每一个班级都形成系统、规范、有创新、独具特色的魅力班级文化。在学校每一次大、小型活动中，学生均以班旗、班徽或班训等文化符号标志呈现，是学生自主自治，对班级有强烈认同与归属感的最佳成果。

3. 开展多样主题教育活动，给予每位学生发展的机会，开展系列专题教育活动，寓德育教育于活动之中

学校积极开展形式多样的主题教育活动，提升活动的号召力、感染力、影响力。常态举办缤纷节、科技节、体育节、传统节日纪念等活动，充分发挥女子国旗班、春之声合唱团、春之韵舞蹈团、青柠广播站、年青潮文学社、读书社、缙云武术社、京剧社、街舞社、动漫社等50余个学生社团作用，将精神文化渗透、融合于其中。开展“唱读讲传”活动，实现“唱读讲传”活动制度化、常态化、普及化、精品化，使之成为弘扬主旋律、提振精气神的有效载体，成为学校塑魂工程和素质教育创新工程。

我们以各种文化艺术活动为载体，不断提高学生艺术修养和文化素质。充分利用大学附中近水楼台优势和西南大学音乐、美术、服装、文学、传媒等艺术专业和专家优势，使以“走进大师，感受经典，陶冶情操，提高修养”为主题的高雅艺术进校园活动制度化、系列化。通过具体生动、丰富多彩、教育性极强的活动过程，使学校的办学思想得到切实有效的内化和践行，形成优良的校风和学校特色文化。

（二）预算德育资源，施行德育导师制，建立一系列德育量化评价机制

学校以德育资源的预算和分配来统整学校德育的运作，通过预算来分配资源、时间和空间，以增加德育的合力。我们建立多种教师合作组织，

如德育专家委员会、班主任圆桌论坛、青年教师沙龙，以及各种德育课题组、项目组。将时间、空间、学术课题、人力物力等资源分配给这些教师为主体的组织，促成教师从德育课程专家的角度来思考如何建构德育课程体系、选择课程内容、组织教学活动、进行课程评价。这种文化层面的增权，在管理上确保了价值提升、结构开放、过程互动和动力内化，将蕴含了教研价值观念的“文”，“化”进每一个师生的精神世界，去改变教师，发展学生。

如果说在分配资源和尊重教师专业自主方面比较“松”的话，学校在保证教师道德和行为底线上设置了严格的外在约束，显得很“紧”。学校坚持师德出问题，一票否决。用人制度上实行聘用制，身份管理采用1+3+3模式(1年人事代理，再3年自主聘用，再3年有望活动事业编制，期间要经过多重考核)。教师评价实行“岗位聘期考核+年度综合考核+学生问卷+教育业绩+教研组评价+年级组评价”的综合方式，以期建成全市最纯洁、最有教育追求的教师团队。

学校按照班级孩子的特点，将孩子分给不同的德育导师——“人生规划”导师，每位教师重点指导15~20个学生，德育导师定期给孩子做心理疏导，并定期和家长沟通。我们把初中、高中按年级分层，递进培养学生的道德品质，针对全体学生实施个性化培养（见表1）。与此同时，我们给学生制定了基础性的发展目标：尊师敬长、团结同学、正直守信、关心集体、热爱劳动、社会责任感、自尊与自律指标，进行赋分和关键表现描述，通过自评、同伴互评和教师评价来增强可操作性（见表2）。另一方面，我们按照初中和高中学生身心发展规律和任务的不同要求，以学校办学理念为指导，把“立人·新民”对应的公民道德品质的内容按初中分解为遵守纪律、依法办事、尊重民主、乐观向上、意志坚定、敢于创新、身心发展维度（见表3），按高中分解为爱祖国、爱党爱团、爱集体、自主爱人、遵守公德、诚信维度（见表4），最后汇总建立学生的德育档案（见表5）。按照初中和高中学生身心发展规律和任务的不同要求，培养健康、快乐、独立、仁爱之人，锻铸未来的国家精英。

表2　西大附中办学理念下的学段德育目标分解

学段	立人目标	新民目标
	培养健康、快乐、独立、仁爱之人。	立足学生终身发展，培养学生现代公民意识，锻铸未来国家精英。
初一年级	1. 学习中的意志锻炼，自立自强的意识； 2. 自我选择、努力实践的意识与能力； 3. 脚踏实地、实现目标的意识与能力； 4. 理解父母，善于并主动与父母沟通； 5. 平等对待他人，珍惜友谊，善于与同伴合作； 6. 学习、生活、日常管理中诚信待人。 7. 异性交往中的欣赏与自我形象的初步形成。	1. 形成对新的初中生活的关注与敏感； 2. 对班级的感恩与回报； 3. 承担班级组织管理中的责任； 4. 在缤纷的社团生活中增强归属感、责任心； 5. 为自己的学习与班级工作负责； 6. 初步形成对中国传统文化的敏感。
初二年级	1. 学会与同学交往，学会合作； 2. 建设、维护班级和学校荣誉； 3. 自主建设兴趣小组，形成建设、发展学生组织的意识与能力； 3. 强化成长自觉； 4. 在丰富的学习、生活中培养自主性与创造性。	1. 初步形成积极的对地域文化、中华文化的认同，逐步内化中国传统美德； 2. 在关注丰富的社会文化过程中形成开放的文化意识和初步的文化敏感性； 3. 关注社会，参与力所能及的社会实践活动； 4. 在缤纷多元的活动中建立与不同年级、不同班级学生的交往关系，悦纳他人，善于交往； 5. 尊重教师，善于与教师沟通、交流。
初三年级	1. 策划自己的学习与生活； 2. 在学习中锻炼意志品质，提高学习能力，形成学科兴趣与进一步发展的初步自觉； 3. 通过实践形成反思与重建的意识与能力； 4. 自我意识明显觉配，独立地面对选择，形成一定的未来发展预期； 5. 学会为自己的理想而奋斗，努力实践； 6. 尊重、理解家长，善于沟通与表达。	1. 感恩母校，回报母校； 2. 年级生活的自主介入与管理； 3. 社会与个人发展关系认识的清晰与提升，形成良好的社会意识； 4. 同伴之间的相互关心、关爱与帮助，学会处理竞争与合作的关系； 5. 对师长的尊重、理解与平等交往。

续表

学段	立人目标	新民目标
高一年级	1. 学会生活自理，提升独立意识； 2. 学习自主，直面突然增大容量和提高难度的学习，实现学习方式转变，形成学习自觉； 3. 尊重人的差异，善于共同生活； 4. 尊重自己的梦想，保持对梦想的热爱。 5. 形成初步的生涯规划意识； 6. 珍惜现在，形成清晰的时间意识； 7. 尊重教师的劳动，善于与教师沟通与交流。	1. 新的班级的自主融入与建设； 2. 自尊、自律而不自傲； 3. 具有一定的抗挫折能力，尤其是学业压力和群体竞争； 4. 主动融入校园生活，尊重学校组织的价值； 5. 关注社会，参与社会，研究社会，回报社会； 6. 关注社会生活的丰富性，理解社会生活的复杂性，形成理性的社会意识； 7. 加强异性交往教育，提升尊重异性、健康交往的交往道德； 8. 虚拟交往中注意发展网络道德。
高二年级	1. 培养高度的责任心与意志力为自己的理想而奋斗； 2. 提高明辨是非的能力； 3. 形成良好的异性交往意识与能力； 4. 与父母、教师及相关社会人士的交往坦诚、自然尊重、平等，富有建设性。 3. 尊重、悦纳自我，正视自己的优势与不足，学会自我调节，有一定的生活智慧； 4. 理性地形成自我发展的预期，生涯规划初步成型； 5 初步形成对生命的敏感，形成一定的生命自觉； 6. 了解高中学科发展史、学科发展前沿、学科发展价值以及与大学专业、未来职业的对应关系。	1. 热爱世界，热爱生活，形成健康的人生观、价值观、世界观； 2. 初步形成国际视野； 3. 发展社会公正观念； 4. 提高民主参与的意识与能力； 5. 珍惜友谊，关爱他人，同情弱者，合理处理竞争与合作关系； 6. 在学习活动中善于自我反思、自我形成，追求创造、追求综合； 7. 面对关键事件，学会运用自己的权利，并承担发展的责任； 8. 勇于实践，承担自己扮演角色相关责任。
高三年级	1. 看护好自己的身心健康，准备迎接学习的压力； 2. 掌握学习时间管理、意志力管理的方法； 3. 学习如挫折、压力、情绪、理想与现实冲突等各种可能遇见的问题的应对和处理方法； 4. 了解认识自我的兴趣、性格、能力和价值观的不同方法及对未来发展的意义； 5. 了解人生生涯、学业生涯和职业生涯的关系，理解高中毕业后的多元出路； 6. 掌握高校本科专业目录、本科招生选科科目要求、大学访谈、大学研学旅行等各种知识，学会对比分析国内外大学与专业，初步掌握自我能力与大学专业、职业发展的相关评估方法。	1. 主动自觉处理好个人生涯规划与国家社会发展的依存与协调关系； 2. 理解职业观的正确树立态度与方法、各职业与社会经济发展的关系； 3. 熟悉社会分工与职业分类，了解不同的职业方式、不同职业对人才的要求； 4. 梳理国内外社会职业的发展趋势与各行各业的职业特点，了解感兴趣行业实践体验知识。

表3 西大附中基础性发展目标评定内容及标准表

Ⅰ级指标	Ⅱ级指标	分值	关键表现描述	分值	自评	同伴评	教师评
公民道德品质	尊师敬长、团结同学	3	对人有礼貌	1			
			乐于帮助他人	1			
			与同学、老师友好相处，与人为善，乐于助人	1			
	正直守信	3	不作弊，不撒谎，不抄作业	1			
			真诚待人，守信用	1			
			不做损人利已的事情	1			
公民道德品质	关心集体	3	珍视集体荣誉	1			
			维护集体利益	1			
			主动积极参加小组、班级、社团各项集体活动	1			
	热爱劳动	2	积极做力所能及的事情，尊重劳动成果	2			
	社会责任感	4	有为他人和集体服务的愿望	1			
			关心社会和他人	1			
			积极参加社会实践活动	1			
			履行公民义务	1			
	自尊	3	追求进步	1			
			自我接纳和欣赏	1			
			有错即改	1			
	自律	3	有规则意识，遵守寝室、班级、学校校规校纪	1			

表4 西大附中学生思想道德素质总体评价表（初中）

一级指标	二级指标	评价标准	权值	自评	互评	家长评	班主任评	校评
法纪素质（18分）	遵守纪律	自觉遵守班级、学校的规章制度	3					
		自觉维护纪律和秩序	2					
法纪素质（18分）	依法办事	认真学习掌握法律知识	2					
		遵守法律法规，自觉履行法律义务	2					
		具有尚法精神，捍卫法律尊严，敢于、善于运用法律武器维护合法权益	2					
		崇尚科学，反对迷信、邪教，抵制黄、赌、毒等违法活动	3					
	尊重民主	积极参加学生干部选举，正确对待选举结果	2					
		善于听取他人意见，不偏听偏信，不独断专行	2					
心理素质（26分）	乐观向上	对待生活乐观自信，有激情、有理想	2					
		遇有不开心的事能自觉调节情绪，不随意发脾气	2					
		学会倾听，不自闭，接受他人善意帮助	2					
	意志坚定	面对成功，不骄不躁，能承受挫折和打击，冷静反思	3					
		能控制自己的行为，自律性强	2					
		吃苦耐劳，不轻言放弃	3					
	敢于创新	有较强的好奇心和求知欲，有想象力	2					
		有一定的动手能力和创造意识	2					
		独立思考，敢于质疑，不迷信权威	2					

续表

一级指标	二级指标	评价标准	权值	自评	互评	家长评	班主任评	校评
心理素质（26分）	身心发展	能正确对待青春期生理、心理变化，讲究个人卫生	2					
		男女同学正常交往，融洽相处	2					
		能正确评价自己和他人，制定成长计划	2					
得分			等级					
学生综述								
家长寄语								
教师寄语								
综合得分								

说明：此表为学期学生思想道德素质终结性评价表，其中自评、互评、班主任、校评均以25%计算得分进入总分，所得总分以80%折合后计入学生学期德育学分。

表5 西大附中学生思想道德素质总体评价表（高中）

学校＿＿＿＿ 班级＿＿＿＿ 学生＿＿＿＿ 班主任＿＿＿＿

一级指标	二级指标	评价标准	权值	自评	互评	家长评	班主任评	校评
政治思想素质（16分）	爱祖国	了解国家民族历史，关心时事，了解基本国情，了解世界大势	2					
		具有公民观念，会唱国歌，遵守升国旗礼仪	2					
		尊重和爱护国家标识（国旗、国徽、国歌、人民币等）	2					

续表

一级指标	二级指标	评价标准	权值	自评	互评	家长评	班主任评	校评
政治思想素质（16分）	爱党爱团	了解中国共产党的基本知识，对党有正确的认识，拥护党的领导，积极向组织靠拢	2					
		参加团组织的活动，完成团组织交给的任务	2					
	爱集体	爱护学校环境和教学设施、设备，节约水电	2					
		主动配合、积极参与学校管理，能与老师同学合作完成任务	2					
		理解校训，知道校史，维护学校合法权益和荣誉	2					
道德素质（40分）	自主	具备生活自理能力，不依赖、不懒惰	3					
		能自主安排学习，有较好的学习方法	3					
		学会保护自己，珍惜时间，珍惜生命	3					
	爱人	孝敬父母，知道家人的生日爱好，能做力所能及的家务	3					
		尊重老师的人格和劳动成果	3					
		友爱待人，宽容大度，不斤斤计较	2					
		同学有困难，以正确的方式予以帮助	2					
		尊重他人的人格和隐私	2					
		关爱社会弱势群体，积极参加献爱心活动，懂得感恩	2					

续表

一级指标	二级指标	评价标准	权值	自评	互评	家长评	班主任评	校评
政治思想素质（16分）	遵守公德	遵守公共秩序，保护公共财产，讲究公共卫生	2					
		维护公共安全，不携带危险品进入公共场所	2					
		初步树立可持续发展观，积极参加环保活动	2					
		明辨是非，为人正直，敢于并善于主持正义	2					
	诚信	不抄袭他人作业，考试不舞弊	3					
		敢于承认错误，不推卸责任	2					
		对人忠心诚意，许诺别人的正当事，尽力去做好	2					
		初步树立诚信为标准的价值观念	2					

表6　学生德育学分档案（初/高中）

班级＿＿＿＿＿＿＿　　学生＿＿＿＿＿＿＿　　班主任＿＿＿＿＿＿＿

年级	学期	德育学分	学生签字	学年学分	折合	班主任签名	学生签名
一年级	1						
	2						
二年级	3						
	4						
三年级	5						
	6						

续表

年级	学期	德育学分	学生签字	学年学分	折合	班主任签名	学生签名
学期奖励积分	1	2	3	4	5	6	
德育总学分							

（三）生涯规划课程相结合，开发了一系列学科渗透育德课程

学科中有很多可供发觉的德育资源，譬如历史学科中的爱国主义思想教育，政治教学中的民主法治意识，数学、物理、化学教学中的科学严谨思维，地理教学中的人文主义情怀，美术教学中的审美愉悦等，无一不是德育的宝库。我们通过解析生涯规划教育内涵，根据学生测评结果、社会需要等，理清生涯规划教育的德育培养内容。我们梳理学科知识，以培养学生的职业情感态度与职业知识技能作为育德的基本方向，将生涯规划教育与学科德育知识按照相关性进行衔接，改善教学形式单一问题，提高学生的学习积极性和主动性。同时，我们形成阶段性的教学评价，帮助学生更好地发展。我们利用学生社会实践和研究性学习活动开展社会调查，积极引导学生关注与学科知识相关的职业，通过对其相关知识的了解，进一步检验自己与相关职业所需技能、职业道德的匹配程度，为后续发展提供动力。这不仅有助于学生德育品质的提升，也是学生生涯规划与生涯发展的重要途径。

通过学科教学中渗透生涯规划教育研究可探索出一种个性化、系统化、规范化、民主化、科学化的教育模式，创新当前德育教育的教学方式。我们希望通过在学科育德教学中渗透生涯规划教育研究探索出集潜能开发教育、素质教育、创新教育、个性化教育于一体的教育方式变革的升华之路，探索未来基础教育改革的方向，推动中学学科育德走向纵深发展，为学校未来10—30年的发展奠基。

表7 化学学科职业渗透

章节	知识点	生涯规划教育			
		方法/途径	内容		
			必备素养	大学专业	职业
人教版高中化学必修一《从实验学化学》	混合物的分离和提纯	讲授法	变化观念与平衡思想、科学态度与社会责任	理学 农学 医学 环境科学类、 海洋科学类、 法医学类	技术人员类：海水淡化技术人员、农药残留检测员、环境监测员、环境影响评价师 医疗卫生类：法医
	物质的量浓度的配制	实验法	宏观辨识与微观探析、科学探究与创新意识	农业工程类、林业工程类、环境与安全类、化学与制药类	高校实验员、企业化验员
	简单分类法及其应用	谈话法	归纳与总结能力	公共管理、图书档案学类、农业经济管理类	图书管理员、行政业务办公员
人教版高中化学必修一《化学物质及其变化》	胶体的性质与应用	小组合作法	宏观辨识与微观探析	材料科学、环境与安全类、化学与制药类	污水处理技术员、胶体材料技术研发人员
	氧化反应地存在	模拟教学法	变化观念与平衡思想	化学与制药类、地矿学	金属冶炼、稀贵金属冶炼工程师
人教版高中化学必修一《金属及其化合物》	未来金属——钛	视频学习	科学探究与创新意识	地质学、天文学、材料科学、地矿学	机械制造（飞机、导弹、人造卫星等领域）、金属冶炼
	合金的应用	项目学习	证据推理与模型认知、科学探究与创新意识	地质学、天文学、材料科学、地矿学	新型材料的研制、工艺品制造

续表

章节	知识点	生涯规划教育			
		方法/途径	内容		
			必备素养	大学专业	职业
人教版高中化学必修一《金属及其化合物》	正确选用金属材料	参观教学法	科学态度与社会责任	材料科学、地矿学、环境与安全类	采矿工人、生产工人、售货员、环保局官员、回收公司职员
人教版高中化学必修一《非金属及其化合物》	硅酸盐	讲授法	宏观辨识与微观探析、科学探究与创新意识	材料科学、环境科学类	陶瓷行业、玻璃行业、水泥行业、橡胶行业
	硅单质	读书指导法	宏观辨识与微观探析、科学探究与创新意识	材料科学	半导体行业（芯片设计、制造等）
	氯气的性质和用途	视频学习	宏观辨识与微观探析	农业工程类、林业工程类、环境与安全类、化学与制药类	药物合成、农药产品开发、消毒剂研制
	二氧化硫和二氧化氮	任务驱动法	宏观辨识与微观探析、变化观念与平衡思想	环境与安全类	环境监测、污染防治、环境监督
	火箭燃料	视频学习	宏观辨识与微观探析、科学探究与创新意识	天文学、材料科学	航空航天技术人员
	硫酸、硝酸的用途	讨论法	宏观辨识与微观探析、变化观念与平衡思想	农业工程类、林业工程类、环境与安全类、化学与制药类	化肥生产、农药生产、石油工人

表 8 思想政治学科渗透

学科知识		生涯规划教育		
		主要内容	设计意图	生涯
经济生活	货币	组织学生观看马云的励志演讲视频，通过阿里巴巴的发展历程（组织学生观看福耀玻璃董事长曹德旺作慈善的短片），讨论“你是如何看待金钱”“你如何定位成功人士”“你想成为什么样的人”等问题	在讨论中认识到金钱要取之有道、用之有度、用之有益，通过合法手段获得财富，并能把财富反馈社会，造福人类	帮助学生了解自我、发展自我
	生产与消费	借助案例教学，告知学生假如去购买空调，如果购买空调的人多，供不应求，就形成了卖方市场；反之则形成买方市场。当出现卖方市场时，空调价格可能会出现小幅度提升，而出现买方市场时，空调闲置过多，卖家为了减少库存商品，就会降低价格，培养学生做一名聪明的消费者	以现实的生活情景为导向，让学生了解“买方市场”和“卖方市场”	引导学生增强自我认识，加强对职业、社会的认知
	科学发展观和小康社会的经济建设	让学生在宏观上了解 21 世纪前 20 年全面小康社会的蓝图，引导学生探究未来 5—10 年哪些人才、哪些行业、哪些区域富有生机活力	通过收集资料、讨论合作等学习方式，使学生认识到：创新型人才将大有可为，要培养自己的创新能力、管理能力及各方面素质；要转换观念，科学正确认识服务业，第三产业是朝阳产业，就业前景相当广阔；正确认识农村，对新农村的前景不可小觑；消费市场将空前繁荣，可在该市场展身手	帮助高中生了解职业，进行职业探索
	企业经营与发展	针对当前市场食品安全问题展开讨论	形成共识，认识到诚实信用是现代市场经济正常运行必不可少的条件，公司应诚信经营，树立良好的信誉和企业形象，是否诚信经营关系到企业成败，诚信缺失会导致市场秩序混乱、坑蒙拐骗盛行，进而导致投资不足、交易萎缩、经济衰退	

续表

学科知识		生涯规划教育		
		主要内容	设计意图	生涯
经济生活	纳税	明确纳税人的权利和义务	明晰作为未来劳动者必须承担的责任	
	基本经济制度	知道我国的经济制度、分配制度和社会保障制度	让学生认识我国形成的各种所有制经济平等竞争、相互促进的格局	
	市场经济与宏观调控	提示高中生关于现代市场的特征、市场交易的原则和市场经济的作用，为他们未来建立市场经济的意识提供指导	无论是作为创业者还是从业者，对市场经济的了解以及对国家宏观调整政策理解都十分重要	
	劳动与就业	针对书本中介绍的就业的重要性，我国为什么必须把扩大就业放在经济社会发展的突出位置，以及如何解决就业问题等相关内容，面对我国严峻的就业形势，引发学生联系自己思考大学毕业后如何处理自己的就业问题	提高对书本知识的学习积极性，培养合理规划自己人生的意识，引导学生树立正确的职业观，即自主择业观、竞争就业观、职业平等观、多种方式就业观等；提高就业所需的知识和技能，有良好的身体和心理素质和职业道德等	帮助学生了解职业，进行职业探索
	经济全球化与对外开放	能够让学生学会放眼更广阔的天地，宏观看待全球经济。这其中有对跨国公司的常识、经济全球化的机遇和挑战、WTO与中国的关系、对外开放的基本国策等知识的内容	对于未来的劳动者来说，帮助他们了解世界经济贸易的发展趋势，为未来的职业生涯发展提供能够远望世界形势的考量	
政治生活	国家公务员是人民的公仆	引导学生走进公务员，通过网络阅读和网络查找相关公务员的资料，寻找优秀公务员的个案，归纳和概括优秀公务员的成功元素，在课堂上进行专题演讲； 还可以开展讨论活动：一度火热的公务员考试，当前慢慢恢复理性，从曾经夸张的录用和报考比例到当前的稳步发展，应如何看待这种现象	学生可以明确关于公务员这个职业的各种岗位要求，留意公务员这个职业的待遇、前景、发展等现实问题	

续表

学科知识		生涯规划教育		
		主要内容	设计意图	生涯
政治生活	国际与外交	把握国际形势的内容，了解当今世界的主题是和平与发展，及世界多极化的国际形势	把握当今世界的国际关系，学会分析国家与国家之间、国家与国际组织之间的关系，以正确的视野看待国际社会中的竞争与合作。职业生涯教育需要劳动者了解国内外形势和当前社会的宏观环境，帮助高中生在开展职业生涯的历程中用宽广的眼界观察世界，并为自己奠定职业生涯的基础做好积极的准备	
生活与哲学	关于人生价值的问题	引导学生思考“什么样的人生有价值”，在奉献和索取之间如何选择。组织学生课后调查，收集资料，写一份关于人生价值的调查报告，在课堂上进行交流演讲	领会人的价值在于创造价值，在于对社会的责任和贡献，对一个人的价值的评价主要是看他的贡献。在这个学习过程中学生对自己的未来也有了规划，明确目标与责任，树立正确的价值观	帮助学生了解自我、发展自我
	把握联系，促进发展	带领学生展望职业生涯，进行一定的思考，并在学习中形成预期规划	将哲学观点引入职业生涯，因为事物是变化和发展的，职业生涯也会不断地变化和发展，无论这个过程会经历多少艰难曲折终究会向前发展，每个人的道路更是各不相同的	
	“规律”的观点及其方法论来指导、“矛盾”的辩证法	针对高中生要面临填报志愿时选择专业的困惑，可以在哲学常识的课堂上引导学生一方面要认识到社会当前的需求，一方面要考虑自身的特点	要透过现象抓住本质，指导高中生在社会热点中找到本质，而不是盲目追求热门专业。引导学生在参与各项活动的时候要按规律办事，不要拔苗助长	

表 9　历史学科渗透

章节	知识点	生涯规划教育			
		渗透途径	必备素养	大学专业	职业
必修一：第一单元《古代中国的政治制度》	通过甲骨文、青铜铭文及文献记载，了解早期国家的特征	问题探究式教法，同时配合史料阅读、课堂讨论，在过程中渗透历史研究的基础	科学精神、唯物史观、时空观念、史料实证	历史学	历史研究、考古、教师
	春秋战国时期的政治、社会及思想变动	以《百家争鸣》为题，把班级分为八组，每两组分别代表儒家、法家、道家、墨家等学派。扮演自己的学派并阐发主要观点	历史思维能力，推测、发散、想象、善辩的思维过程	政治学、文学	政治家、演说家
必修二：第七单元《苏联的社会主义建设》	苏联的经济改革，认识战时共产主义政策向新经济政策转变的必要性	情境教学：同学们扮演经济学家的身份，从改革中发现问题，诊断出他们改革失败的原因	历史解释、理性思维、批判质疑	经济学、历史学	经济学家、历史研究者
必修一：第五单元《马克思主义的诞生》	了解马克思主义产生的时代背景以及马克思、恩格斯的理论探索与革命实践	通过学自主学习和教师讲授	唯物史观、历史解释	马克思主义学、法学	研究者、国家机关、党群组织、教师
必修三：第八单元《19世纪以来的世界文学艺术》	了解19世纪以来经典的文学、美术、音乐、影视艺术	通过挑选经典的音乐、美术作品让学生欣赏	人文底蕴、审美情趣		
必修一：第八单元《当今世界政治格局的多极化趋势》	了解现在国际形势	通过组织学生个人演说来发表对当今世界格局的看法	理性思维、唯物史观、家国情怀	政治学	政治家、外交官、国家机关

表10 高中信息技术科目渗透职业生涯规划

教学内容	教学主题	课程标准对应要求	生涯规划教育
信息技术基础	信息获取	1. 描述信息的基本特征； 2. 知道信息来源的多样性及其实际意义； 3. 掌握因特网信息检索的几种主要策略与技巧； 4. 掌握信息价值判断的基本方法	1. 课前学生准备自我介绍的材料，形式自拟，教师用Word准备自我介绍，并录制一段视频 2. 了解世界知名大学为题，组织学生展开调查，通过相关网站了解大学排名、专业排名，对其准确性、时效性进行统计和分析，寻找最科学权威的大学排名更新网站，使学生反思未来的大学专业和职业方向
	信息加工与表达（字处理软件——Word）	能够根据任务要求，熟练使用文字处理软件加工信息，呈现主题	采用任务驱动法，鼓励学生使用Word软件编辑文学社报刊、军训快讯和运动会快报等
	信息加工与表达（电子表格系统——Excel）	掌握Ecxel的基本操作，函数的应用和图表处理。能够对日常数据统计分析，学有所用	让学生利用Excel软件帮助班主任统计学生成绩和管理班会经费收支等
	信息加工与表达（演示文稿软件——PowerPoint）	掌握PPT的基本操作，培养学生的动手能力、创新能力、审美能力。	让学生以最喜欢的职业或人物为题，做一个PPT并展示。老师和同学对本课件的设计进行分析，提出设计好的方面和需要改进的地方
算法与程序设计	VB语言基础知识	1. 能从简单问题出发，设计解决问题的算法，并能初步使用一种程序设计语言编制程序实现算法解决问题。 2. 会使用程序设计语言实现顺序、选择、循环三种控制结构。 3. 初步掌握调试、运行程序的方法	在VB语言模块教学中，可以让学生初步体验程序员的角色。比如，设计简易计算器、幸运抽奖、等趣味小程序，不仅是学习VB模块的知识，还让学生初步了解当程序员这一职业角色所必备的数学基础和思维能力

续表

教学内容	教学主题	课程标准对应要求	生涯规划教育
多媒体技术应用	图像处理	了解图片采集、加工的原理，掌握应用多媒体技术解决问题的思想与方法，初步具备根据主题要求对作品进行设计和制作的能力	在PhotoShop模块教学中，可以创设让学生扮演平面广告设计师、平面创意设计师等角色的任务情境。学生在充当平面设计师的角色练习中，不仅仅学到PhotoShop模块的知识技能，同时了解到平面设计师必须具备的空间想象能力和美育素养，让学生对平面设计师这一职业有着初浅认识与探索
	网络技术应用	动手组建小型局域网	让学生了解两种不同的上网方式及其区别； 体验组建小型局域网的过程，培养学生的观察能力和动手能力； 培养学生协作学习的意识和研究探索的精神，从而激发学生对网络产生浓厚的兴趣
数据库	数据库管理技术	了解数据库管理的基本知识，掌握数据库设计的一般方法，学会使用数据库管理信息	让学生像科学家一样，设计一个自我书籍管理的数据库系统

（四）在柔性话语中探索了一系列学生道德判断能力培养方法

没有认知冲突和判断的德育是经不起推敲和实践检验的德育。邓小平说："历史经验证明，用大搞群众运动的办法，而不是用透彻说理、从容讨论的办法，去解决群众性的思想教育问题，而不是用扎扎实实、稳步前进的办法，去解决现行制度的改革和新制度的建立问题，从来都是不成功的。"现实生活中人们正确道德行为的缺失，不是因为缺乏道德情感，而主要是因为缺乏通过对道德原则的思考和对话来处理道德问题或冲突的能力。我们把德育话语生活化、通俗化、趣味化，书面话语口语化，刚性话语柔性化，熟悉话语陌生化，讨论、辩论道德困境。这种贴近生活、贴近实际的德育课吸引力、亲和力、针对性比较强。在实践中，我们注重紧密结合社会上发生的道德事件，选取与公德、职业道德、家庭美德、社会主义核心价值观等相关的典型道德案例，通过"困境讨论"，帮助学生在道德体认中增强认同、提高觉悟，有助于增进学生辨别道德是非的能力。

三、研究成果的推广应用与社会效益

学校非常重视德育对学生全面成长的发展作用，做好德育顶层设计，提升动机驱动，强化资源保障，为学生提供了丰富而有选择的教育。中央电视台、《人民教育》《中国教育报》等主流媒体纷纷宣传报道。课题实施以来，

（一）学生综合素养能力明显加强，获得良好发展

近几年，各种竞赛成绩斐然，在市内外有重要影响。学生素质和应试素养双优。人文素养方面，学校获得了《中华好故事》全国总冠军、央视首届《汉字听写大会》全国季军、生态环保最高奖项“母亲河奖”。生态环境接力调研行动坚持17年迫使污染企业关停，入选全国生态文明教育体验典型成果（中学唯一）。学生发起“壹基金”“30分钟的希望”“爱心易”“微笑革命”等公益社团。中华思想文化术语大赛、创新英语、创新作文等获全国奖80多个，全国总冠军或特、一等奖21个。科学素养方面，学校获国际创新大赛金牌55块，入选ISEF等国家队4人（韩璞、马玉龙、段皓严、罗超凡），全国金奖347个，省级金奖379个，创新市长奖11个。申请专利162项，高交会参展24件。受到全国政协副主席万钢等国家领导人点赞。艺体素养方面，田径、武术等获全国冠军7个，国家奖45个。艺术类获全国奖159项/次。

（二）教师获得解放，发展势头强劲

近几年，中青年教师在国家级优质课、基本功和技能大赛中，揽获全国特等奖、一等奖，重庆市一等奖171项；各种奖励琳琅满目，彰显了教师之良好发展势头。学校获得教育部学科德育精品课程、班主任基本功大赛等全国一等奖13项，国家奖34项，省级一等奖46项。京剧等9门课程入选省级精品课程，“高中研究性学习创新基地”等4个入选省级创新基地。在《人民教育》《中国德育》《教师教育学报》《德育报》《班主任》《师资建设》《中小学管理》《当代教学与管理》等刊发表德育论文109篇，编写选修课校本教材54本。

（三）学校办学有特色，声誉形象迅速上升

高度重视育德的效果是综合的。我们在社会上口碑爆棚，各种中学排名全线升位。综合实力和品牌形象快速上升，各级领导也给予了高度肯定。学校的德育改革、课程改革和综合实践等9次荣登中央政府网、中央电视台、《光明日报》《人民政协报》等。央视网、人民网、新华网、凤凰网、重庆卫

视、山东卫视、《中国教育报》等几十家媒体报道。

领导专家对我校给予了高度评价。田慧生说我校“对应试教育体制下的班级管理模式进行了富有创意的探索……是跨学科融合的一次有益尝试”。王定华司长赞为“嘉陵江边璀璨明珠”。吴刚副市长称赞是“素质教育与现实最好结合的典范”。袁隆平院士称赞附中教育是真正的“为学生终身发展奠基”。

尽管我们在德育的操作实践和课程建构方面作了大量工作，实践成效显著。但在理论研究、梳理总结方面仍有待重视和加强，未能将行之有效的模式物化为相称相应的理论成果。在德育与生涯教育相结合，道德判断增进学生道德是非能力方面，我们的研究有待加强，我们将加强后续研究，以待在理论方面有更大的突破，完善实践模式，更好促进学生全面成长发展。

四、相关德育案例三则

（一）附录一

殷正洋老师我教学生“变傻”

——“理想我”和“现实我”的统一

对于M同学在课堂上的一问三不知，我克服了我一贯的“强迫症”——非要她说出个一二三才肯作罢。我变了，我变得理性和温柔多了。我暂时把这事儿打住了。我问：“M同学，你是真的不知道？以你的水平不可能不知道begin to do sth等于start to do sth吧？”M也不做声，继续埋着头：“我不知道。”“不知道也好，老师给你免费补补，放学后来我办公室。”……她来到了办公室。M同学和我有深厚的情分，这一点我深信不疑，我在他身上花的功夫让这个“辣妹”一直在我面前毕恭毕敬，她内心知道殷哥对她很好，用她妈妈的话说，如果换一个老师，M可能就毁了，是我改变了她。

M不算是一个不天资聪颖但是勤奋有佳的学生，这点我也知道。她上英语课的时候长时间不敢开口，恰恰是英语课代表的她一直用沉默掩盖着这份不自信。我也偶尔抽她回答问题，但是效果都只能是差强人意。“sorry，I don’t know”这样的回答也不在少数，我只能装着若无其事地帮着她引出答案。她有一种不太正确的“信念”——我不优秀，不能很快吸收，但是我下来会花大量工夫来弥补。她也确实做到了，要不然她的英语会更差劲。她不喜欢开口，因为一开口就把原本连贯的文字读得断断续续，结结巴巴。这就是我和她谈话的背景。

她低头，默然，一副受训的样子。

“你学习幸福吗？尤其是在学习英语的时候？”我开始转换角度问道。她摇摇头。

“不幸福的原因我比你自己还清楚。”我对她说。

她疑惑不解地望着我，从她和我对视的眼神中我能够看出来。

“信不信？”我面带笑容地问她，我希望她能够感觉到和我谈话不是一个负担。

她眼珠子略微转动，但微颔首，我感觉她稍微有点兴趣了，并不是之前来办公室那种心态了。

“要让你现在的这种学习状态有所转变，老师就一个词——‘变傻’。”我依旧微微笑。

“什么？”她略微停顿，“变傻？”似乎对于我的解释大有狐疑。

“对！你可以让自己适当地变‘傻’，你觉得自己就是有点‘傻’了，你的心理底线就低了，你就更接地气了，接地气了，你就是真实的学生了，你就让老师和你的心理距离更近了。”

为了让 M 更加明白其中的道理，我拿出一张 A4 纸，“来，老师今天把这个‘天机’道破，顺便把 the secret to happiness 告诉你。”（这个短语我们才学到，我也就顺口说了一下）

我在 A4 纸上画了三个不同大小的人，分别标注成“理想我”“本我”和“自我”。“其实，这三个人都是你自己。只是他们表现形式有所不同。”

“如果你总是想把自己勾勒成为一名‘优秀’形态，你就无形地把‘理想我’的形象放大了，你是有一种高高在上的感觉了，但是你的真实的‘本我’却是这么小，两相一对照，一幅不和谐的画面就产生了，让你的‘自我’就无所适从，你就不会开心。你在课堂上就会患得患失，考虑自己是不是因为回答不出来而掉价了？考虑自己是不是又因为结巴的朗读而被同学笑话——哼？还是课代表呢？但谁说科代表就一定是全知全能的？我就是这样一个独特的、‘傻里傻气’的科代表，我的‘理想我’和‘现实我’就是如出一辙，就是一团和气，那你就会因为学习而幸福了。就是这样一个‘傻’

字儿，说不定让你在不经意间就进步很大？信不？试试看？”

我只顾着自己说，都没有发现M的眼里泪花闪闪，她继续默然，但是一个劲儿地点头，“老师，我也确实是有这样的情况。我觉得自己身为英语课代表就应该起着表率的作用，我觉得我们班很多同学英语都比我好，我也只有默不作声才不会犯错误，因为我怕一旦我出错了，别人就不服我。如果我私下底努力的话，我还可以赶上来，制造出一个‘好成绩’的假象。”孩子啜泣地说道。

“那你就做一个傻傻的、呆萌萌的，但是很勤奋的科代表可以吗？”我继续问道。

“嗯。”

“那你现在把这个‘理想我’重新画一下，让这个画面看起来更和谐可以吗？”我把纸和笔都递了过去。

几分钟过后，她给我呈现出了一个“手牵手”为主题的画面：“老师，我感觉好多了，就正如你所说的那样，如果我从新看待真实的自己，不把那个‘全知全能’的假面具带上的话，就更舒服一些了。”

“可不是吗？人要首先学会接纳自己，接纳自己的不完美，允许自己犯错误，允许自己和别人不一样，这才是通向幸福学习的秘诀呀。”

……

后来，孩子确实承认，她不是真的不知道那个简单的问题，只是之前一直很怕，就莫名其妙地说“不知道”。

我知道，这是孩子潜意识层面发出来的“阻抗”，为了保护那“可贵”的自尊，她就干脆说一句不知道，暗示老师以后不要抽她回答问题。

（二）附录二：曾志新老师的学科育德

《世界是普遍联系的》教学设计

1. 教学目标：

联系的含义、联系的普遍性的含义及要求、联系的客观性的含义及要求（自在事物和人为事物的联系都是客观的）、联系的多样性的含义及要求。

在上列教学的知识和能力目标的基础上，应努力达到以下情感、态度、价值观目标：基于对联系普遍性、客观性的了解，进一步明确三十多年（对内）改革、（对外）开放的意义；树立责任意识，牢记自身可能对周围人与物带来影响和作用，摒弃“与我无关”的错误意识，拒绝冷漠，关心他人，心怀天下，过负责任的生活；同时对外界可能施加于自身的影响和作用，要有清醒的认识，保持一定的独立意识。

2. 教学基本流程

课前可先分发《导学案》给生（《导学案》参见“附录”）

第一步，小游戏：词语串烧。

步骤：

第一步：在屏幕上呈现“形容词　名词　副词　动词　介词　量词　名词”一行文字；

第二步：以列为单位，用小纸条分别写一个词性，内容任意。如第一列同学写形容词，第二列写名词，依次类推；

第三步：最后一列同学或者倒数第二列以行形式收集本行同学的数据；

第四步：最后一列同学或者倒数第二列将收集到的数据整理成一句话，并大声朗读。

（词语错搭产生的谐趣即将呈现）

→联系的客观性（检视生活，进行抽象的哲学思考，引导学生将生活哲学化）

顺势将“自在事物和人为事物的联系都是客观的”简要化解。

追问：基于现有理解，何谓联系？（要充分相信并尊重学生现有认识能力）

→联系的含义

第二步，信息直通车。

现场分发当日报刊。

“请寻找到这两版报纸中最有价值的一项内容，与大家分享。如果你无法从你拿到的报纸中找到什么有价值的研究对象，请向我示意，可以替换一张。”

→联系的多样性和普遍性（尽量贴近学生生活实际，突出哲学就在我们身边，将哲学真正生活化，同时使哲学思考变成置换情景后依然可能复制再现的思维过程；就地取材，有随机抽样之感，更能有力地进行归纳推理）

第三步，展示若干片段，请学生分析其中的问题。

片段为：戕害人的工业污染

吞噬生命的窨井盖

→联系的普遍性、客观性、多样性给我们的启示（基本要求）

第四步，设问诱思，咏叹升华。

现代人的悲情：（对人）冷漠、（自感）孤独

孤独："抱抱团"

→同时对外界可能施加于自身的影响和作用，要有清醒的认识，保持一定的独立意识。

冷漠："小悦悦事件"

→树立责任意识，牢记自身可能对周围人与物带来影响和作用，摒弃"与我无关"的错误意识，拒绝冷漠，关心他人，心怀天下，过负责任的生活。

"与我无关"（马丁·尼莫拉，镌刻于波士顿犹太人大屠杀纪念碑上的碑文）

起初，他们抓共产党，我不说话，因为我不是共产党。

然后，他们抓犹太人，我也不说话，因为我不是犹太人。

接着，他们抓工会成员，我还是不说话，因为我不是工会成员。

之后，他们抓天主教徒，我依然不说话，因为我是新教徒。

最后，他们来抓我，再没有人为我说话。

→让学生带着问题、若有所思地离开教室（哲学教学的目标不在于将学生的问题全部解决，而在于引领学生思考，用哲学思想指导自己的人生，提升自己的人生品质和境界）

3.《世界是普遍联系的》导学案

（1）任务提示

第一，基本任务。

A. 联系具有客观性是什么意思？人为事物的联系也是客观的吗？为什么？

B. 什么是联系？

C. 联系具有普遍性是什么意思？

D. 联系具有多样性是什么意思？

E. "信息直通车"（思考角度提示：是什么事？报纸中讲述了它的内在联系吗？若有，请将其梳理出来，它是直接联系还是间接联系？是横向联系还是纵向联系？是内部联系还是外部联系？是本质性的联系还是现象间的联

系？是必然联系还是偶然联系？若是没有，请想想这事儿背后有什么成因？它可能带来哪些结果）

第二，尝试任务。

A. “联系具有普遍性和客观性”能给我们带来哪些启示？

B. “联系具有多样性”能给我们带来哪些启示？

第三，进阶任务。

A. 哲学上的“联系”与我们平日所说的“关系”是一回事吗？

B. 试用联系观分析改革开放前后我国经济社会状况迥异的原因。

C. 请试着运用联系观解释佛家所言的“缘”、阴阳家所说的“风水”。

D. 现代社会推崇“独立”人格，这是不是意味着要求人们割裂与周围事物的各类联系，其实质是不是在倡导“孤立”？

（2）拓展阅读

第一，《滑动门》（导演：彼得·休伊特，主演：格温妮斯·帕特洛）；

第二，《罗拉快跑》（导演：汤姆·提克威，主演：弗兰卡·波坦特）；

第三，《人与自我》《人与国家》及《人与世界》（主编：夏中义，广西师范大学出版社，2002年版）；

第四，《野火集》之《中国人，你为什么不生气》（著者：龙应台，文汇出版社，2005年版）；

第五，《反杜林论》及《自然辩证法》（著者：恩格斯，收于《马克思恩格斯全集》第20卷，人民出版社，1971年版）。

（三）附录三：付新民老师的《宝贝，对不起》

本是一次例行公事的周记作业，却让我心灵受到了极大的震撼。委实说，我对睿杰并不了解，也没有特别的关注。他在周记中写道：“您是我第一个喜欢的语文老师，虽然我恨语文恨到骨子里。以前我看到老师，就像看到欠了一屁股债还厚脸皮来借钱的人一样，令人深恶痛绝。”

“在您的课上，我的上下眼皮和睦相处，连以往要把嘴角撑烂的哈欠也被驯服得服服帖帖，除了回答问题，连小话都不再讲。”“在我前几年的求学路上，从未见过有哪一位老师如此教学，名虽不为创新，但创新已融入其中。”

作为老师，我很欣慰，能够有学生如此评价我，是教师职业生涯中最幸福的事，但我也很内疚，我为我们的语文教育深深地伤害了一个稚拙的少年而忏悔。语文，我们安身立命的职业如此地尴尬，居然像欠了一屁股债还厚脸皮借钱的人一样，不知进退，让学生厌烦。现实的中小学语文教育的确欠了学生一些大账。语文应该有的灵性、从容、人文、博爱、思想，对生命的滋养全部没有了，剩下来的是空洞的说教、无休止的知识灌输，以至于学生恨老师，居然连知识也一起恨，这不能不说是我们语文教育最大的悲哀。这可是我们的母语啊！

睿杰，我作为语文老师向你道歉："对不起，我们错了。"本该由老师承受的压力转嫁给了你，应试的毒药虽然是药，但毕竟有毒，我们没有输在起跑线上却输在了终点。然后我们还堂而皇之地说，我们也没有办法，因为学校要成绩，家长要评价选择学校。照这样说，每个老师都可以找一大堆理由。

我没有像培养儿子一样培养你，我就是犯罪。我们苟活于评价中，面对以应试为目的的东西，我们不该悲伤地坐在你的身边无能为力。我要教的是我用生命理解的语文，我要做的是使自己变得更加强悍、更充满智慧，保全你的天性，还要让所谓的成绩达到评价者的期望。

睿杰，你给我提出了所希望的语文期待的同时，也给了我无上的勇气与动力。睿杰，你很善良，那么多年强迫你学你不喜欢的东西，你居然都坚持下来了，这是一种非常重要的品质。其实成人的世界里像这样的无奈很多，不喜欢，但因为必须，我们选择坚持。

客观地讲，睿杰，你的语文并没有你想象的那么糟糕，因为几次作文盲评，你都榜上有名，作文可是语文水平的集中体现和试金石哦。我们要做的是重新看待语文，重新出发。

你也别指望所有的老师都站在教育的高度看教学，站在社会的高度看教育，教师也有生活的苟且。站在人生的高度看社会，站在社会的高度看老师，我们也许就会豁然开朗——教师说到底是一种职业，再蹩脚的教师也愿意并一直想坚守职业的底线和操守。如果全天下只有你碰到的老师是这样的，那么，你才可以恨老师。睿杰，多亏你的反馈和提醒，让我明白自己一直坚持的语文教学理念是对的。愿未来相处的日子里语文能拨动你的心弦，愿语文能重新换回你的热情和初心。借用咱们的校长对毕业生的寄语："愿你出走半生，归来仍是少年。"

第十四章

小学劳动教育的实践与创新

随着国际生产力转型重组进入新阶段，围绕科技与人才等高端生产力要素的竞争进一步深化。在这样的世界大势中，中国特色社会主义进入了新时代，这是十九大报告提出的中国发展新的历史方位。同时，党的十九大报告指出："建设教育强国是中华民族伟大复兴的基础工程，必须把教育事业放在优先位置，深化教育改革，加快教育现代化，办好人民满意的教育。"为实现伟大梦想，实现从人口资源大国变成人力资源大国，教育应有自身的使命自觉。

作为教育发展的重要一环，劳动教育更是不可或缺的重要途径。党的十八大以来，习近平总书记多次围绕劳动、劳动观念、劳动教育、劳模精神、中国梦等内容进行深刻阐述。在2018年全国教育大会上，习近平总书记也强调，要坚持中国特色社会主义教育发展道路，努力建构德智体美劳全面培养的教育体系，明确将劳动教育确定为全面发展教育的重要组成部分。要在学生中弘扬劳动精神，教育引导学生崇尚劳动、尊重劳动，懂得劳动最光荣、劳动最崇高、劳动最伟大、劳动最美丽的道理，长大后能够辛勤劳动、诚实劳动、创造性劳动，再一次强调了劳动教育的重要性。

2015年，教育部、共青团中央和全国少工委联合下发《关于加强中小学劳动教育的意见》，指出2020年之前，中小学要推动建立课程完善的劳动教育体系。2016年公布的《中国学生发展核心素养》中将劳动意识作为社会参与中实践创新的重要内容，要求中国学生能够尊重劳动，具有积极的劳动态度和良好的劳动习惯；具有动手操作能力，掌握一定的劳动技能；在主动参加的家务劳动、生产劳动、公益活动和社会实践中，具有改进和创新劳动方式、提高劳动效率的意识；具有通过诚实合法劳动创造成功生活的意识和行动等。中共中央、国务院2019年新发布的《中国教育现代化2035》中也提出要“弘扬劳动精神，强化实践动手能力、合作能力、创新能力的培养”。

可以看出，我国迫切需要通过劳动教育，提升劳动者的素质，进而提升民族、国家的核心竞争能力。劳动教育的实践创新，则是“落实立德树人根本任务，发展素质教育，推进教育公平，培养德智体美全面发展的社会主义建设者和接班人”的教育方针的实现路径。

一、小学劳动教育研究的理论与实践基础

新时代背景下的小学劳动教育，具有深刻的理论基础和实践基础。深刻把握这些重要的研究基础，是深化本研究的重要起点。

（一）核心概念界定

劳动教育。全国教育大会上，习总书记再次提出“五育”，将劳动教育确定为学生全面发展教育的重要组成部分。劳动教育不能再被简单地界定为劳动技术教育，应该着眼于学生的全面发展。基于此，本课题采用檀传宝教授对劳动教育的定义。他认为，“劳动教育”也可以定义为是以促进学生形成劳动价值观（即确立正确的劳动观点、积极的劳动态度，热爱劳动和劳动人民等）和养成良好劳动素养（形成劳动习惯、有一定劳动知识与技能、有能力开展创造性劳动等）为目的的教育活动。①

地域文化。对于地域文化的界定，本研究更为认同尹晓峰的观点，即地域文化是指一个特定地域内的特定的文化体系，是生活在这个特定区域内的人们在长期从事的物质生产、精神生产和社会生活过程中所形成的具有浓厚的地域特色的价值观念、思维方式、人文心态、民族艺术、风俗习惯、道德规范等的总和。②

活动课程。杜威提出“活动课程理论”。因此，西方学者眼中的“活动课程”是以学生为重心和出发点、以学生的兴趣和需要为基础来选择和组织课程的，在本质上是打破学科逻辑组织的界限，使课程切入学生的生活。因此，活动课程论又称“儿童中心课程、经验课程，是与学科课程论相对立的一种

---

① 檀传宝：《劳动教育的概念理解——如何认识劳动教育概念的基本内涵与基本特征》，《中国教育学刊》2019年第2期。

② 施良方：《简论课程目标的三种取向》，《课程·教材·教法》1995年第6期。

课程理论”①。

在本研究中，活动课程是指在学科课程以外，由学校有目的、有计划、有组织地通过多种活动项目和活动方式，综合运用所学知识，开展以学生为主体，以实践性、自主性、创造性、趣味性以及非学科性为主要特征的多种活动内容的课程。②

（二）理论基础

人的自由全面发展理论。马克思的人的自由全面发展思想包括人的活动、社会关系的全面发展，人的素质的全面提高和个人价值的实现，以及人的个性的自由发展。人的全面发展最根本是指人的劳动能力的全面发展，即人的智力和体力的充分、统一的发展。人的体力和智力的全面、和谐、充分的发展，还包括人的道德的发展。该思想是我国教育方针的理论基石。

教育与生产劳动相结合的基本理念。生产劳动与教育相结合，是马克思主义教育思想的重要内容之一，也是我国进行劳动教育的重要理论基础。马克思在《资本论》中说：“未来教育对所有已满一定年龄的儿童来说，就是生产劳动与智育和体育相结合，它不仅是提高社会生产的一种方法，而且是造就全面发展的人的唯一方法。”劳动教育是马克思主义教育思想的核心内容，是中国特色社会主义教育的标志性特征。列宁早就将劳动教育作为学校教育体系中一个重要的部分，主张通过在学校设立劳动课程来增强学生的劳动能力。马克思列宁主义的这些指示，对于我们今天实施劳动教育仍有重要的指导意义。

（三）现实基础

1. 劳动教育欠缺

劳动是个人生活的根基，也是社会和国家发展的重要保障。然而，随着社会生产力的发展，人们对劳动的认识逐渐窄化乃至产生偏差，从而影响到劳动实践的顺利开展。目前小学劳动教育存在着窄化、弱化和娱乐化等问题，部分小学生对劳动的认识存在偏差，认为社会分工有高低之分，从而轻视体力劳动者。同时学生缺乏劳动实践的现象较普遍，更难谈及在参与劳动的过

---

① 崔虹云等：《高等教育人才培养模式中实践教学的改革与探索》，《黑龙江高教研究》2014 年第 2 期。

② 刘克兰：《教学论》，西南师范大学出版社 1998 年版，第 124－125 页。

程中感受劳动对于自我成长的价值和意义。作为城市学校，我校学生也或多或少存在着这样的问题。本课题正是基于解决这样的现实问题。

2. 地域文化的教育价值

地域文化能为学校教育提供空间和场所，提供丰富的教育资源，调动学生学习与实践的积极性。具体至劳动教育，地域文化的重要性更为凸显。劳动与学生的生活紧密相关，无论学生在家庭、学校还是社会生活中，劳动贯穿始终，是学生成长之路的必需途径。而地域文化也是连接学生校内生活、家庭生活、社会生活的重要媒介，浸润于学生的生活之中，又潜在地影响着学生的生活和成长。劳动教育与地域文化的有机结合，在培养学生的劳动意识、劳动能力等方面的基础上，还能够让学生认识到地域文化，感受文化的美好与魅力，产生文化认同感。

3. 学校劳动教育的悠久传统与丰富经验

重庆市人民小学有悠久的劳动教育传统。建校初期，刘伯承元帅题写校训——“我们要为将来建设社会主义新中国培育人才，他们必须有文化、有道德、爱劳动、爱祖国，具有创造精神和铁的纪律。这个办学宗旨一定要明确，千万不能培养特殊阶层和娇骄儿。”其中明确将“爱劳动”作为学校育人目标之一。由此，学校施行“军事化管理，全员参与的质朴劳动教育”。军事化的学校管理、生动活泼的劳动技术教育、英雄模范的言传身教等，都是学校育人目标的积极实践。卓校长还带领教师亲自纺纱织布，军装的边角布料也被老师们的巧手做成了整齐的校服。20 世纪 50 年代，为了培养学生的劳动意识和能力，学校开设了劳动课。同时，每个班都有一块园地进行开垦、播种、管理。学生勤工俭学“做木工、织毛衣、擦皮鞋”，参加“支农”劳动，到石桥铺农村下田劳动。1958 年，学校还建立了校内劳动基地，办起了小工厂、小农场。

在后来多年的办学中，劳动教育始终贯穿其中。学生在自己种植的菜园里，在尽情的劳动中体验丰收的喜悦；在传统的大扫除里，学会尊重别人的劳动成果，体验劳动的艰辛。2008 年至今，学校建立了“EOC”课程体系，实行五育并举。劳动教育贯穿于“基础课程——选修课程——社团课程——社会服务课程”之中。在基础课程中，大扫除的传统得以延续，隔周全体学生参与到集体劳动。选修课程与社团课程兼顾劳动教育理念，如烘焙、蜀绣等课程，教师们积极引导学生参与劳动、分享劳动成果、创造幸福劳动等。此外，学校各园区结合自身地域和校园环境特点，开辟农场、果园，栽种蔬菜、水果等。播种栽苗、除草捉虫、施肥、收获等，不仅让城市的学生大开了眼界，还培养了学生热爱劳动的好习惯。社会服务课程则凸现出劳动教育的重要价值，也在学校探索教育与地域文化的道路上迈出了重要一步。每学期开展的研学、社会实践等将社会、家庭、学校三者有机协同，学生得以走出家庭与学校，在社会中学习。研学涉及的内容包罗万象，其中绕不开的主题便是重庆这片学校和学生共同成长的沃土。在挖掘地域文化的教育意义上，学校积累了丰富的实践经验。

历史传统充分说明劳动教育在人民小学一直都具有重要的地位，被每一代的教育者重视。丰富实践则表明学校在探寻基于地域文化的劳动教育实践上作出的有益尝试。学校将从办学与育人的高度，重新审视地域文化视域下劳动教育实践的再探索，发掘地域文化资源，充分利用其在劳动教育中的价值。

二、小学劳动教育研究重要价值

（一）现实意义

顺应“努力建构德智体美劳全面培养的教育体系”这一国家政策动向，是对党和国家多次提出与重视劳动教育的积极回应，具有很强的现实意义。同时该研究基于目前劳动教育在学校、家庭、社会中被软化、淡化等问题，充分发挥劳动综合育人功能，立足劳动教育育人目标，对相关活动课程进行科学开发、专业设计，结合学校、家庭、社会三者协同，来补齐学生在劳动教育方面的短板。

（二）实践意义

第一，学校 70 多年的劳动教育历史与活动课程长期积累的经验，为本研究奠定了深厚的土壤。从学校办学与育人的高度，改变单一形态的劳动教育实践，凸显活动课程的育人功能，实现学科劳动教育和活动劳动教育有机结合。

第二，以地域文化视域，来进行劳动活动课程开发，不仅创新了劳动教育实施途径的丰富性和趣味性，也提高了劳动教育的有效性、深刻性。

第三，从劳动教育普遍存在的现实问题出发，以活动课程为突破创新劳动教育实施的途径，也能为同类学校提供借鉴，具有一定的推广价值。

（三）理论价值

第一，劳动教育不仅是社会与教育发展的重要一环，更是学校育人不可或缺的重要部分。选题既是弘扬重视劳动教育的传统，也是在新时代对劳动教育的重新思考，丰富了劳动教育研究的主题和内涵。

第二，活动课程与地域文化的结合，开拓了劳动教育研究的视野。

三、小学劳动教育的研究概述

（一）劳动教育相关研究

1. 国内劳动教育研究

我国的劳动教育研究，多集中在特点、意义、目标、有效策略等理论层面上。

有学者认为，我国劳动教育从近代开始的实利教育到生产劳动教育，逐步发展到包括广义实践活动的劳动教育形式，对其从开始的单一功利主义教育到具有统领和联结多种教育形式与内涵的综合育人功能的认识，经历了一个漫长的演变与发展历程。

论及劳动教育的意义，有学者从教育观的角度认为，有利于学生形成正确的价值观念，对于引导学生践行社会主义核心价值观具有重要意义。劳动教育还具有融通性，是德育、智育、体育和美育的基础，对于其他“四育”有着正向的促进作用，概括起来就是“以劳树德，以劳增智，以劳强体，以劳育美”。有学者从学生发展的角度，认为劳动教育可以帮助学生生成自我价值，获得自我承认，确立自我意识。可以看出，劳动教育的意义与目标探寻应跳出就劳动而言的劳动，应立足于人的全面发展。

劳动教育的有效策略提及较多，建立实践基地，将学校教育、家庭教育、社会教育有机结合成大家的共识。如河北保定徐水区县域整体推进中小学劳动教育课程建设，以整体课程规划、协调组织课程开发、培养专业师资队伍等方式开展。山东省潍坊市建立中小学生示范性综合实践基地。劳动课程时间安排采取集中使用的方式。小学生集中寄宿制活动 3 天，累计达 21 个课时，完成 12 个模块。学生自主选择课程。除此之外，有些思考值得关注，在知识经济时代的劳动教育，要关注创意经济、互联网思维、创客思维、大数据、云计算服务、个性化学习、个性化定制生产等发展趋势。劳动教育要帮助青少年学会实践，关注生活、生产和工具、方法、材料体系的基础认知。劳动教育要帮助青少年学会合作，学会创造，关注青少年学生对智慧发现、创新创造体系的基础认知，鼓励他们敢于去创造，敢于去尝试。

2. 国外劳动教育研究

世界劳动教育模式分两大类：其一，重视劳动教育与经济、生产、职业的关联及其效果，单独开设劳动教育课程，比较典型的有苏联及其后的俄罗斯在中小学中实行的劳动与综合技术教育、德国中小学实行的劳动技术教育、法国中小学实行的劳动与技术教育；其二，不特别注重劳动教育的经济效果，侧重于其人格陶冶功能，不单独开设劳动教育课程，而将劳动教育寓于学校的各项教育教学活动之中，比如，日本主要在社会科、技术与家政科、“道德”时间、综合学习时间、特别活动等课程教学、劳动体验学习等活动中开展劳动教育。

以俄罗斯和德国为例。2015 年发布的《2025 年前俄罗斯联邦德育发展战略》确定，劳动教育是道德教育的主要内容，提出要吸收儿童参与劳动活动和社会公益性活动。通过劳动教育培养儿童尊重劳动、劳动的人和劳动成果；培养儿童自我服务的技能及劳动的需求，以及认真、负责、创造性地对待劳动的态度；培养儿童合作劳动和独立劳动的能力，并能够正确评价劳动的意义和价值；促进儿童通过参加社会活动帮助其将来更加理性地选择职业。尝试引入“社会公益性活动”概念。德国的劳动技术教育贯穿在基础教育的全过程之中。在小学阶段开设劳动技术教育的课程。例如，巴伐利亚州小学各年级常识课每周 4 节，其中 2 节为史地、自然常识，2 节为手工劳作。其中的“手工劳作”就是劳技课，其教学内容主要有纸工、编织、木工、陶器等。

与通过专门的劳动课程实施的劳动教育不同，日本通过学校的各种教育教学活动实施劳动教育是另一种模式。

综合来看，我国劳动教育研究在实践研究上还存在一定欠缺，亟需弥补。而且，较少有学校将劳动教育与地域文化相结合，基于地域文化的劳动教育实践研究将更好地整合劳动教育资源，调动学生参与的积极性和创造性，让他们感受劳动的美好与魅力，产生文化认同感。

（二）地域文化相关研究

1. 关于地域文化的研究

地域文化涉及社会的各个方面，因此研究者们对地域文化的价值研究也涉及其对区域经济发展、景观设计与规划、文学功能、学校教育等方面。对于地域文化在学校教育方面的价值，众多研究者就不同主体阐述了不同的观点。石中英认为，本土知识对教育改革、对现代社会发展、对学校都有着不同寻常的意义。① 夏志芳认为，地域文化是主体自我和对象自我之间的桥梁，是儿童与教师之间的桥梁；是儿童与课程之间的桥梁。② 日本学者市川博认为，地域文化有三种教育价值：一是丰富人的体验；二是培养学生的社会性；三是促进人性的形成。③ 此外，冉蓉认为，地域文化具有育人价值，能培养人多元文化的认知、思维方式的养成、责任意识的陶冶。④

2. 关于地域文化与课程的研究

早在一百多年以前，杜威为儿童设计的课程中就包括乡土历史探讨、社区经济研究等课程。第斯多惠指出："在教育时，必须注意人在其诞生和将来生活所在地点和时间的条件，一句话，应注意就其广泛而包罗万象的意义来说的全部现代文化。"⑤ 地域文化对学校课程的影响是客观存在的，地域文化与学校课程相互作用。课程应为儿童提供与地域文化充分互动的机会，使他们以积极的态度和行为融入地域文化，从中汲取有益的营养，并获得现实生活的充实感和满足感。⑥ 因此，众多学者纷纷就地域文化与课程开展了研究。

在全球化的进程中，各国均通过学校课程来继承、传递地域文化。尤其是部分联邦制国家，各地具有教育决策权，更是通过制定课程标准、选择课程内容、出版教材等方式将地域文化渗透到学校课程中。在美国，"熟悉家乡情况"的课程，直接指向当地的历史、地理和风俗。在澳大利亚，学校十分注重利用各个地域文化资源，开发不同课程，如写作课程、乡土历史的学习、价值观教

---

① 石中英：《知识转型与教育改革》，教育科学出版社 2001 年版。
② 夏志芳：《地域文化·课程开发》，安徽教育出版社 2008 年版，第 65 页。
③ 杨建义：《依托地域文化资源，建立弘扬与培育民族精神的长效机制》，《福建教育学院学报》2005 年第 10 期。
④ 冉蓉：《地域文化视域下的地理校本课程开发》，华东师范大学学位论文，2015 年。
⑤ 张焕庭：《西方资产阶级教育论著选》，李其龙译，上海教育出版社 2001 年版，第 71 页。
⑥ 王海燕：《地域文化与课程》，华东师范大学学位论文，2003 年。

育等，让学生了解地域文化。而日本十分看重地域文化的价值，从小学开始就在各类课程中渗透重视本土文化的思想，开发利用地域文化资源。如早在 1969 年出版的《小学校社会指导书——社会片（文部省）》中“地区的历史交给我们什么”的标题中便列举了建筑、节日、祭礼等内容，以确保地域文化的传承。

在中国，众多学者也纷纷就地域文化与课程开展了研究。在校外，以地域文化为基础的社区教育课程研究成果较多，地域文化内涵是社区教育得以发挥特色的关键①，黄振华、凌丽红、方素文等探索了地域文化融入社区教育的策略，伯钧、田许明等阐述了地域文化特色社区教育课程的开发途径；而在校内，地域文化作为重要的课程资源，已然融入各学科教学中。与此同时，基于地域文化的学校课程建设的重要性已经深入人心，因此，基于地域文化的学校课程研究成果斐然。夏志芳主编的《地域文化·课程研究》一书在叙述地域文化与学校课程的基本理论后，不仅对地域文化视野中的课程要素进行了详尽分析，还详解介绍了地域文化与国家课程、地方课程、校本课程的实践。此外，陈美英、钟华等强调地域文化中隐藏着很好的综合实践活动课程潜质，并指明了基于地域文化的综合实践活动课程开发策略，茹安长更是强调依托地域文化资源推进综合实践活动常态化。而目前更多的学者多聚焦于地域文化与校本课程开发研究中，学者们均认同地域文化是民族文化形成与发展的土壤，地域文化是校本课程开发的“沃土”，也是我们取之不竭的课程资源。

19 世纪末，美国以杜威为首的进步学者掀起了教育改革，在“进步运动”中，杜威提出了“活动课程理论”。目前，各学科教师已经着手尝试构建学科类课程与活动类课程相结合的新课程结构，并积极开展各学科活动课程实践。② 而利用地域文化资源开展活动课程，有利于弘扬传统文化，提升学生的思想道德和文化素质。③ 黄艳珠在《区域文化传承活动课程的实施路径与策略》一文中就广州市番禺区沙湾镇开展的区域文化传承活动课程实施的研究，探索了文化传承活动课程实施的“课堂上习得、社团里提升、校外拓展、活动和比赛中展示”四个实施路径和“三个引领、两个整合、三个提升”三

---

① 施健、钱旭初：《基于地域文化背景下江苏特色社区课程开发研究》，《广西广播电视大学学报》2018 年第 4 期。

② 张喻：《活动课程是实施素质教育的有效途径》，《思茅师范高等专科学校学报》2001 年第 4 期。

③ 王媛媛：《开展地方古诗词活动课程的探索》，《中学课程资源》2017 年第 9 期。

个实施策略。王媛媛结合自身开展的地方古诗词综合实践活动课的教学实践，开展了地方古诗词活动课程的探索。

3. 关于地域文化与劳动教育的研究

为了使我国劳动教育焕发新活力，不少学者在地域文化融入劳动教育中进行了初步探索。陈林、卢德生指出劳动教育课程的开设应当扎根本土，充分汲取本地文化的营养，学校应为学生创设劳动的本土化情境。曹丽琴将地域文化这类资源称为“原生乡土劳技教育资源”，强调开发和利用这些地域文化，对丰富劳动与技术教育资源有很大的帮助。同时，部分中小学已经走在了地域文化融入劳动教育的前列，福建省惠安高级中学从学生情况和地方实际出发，挖掘资源，因地制宜，开设劳动教育课，建设劳动实践基地，努力打造具有地域文化气息，又符合本地经济发展需求的劳动教育特色，培养了学生的劳动意识①。宜兴市钮家小学基于“鱼米之乡，耕读传家”的地域文化传承，于2017年着手进行劳技课程的实践与研究，通过有机整合学校优势和地域文化，确定并固化了三个校园劳技文化节。

从研究综述可知，地域文化具有丰富的教育价值，为此，不少教育学者和中小学已经在地域文化与校内外课程研究上进行了积极的探索，明晰了地域文化融入校内外课程的途径和策略。但是，如何开发和利用地域文化在校内外开展劳动教育的研究寥寥数篇，而基于地域文化如何开展劳动教育的活动课程更是少之又少。因此，进一步深入研究基于地域文化如何开展劳动教育具有十分的重要性和紧迫性。

四、小学劳动教育实践研究的重要成果

（一）地域文化视域下的劳动活动课程内涵与特征

本研究中，我们认为，基于地域文化的小学劳动活动课程是指挖掘地域文化中的劳动教育因子，立足于学生需要与成长规律，以学校为主导，家庭、社会共同参与组织和实施，分年段分主题项目，引导学生通过参与、体验、探索等，最终养成良好劳动素养的课程。

1. 儿童性

我们所谈到的劳动教育的对象是小学生，他们的劳动、劳动教育和成人

① 骆振耀：《打造劳动教育特色 推进素质教育进程》，《中学课程辅导》2018年第7期。

是不一样的。因此，本质上是尊重了处于不同年龄段的学生的发展规律，顺应儿童的天性，立足于对儿童的认识与理解，来开发和实施劳动活动课程。遵循儿童内在的自然，是第一要义。但同时，儿童不是孤立地存在于生活和世界之中的。“他们通过参与、体验、感受、思考、探究、倾听而享用这个世界的意义；或者说，他们将通过享用这个世界的生活行动而成长，他们所过的生活是处在这个世界之中的，是与这个世界的生活共存共振的。”① 地域文化视域下的劳动活动课程，更直接地连接了学生与生活世界，让学生在以真实情境为支撑的劳动实践中，感受劳动对个人当下及未来发展、对文化传承与创新的必需，对创造美好生活世界的重要意义。

2. 丰富性

地域文化的内容极其丰富，有历史的沉淀，又有现实的新生；既包括物质财富，又包括精神财富；是学生生活于其间丰富而真实的世界。以重庆为例，它被称为“江城”“山城”“雾都”“桥都”“英雄之城”等，是一个有着丰富地域文化资源的城市。在3000多年的发展史上，出现过多层次、多领域、多形态的文化现象，巴渝文化、革命文化、三峡文化、移民文化、抗战文化、统战文化六种形态构成了地域文化的核心，具有浓郁的地方特色。不仅如此，随着信息产业、文化产业等新兴劳动的不断涌现，劳动呈现出多样化的叠加形态，生产与技术、知识与价值、信息与文化、时间与空间等劳动要件的耦合比任何时代都更加复杂、更加多样。多彩的地域文化，亦或是其生动的发展与创新，都为劳动活动课程提供了丰富的资源、空间和可能性。

3. 关联性

儿童作为现实生活的一员，与自然、社会、他人发生着天然的联系和丰富的关系。“我是在世界中来研究、思考、理解世界，而不是在世界之外，与世界相对来将世界作为对象使之概念体系化。”② 因此，“对人而言，生活世界与世界的生活关系才是最为基本的”。人所生存的这个世界是历史的、社会的、文化的，地域文化是这个关系中最核心的部分之一，也是学生理解和融入这种关系的良好媒介。因此，地域文化视域下的劳动活动课程，为学生提供真实、丰富的学习情境，让他们真正深入熟悉的自然生活，在实践中通过

---

① 金生鈜：《学校教育生活之于儿童的意义》，《教育研究》2018年第6期。

② 赵荣辉：《论劳动教育的实践取向》，《教育学报》2017年第1期。

构建多重关系探索劳动对于自然、社会、他人及自己的个体价值与相互关系的意义。更重要的是，基于这样的认识，不会再将劳动教育简单地看作学校或家庭的事情，将会改变劳动教育脱节的问题，使学校、家庭、社会形成有机的整体，三者协同联系，在课程开发与实施中发挥巨大的合力。

4. 创生性

"伟大事物的魅力显现了美好价值，或者说伟大事物就是美好事物，它们支撑着美好生活，构成美好生活。"① 像地域文化这样的伟大事物，以美好的方式存在。课程开发就是尽量让其魅力渗透在劳动教育的全过程中。地域文化中的文化产品、精神财富、审美情趣都靠劳动产生和创造，参与体验的过程，既能让学生在劳动中欣赏美、发现美和创造美，也能理解劳动在创造地域文化甚至人类历史中发挥的重要作用，懂得崇尚劳动、尊重劳动者。同时，"知识必须能够在某些场合实际运用，才值得学习"②。地域文化视阈下的劳动活动课程，能够让学生充分参与其中，"将他们置于丰富而变化的生动情景中充分地激活他们的感性身体官能，同时也伴随着激活他们的想象、思考、判断力，由此而造就儿童蓬勃、健全的生命气象"③。

（二）地域文化视域下的劳动活动课程开发与实施

1. 课程的目标

通过因素分析法，对 1995—2019 年，24 年来近 90 篇核心文献提到有关"劳动素养"的因子中出现的高频、核心词进行筛选，初步明晰了 7 个重要因子，即劳动观念、劳动态度、劳动情感、劳动习惯、劳动知识与技能、劳动思维、劳动精神。（见附录 1）在此基础上，按照"自己事情自己做，家庭事情帮着做，社会事情参与做"的原则，结合学生发展规律，按年段将目标具体细分为以下几个方面：

表 10　目标细化表

年段	目标
低段	1. 了解并会使用一些生活常见的简单材料和手工工具等； 2. 初步承担一些简单的自我服务劳动、家务劳动和校内外劳动； 3. 爱护工具，珍惜劳动成果，初步具有劳动意识和习惯。

① 金生鈜：《学校教育生活之于儿童的意义》，《教育研究》2018 年第 6 期。

② ［美］戴维·珀金斯：《为未知而教，为未来而学》，浙江人民出版社 2015 年版。

③ 刘铁芳：《游戏到审美：教育引领与儿童美好生活建构》，《教育研究》2018 年第 11 期。

续表

年段	目标
中段	1. 了解和合理选择一些常用劳动工具和材料，初步学会简单的烹饪； 2. 坚持自我服务劳动，积极参与一些力所能及的家务劳动，具有主动参与校内外劳动的意愿； 3. 体验劳动的快乐，乐意和别人分享自己的劳动成果，具有尊重劳动的意识。
高段	1. 了解并学会安全使用和维护一些常用智能劳动工具； 2. 积极策划、组织，通过沟通协作，创造性、高效地开展自我服务劳动、家务劳动和校内外劳动； 3. 体会劳动的艰辛，懂得劳动创造美好生活的意义。

2. 课程的内容

重庆，是一个有着丰富地域文化资源的城市，巴渝文化、红岩文化、抗战文 化是其中三大基本板块。将劳动教育与重庆地域文化相结合，构建“美物”“美者”“美景”三大课程群，围绕课程群开发多个主题课程如表11。

表11 课程内容框架

课程群	主题	项目
美物	消暑乐	洗袜小达人
		冰凉一夏
		夏日送凉员
	山城红	择菜小能手
		火辣辣的家乡菜
		厨房美容师
	重庆产品代言人	巧手做汤圆
		特产小采购
		特产推介会
	小豆子 大世界	豆里玩
		豆名堂
		豆世界

续表

课程群	主题	项目
美物	重庆味道——火锅	火锅大咖
		火锅大厨
		火锅大使
美者	寻访最美劳动者	即将消失的棒棒
		坚守的工匠
		辛勤的农夫
	城市美容师	垃圾分类人人学
		垃圾分类我做起
		垃圾变废为宝
美景	山城小导游	小小引路人
		校园小向导
		山城小导游
	桥都的桥	我眼中的桥
		桥梁代言人
		小小桥梁师

3. 课程的实施

课程实施上，以主题课程群进行统整，以项目式学习为主要方式，采用实验探究、情境学习、实践探索等多种途径，深入挖掘小学劳动教育的特色，探索出一条综合化、整合性的实施路径，形成“学校—家庭—社会”三者协同联动。

(1) 课上课下时间的有效结合

除在学校课程中的学习外，学生利用周末、寒暑假等课余时间继续深入地进行劳动学习。学生劳动学习的时长不仅得以显著增加，更为重要的是，两部分学习时间的充分利用与有机结合更能起到事半功倍的效果。例如消暑美食的制作，学生在学校了解了有关重庆特色的消暑美食及制作方法，在家继续学习并进行实践，最后进行记录。课上与课下的时间进行了充分结合，从认知到实践层面对消暑美食进行了全方位的学习。

（2）校内校外空间的广泛延展

学校是实施劳动教育的重要场域，课堂、校园环境、校内劳动基地等为劳动教育提供了充足的学习空间。与此同时，劳动教育又不囿于学校这一方天地。走出学校，社区、工厂、校外劳动基地、区域景观等都是劳动教育的重要场所。由学校延展至校外的学习空间互通互连，共同构成了学生劳动教育学习的广阔空间。在“重庆的桥”主题学习中，学生不仅要搜集资料，了解重庆桥梁的历史、样式、作用等，更要进行现场走访，到各个大桥实地进行观察、记录，最后形成调查报告等。由学校扩充至城市风貌，将单一化的学习场所拓展为更大的学习空间。

（3）家庭社会资源的联动支持

由家长、社区代表、专家等构成的支持团队积极参与到学校劳动教育的建设中来。从人员配置上看，家长、社会共同参与到学生的劳动教育中，多方合力共同帮助孩子学习；从学习资源的提供看，校外支持团队能够将各类学习资源广泛引入学生的劳动教育中，并进行有效利用。在“夏日送凉员”活动中，清洗消暑电器对于小学生来说有一定困难。聘请社区的专业技术人员进行讲解、对学生进行针对性的指导，学生们快速且专业地掌握了风扇、空调等消暑电器的清洗，取得了良好的效果。从实施渠道看，课程实施由学校拓展到家庭，延伸至社会，劳动实践、创制作品、分享成果与劳动体验等结合在一起。以“消暑乐”和“山城红”两个活动主题为例，如表 12 所示。由此，“学校—家庭—社会”三者协同联动机制得以形成，劳动教育课程得以顺利开展，学生的劳动教育学习更能产生质的飞跃。

表 13　活动实施渠道示例

主题	项目	年级	家庭任务	校园分享	社会服务
消暑乐	洗袜小达人	二年级	1. 调查表——袜子调查表、洗涤用品调查表 2. 洗袜子妙法收集并试验	消暑乐：洗袜小达人 show	袜子创意展
	冰凉一夏	三年级	1. 通过不同方式了解重庆特有的消暑美食 2. 选择自己最喜欢的消暑美食，找到制作方法 3. 选择喜欢的方式记录制作过程（小报、视频、美篇）	消暑乐：消暑美食分享会	消暑美食分享
	夏日送凉员	五年级	1. 认识不同的夏日消暑电器，通过阅读产品说明书，了解其基本构造 2. 能通过查阅说明书，或者上网查询资料，了解清洗该电器的操作步骤 3. 实际操作：清洗家中的消暑电器（空调或电风扇） 4. 针对以上任务制作思维导图或制作视频、美篇等	消暑乐：家用电器小能手	为你送清凉
山城红	择菜小能手	一年级	1. 了解不同品种的辣椒 2. 了解择辣椒的注意事项，会择辣椒等蔬菜 3. 择辣椒小窍门（小报、手账等）	山城红：学校食堂择菜体验日	走进蔬菜基地
	火辣辣的家乡菜	四年级	1. 通过不同方式了解重庆特有的“辣椒主题”家乡菜 2. 找到自己喜欢的家乡菜的制作方法 3. 选择喜欢的方式记录过程（小报、视频、美篇等）	山城红：“火辣辣的家乡菜”分享会	探寻家乡美食线路
	厨房美容师	六年级	1. 学会清洗碗筷，整理厨房各种物品 2. 学会厨房垃圾分类 3. 厨房垃圾分类小妙招（用小论文、视频、手账等）	山城红：厨房垃圾分类分享会	垃圾分类的过去、现在、未来（走入社区）

4. 课程的评价

评价在整个活动课程的教学活动中扮演着重要的反馈和指引的作用。地域文化视域下的劳动活动课程，是学生的感觉知觉全方位地参与互动的课程，学生在各种有意义的劳动过程中体认地域文化，形成良好的劳动素养。因此，我们立足于学生的成长进行过程性评价。

（1）评价内容多元化

依据课程目标，设计制作了“地域文化视域下的劳动活动课程评价标准”，将评价内容分为“劳动·服务、劳动·工具、劳动·创造、劳动·精神、劳动·审美”五大项目模块。每个项目模块下分年段设置了细化的阶段性评价指标。多元化的评价内容，使基于地域文化的劳动活动课程评价的诊断与反馈、推动学生成长的作用得以充分发挥。

（2）评价主体多元化

地域文化视阈下的劳动活动课程联通了学生生活的各个场域，课程评价同样应该指向学生生活的各个场域，将各个场域中参与课程的人员均纳入评价主体，体现出多元化的评价主体，从而成为更全面的课程评价。因此，多元化的评价主体包括：学生本人、同学、教师、家长、社区左邻右舍及其他社会专业人士等。我们以五星评价表为载体，并结合描述性评价，持续推进学生自我评价、家长评价、同伴评价、教师评价、社区邻居评价、专业人士评价等多种评价，用评价助力学生成长。

（3）评价方式多元化

通过多元化的评价方式进行评价贯穿课程实施的各个阶段，对于学生的行为表现具有十分重要的指导和激励作用。因此，本课题设计了多种评价方式。

一是，图表式评价——点亮五星评价表（低、中、高段）（如表 14、15、16 所示），分学段、分项目模块开展评价。一个项目模块完成点亮一颗星，五个项目模块全部完成点亮五颗星，并颁发“五星劳动少年”荣誉。

表 14　点亮五星评价表（低段）

评价项目	评价指标	
劳动·服务	承担洗袜子等简单的自我服务劳动	☆
	承担择菜、洗菜等简单的家务劳动	
	承担简单整理蔬菜等简单的校内外劳动	
劳动·工具	了解并会使用生活常见的简单材料	☆
	了解并会使用生活常见的简单工具	
	使用工具初步了解重庆的地域文化	
劳动·创造	感受劳动人民的创造力	☆
	初步利用材料和工具进行简单的创意手工创作	
	初步学会合理选择工具	
劳动·精神	感受劳动的艰辛和劳动创造的快乐	☆
	初步感知劳动观念和劳动习惯	
	初步学会发现问题、解决问题和他人团结协作	
	初步学会和他人分享劳动成果	
	初步学会爱护劳动工具	
劳动·审美	感受劳动的工具美	☆
	感受劳动创造美好的生活	
	感受重庆地域文化的美	

表 15　点亮五星评价表（中段）

评价项目	评价指标	
劳动·服务	积极开展并坚持自我服务劳动	☆
	积极参与力所能及的家务劳动	
	积极参与校内外劳动	
劳动·工具	正确使用生活中常见的简单材料	☆
	正确使用生活常见的简单工具	
	初步了解并学会一些简单信息技术	
	初步利用厨房工具和材料学会简单的烹饪	
	使用工具学习重庆的地域文化	

续表

评价项目	评价指标	
劳动·创造	亲身体验劳动人民的创造力	☆
	能识读简单的图样，合理选择工具，初步设计制作一些物品	
	能策划、组织简单的劳动项目，服务自己	
劳动·精神	体验劳动的艰辛和劳动创造的快乐	☆
	初步具有劳动观念和劳动习惯	
	积极发现问题，乐意和他人协作共同解决问题	
	乐意和他人分享劳动成果，尊重他人的劳动成果	
	坚持爱护劳动工具	
劳动·审美	体验劳动的工具美	☆
	体验劳动创造美好的生活	
	体验重庆地域文化的美	

表16　点亮五星评价表（高段）

评价项目	评价指标	
劳动·服务	高效地开展自我服务劳动	☆
	高效地开展家务劳动	
	高效地开展校内外劳动	
劳动·工具	创意使用和加工生活中常见的简单材料	☆
	高效地使用生活常见的简单工具	
	正确使用一些简单信息技术	
	了解并学会安全使用和维护一些常用智能劳动工具	
	使用工具传承重庆的地域文化	
劳动·创造	体认劳动人民的创造力	☆
	初步运用信息技术和工具设计制作有创意的数字产品	
	能策划、组织创意的劳动项目，服务他人和社会	

续表

评价项目	评价指标	
劳动·精神	体认劳动的艰辛和劳动创造的快乐	☆
	形成正确的劳动观念，养成良好的劳动习惯	
	主动发现问题，和他人协作共同解决问题	
	主动与他人分享劳动成果，欣赏他人的劳动成果	
	主动爱护劳动工具	
劳动·审美	认同劳动的工具美	☆
	认同劳动创造美好的生活	
	认同重庆地域文化的美	

二是，档案袋式评价。地域文化视域下的劳动活动课程档案袋记录内容有：课程设计方案、学生成果记录（小报、视频、小论文、照片、演示文稿、活动策划方案等）、评价资料等。档案袋式评价全程、全方位记录课程，利用档案袋可以引导学生及时反思，不断完善自我。

三是，荣誉奖章评价。学校根据活动课程的不同主题和不同项目设计了多样荣誉奖章，如：洗袜小明星勋章、家乡菜小厨师勋章、最佳小导游勋章、厨房小美容师勋章等。同时，荣誉奖章在设计上选取重庆市树——黄桷树的树叶为主体图案，更加彰显了地域特色。多样的荣誉奖章鼓励学生在多个劳动项目中取长补短，不断提升。

四是，活动展示评价。分享会、洗袜小达人 show、学校食堂择菜体验日、夏日消暑乐等各种各样的活动，为学生搭建起了不同的展示平台，学生在活动中展示自己掌握的技能、分享自己的感受、发表自己的设计作品，获得了强烈的自我认同感，这种自我认同感是学生形成良好劳动素养、体认地域文化的强大驱动力。

（三）结论与建议

第一，课程一体化设计，发挥劳动教育综合育人功能。2018 年全国教育大会上，习近平总书记强调，要坚持中国特色社会主义教育发展道路，努力建构德智体美劳全面培养的教育体系。这明确将劳动教育确定为全面发展教育的重要组成部分。地域文化视域下的小学劳动活动课程开发，针对城市小学劳动教育资源的特点，结合不同年龄段孩子身心发展的规律，对劳动教育课程进行了一体化、创新性、综合性的设计。回应了陈宝生部长所建议的劳动教育应“丰富载体，通过日常家务、手工制作、非遗传承、学工学农、社会实践、志愿服务等多种方式”。

第二，课程贴近学生生活，劳动教育有效开展。地域文化是连接学生校内生活、家庭生活、社会生活的重要媒介，浸润于学生的生活之中。劳动创造的文化产品、精神财富、审美情趣等这些地域文化的重要因素，本身也能成为劳动教育课程重要资源，影响学生的生活和成长。劳动教育与地域文化的有机结合，在培养学生的劳动意识、劳动能力等方面的基础上，让学生能够感受文化的美好与魅力，产生文化认同感。

第三，构建“学校—家庭—社会”三者协同联动机制。明确学校、家庭、社会三者在劳动教育上的角色与责任，增强各成员间的协作联动，形成合力，促进学校、家庭、社会三者协同育人。

第四，应增强课程评价的反馈作用，解决评价结果怎么用的问题。经评价挑选优秀的劳动活动课程，可以通过课例展示、课题研究等可能的形式，促进课程更优化，并尝试建立学校的精品劳动活动课程资源库。

附录1：劳动素养因子汇总表（部分）

表17　劳动素养因子汇总表（部分）

学者	劳动素养因子
赵雪琴	（1）劳动习惯（2）劳动态度（3）劳动知识（4）劳动技能
文新华	（1）劳动态度（2）劳动习惯（3）劳动能力（技能）
楼锡锦	（1）劳动观（2）劳动品质（3）劳动知识和技能（4）劳动习惯
常宝晶	（1）劳动观念（2）劳动习惯（3）生产知识（4）劳动技能
马开剑	（1）劳动习惯（2）劳动态度（3）劳动情感（4）劳动能力
王毓珣	（1）劳动意识（2）劳动精神（3）劳动知识（4）劳动态度（5）劳动情感（6）劳动意志（7）劳动技术（8）劳动技能　（9）劳动习惯
黄济	（1）劳动观点（2）劳动能力（3）劳动习惯

续表

学者	劳动素养因子
文新华、王连照	（1）劳动态度（2）劳动能力（3）劳动习惯
徐长发	（1）劳动观念（2）劳动习惯（3）劳动情感（4）劳动精神（5）生产技术知识（6）劳动技能
檀传宝	（1）劳动精神（2）劳动价值（3）劳动素养（4）劳动态度（5）劳动知识与能力（6）劳动习惯（7）创造性劳动
班建武	（1）劳动知识（2）劳动技能（3）劳动态度（4）劳动观念（5）劳动消费观（6）时间规划能力（7）劳动审美
许海娇	劳动价值（2）劳动知识与技能（3）劳动品格（4）劳动审美（5）劳动文化
王晓燕	劳动知识与技术（2）劳动观念（3）劳动法律意识（4）劳动情感（5）劳动习惯（6）劳动品质（7）劳动创新精神
李群、郝志华、张萍萍	（1）劳动知识（2）劳动技能（3）劳动态度（4）劳动观念
张荣波、迟晓丽、韩巍	（1）劳动习惯（2）劳动意识（3）劳动兴趣（4）劳动知识（5）劳动技能
李珂	（1）劳动态度（2）劳动习惯（3）劳动品德（4）劳动价值观（5）劳动知识与技能
曲霞、刘向兵	（1）劳动情感（2）劳动观念（3）劳动态度（4）劳动习惯（5）劳动技能（6）劳动价值观（7）劳动伦理观（8）劳动权益意识（9）劳动创造（10）劳动知识技能
程德慧	（1）劳动意识（2）劳动态度（3）劳动习惯（4）劳动兴趣（5）劳动精神（6）劳动技术技能
李珂、蔡元帅	（1）劳动价值观（2）劳动态度（3）劳动技能（4）劳动创新（5）劳动能力（6）劳动精神、劳模精神、工匠精神
杨颖秀	（1）劳动精神（2）劳动智慧（3）劳动态度（4）劳动习惯（5）劳动意识（6）劳动品质（7）劳动创新精神（8）劳动合作精神
……	……

附录 2：课程设计案例

表 18　课程设计案例表

小豆子 大世界								
主题	项目	年段	教学目标	内容	课时	实施方式	评价	资源包
小豆子　大世界	豆里玩	一年级	1. 了解豆子的名称及外型特征 2. 通过豆子游戏，培养学生观察豆子，并进一步了解豆子的基本特征 3. 初步了解豆子的成长过程（绘本） 4. 选择不同的豆子，制作拼图	1. 走近豆子世界 2. 豆子游乐园 3.《一粒小豆子》 4. 豆子拼图 5. 拓展	3 课时	搜集 活动 讲 故事 实践	夺取 豆章	书籍 诗词 图片 实物
	豆名堂	三年级	1. 通过豆形、植株进一步了解豆子的特征和分类 2. 进一步了解豆子的生长，掌握发豆芽技巧 3. 学会观察记录豆子的生长过程 4. 制作豆子成长记（小报、绘本、手账、文章） 5. 烹饪豆芽美食并分享	1. 豆族 ——豆子的身份（图文） 2. 豆子变身记——学习豆子的种植，观察其生长过程 3. 豆展——制作豆子成长记（小报、绘本、手账、文章） 4. 豆子职业规划——制作装饰、继续培养、制作豆芽美食并分享等	4 课时?	教学 操作 展评 记录 实践	填写 目标 评价 表 豆章 夺取 计划	图片 视频 材料 书籍
	豆世界	五年级	1. 回顾豆子的类别 2. 不同的豆子包含不同的营养 3. 欣赏、了解各具特色的地方豆制特色美食 4. 制作豆制菜品 5. 了解关于大豆等农产品的时事	1. 豆的“内涵” 2. “豆”给你看 3. 豆走世界 4. “豆”看世界	2 课时	收集 资料 活动 展评	豆章 夺取 计划	资料 视频 图片 实践

资源包：

绘本《舌尖上的豆子》

影片《杰克与豆茎》

原创绘本《一粒小豆子》

安徒生《一颗小豌豆》

……

项目一　“豆里玩”

一、走近豆子世界

1. 展示豆子，认识豆子。

教师出示图片。

师：看看，这些是什么？（豆子）

师：你认识哪些豆子？你在哪里见过他们？

生：超市，家里……

总结：

豆类属于豆科。包括大豆、蚕豆、豌豆、绿豆、菜豆、小豆等。

大豆根据颜色不同，分为：黄豆、黑豆、青豆等。

菜豆又可分为：扁豆、芸豆、刀豆、四季豆、豇豆等。

小豆的颜色有红、黄、淡绿、灰、白、茶等，常见的是红小豆（赤小豆）。

花生也是豆科，所以它也叫花生豆。

2. 拿出搜集的豆子，和同桌一起认识豆子。

学生拿出自己准备好的豆子，和同桌一起认识豆子，不认识的可以请教同学和老师。

二、豆子游乐园

1. 豆子回家。

（1）我们知道豆子有不同的种类，你能把小组里的所有豆子归归类吗？相同的豆子放在一起。

（2）不同的豆子有什么不同的特点呢？可以从颜色、形状等方面描述，让学生进一步了解豆子的特点。

（3）那你吃过哪些豆子？可以从味觉上说说他们的不同。

大概了解绿豆汤、绿豆糕、红豆沙、黄豆酱、豆浆、蚕豆等豆制品。

（4）重庆的怪味胡豆。

（资料）抗战时期老舍取名怪味胡豆。重庆的怪味胡豆发源于北碚。汪曾祺在《食豆饮水斋闲笔》一书里写道："北碚的怪味胡豆味道真怪：酥、脆、咸、甜、麻、辣。"迄今，重庆全市有 30 多家企业在生产怪味胡豆，年产量大约在 1.5 万吨左右，并已远销到东南亚、北美等国家和地区，2004 年最红火的时候，蝶花牌的怪味胡豆一个单品，就销售了 900 多万元。

2. 夹豆子。

出示儿歌：东院有个小胖子，西院有个小妞妞，手里提着小篮子，要到地里拣豆豆。你拣一颗金豆豆，我拣一颗银豆豆，一颗一颗又一颗，颗颗豆儿圆溜溜。

小组赛：准备绿豆、红豆、黄豆、蚕豆各 10 颗，每人用筷子把豆子夹进盒子里，先夹完的小朋友获胜。

终极 PK：每个小组获胜的队员参加，获胜者颁发豆章。

三、阅读豆子绘本《一粒小豆子》

1. 今天，一粒小豆子要出门旅行了，我们一起和它去看看吧！

出示课件：师生共同阅读故事。

2. 这颗小豆子是谁？（豌豆）

3. 豆子都遇到了谁？他们都是什么做的？（红豆、黑豆、灰豆）

小结：根据豆子的特点，小朋友们可以发挥自己的想象力，制作精美的豆子图，还可以编制精彩的豆子故事呢！

四、制作精美豆子图

1. 欣赏豆子拼图精美图片。

2. 发挥自己的想象力制作豆子图。

3. 展示成品，并简单说明。

4. 小组互相评一评，谁的拼图更漂亮，更有创意。

5. 颁发豆章，评出豆子大王。

五、关于豆子的诗歌拓展

1. 煮豆持作羹，漉菽以为汁。——曹植《七步诗》

2. 红豆生南国，春来发几枝。——王维《相思》

3. 种豆南山下，草胜豆苗稀。——陶渊明《归园田居》

项目二　“豆名堂”

一、豆子身份证 ——豆子的资料（图文）

认识的豆子。

你知道这株植物是哪种豆子的?

再看豆荚，你能根据豆荚判断这是什么豆子吗?

了解并学习植株、豆荚、豆子的关系。

二、豆子变身记——学习豆子的种植，观察其生长过程

1. 讨论豆子是怎么成为豆子的。

2. 引出课题：

同学们，豆芽是豆子生长过程中的一个阶段，你认识这是什么豆芽吗?示图（黄豆芽、绿豆芽、豌豆芽等）

3. 你经常吃豆芽吗? 你对豆芽的了解有哪些?

豆芽被《神农本草经》称为“大豆黄卷”，中国发明豆芽约有两千多年的历史。

4. 豆芽的好处：

豆类含有较高的蛋白质、脂肪及碳水化合物，经过适当的发芽处理后，其化学成分均有所改变，营养价值也得以提高，并可以形成独特的风味及口感。

豆芽菜均性寒味甘，但功效不同。绿豆芽容易消化，具有清热解毒、利尿除湿的作用，适合湿热郁滞、口干口渴、小便赤热、便秘、目赤肿痛等人群食用。黄豆芽健脾养肝，其中维生素 B2 含量较高，春季适当吃黄豆芽有助于预防口角发炎。黑豆芽养肾，含有丰富的钙、磷、铁、钾等矿物质及多种维生素，含量比绿豆芽还高。豌豆芽护肝，富含维生素 A、钙和磷等营养成分。蚕豆芽健脾，有补铁、钙、锌等功效。

5. 生豆芽。

（1）准备生豆芽需要的器具：每个小组准备一个透明的塑料杯和二十粒黄豆。（2）组织“种豆芽”的活动。

介绍种豆芽的方法：

用足量的水将黄豆浸泡一天，然后把水沥干。用剪刀在杯子的底部打几个小洞，用来沥掉多余的水分。从第二天开始，每天给黄豆浇两次水，不要随意翻动黄豆。

学生按组尝试着种豆芽。

6. 观察记录。

（1）学生每天定时给黄豆加水，并仔细观察黄豆的变化，直到黄豆长成豆芽。（2）将自己每天看到黄豆的变化以及自己的心情及时记录下来，写成观察日记片段。

（3）观察总结：

回忆一下，为了成功地制作豆芽，我们都做了哪些事呢？

（准备杯子、豆子，给豆子浇水，观察并记录豆子的变化……）

大家在观察的时候，主要是抓住了豆子的哪些变化特点进行观察？

（外形变化、生长情况）

（4）经过一个星期的辛勤劳动，同学们一定有许多的话想说吧。

学生畅谈自己种豆芽的感想或启发，并将自己的感想记录下来。

三、群英荟萃——制作豆子成长记（小报、绘本、手账、文章）

1. 豆子的成长，是一个神奇的过程，将我们观察到的生长变化用特别的方式记录下来，有助于我们更科学地探索。

2. 记录方式：文字、拍照、绘画、标本等。

呈现方式：日记、小报、绘本、美篇、PPT 等

四、豆展——豆子的“职业规划”分享会

豆芽终于长出来了，我们可以继续发展豆芽的神奇力量：

1. 豆饰——将豆芽移植在漂亮的器皿中，放到室内合适的位置继续培养，让豆芽成为一盆漂亮的绿植装扮，让室内充满生机。

2. 豆生——将豆芽移植到土壤中，继续学习并观察土培植株的发展及变化，做好记录，感受豆子完整的生长过程。

3. 豆宴——将豆芽制作成美食，可与家人研究制作方法，炒、煮、凉拌等，感受劳动的乐趣，珍爱劳动果实。

五、豆延伸

1. 不同豆子的生芽实践。

2. 豆子的形态可谓是变幻莫测。你知道豆子会变成哪些物品吗？

（豆浆、豆奶、豆花、豆腐脑、豆腐乳、豆腐、豆干、豆皮、豆瓣、豆豉、豆油、豆糕、豆包……）

3. 认识、品尝豆产品，感受豆食的博大精深和创作豆食的劳动智慧。

项目三　“豆世界”

一、豆的“内涵”

1. 你知道豆子都有哪些吗？看着植物图片识别豆类。

2. 那你知道每一种豆子有着不同的营养吗？

资料：

（1）红豆：具有清热解毒、健脾益胃、利尿消肿、通气除烦的功效，可

治疗小便不利、脾虚水肿、脚气症等，李时珍称红豆为“心之谷”。

（2）绿豆：含丰富的维生素A、维生素B、维生素C，有降血压的作用，同时对疲劳、肿胀、小便不畅有很好的功效。

（3）黄豆（又称大豆）：含有丰富的蛋白质、脂肪，还有卵磷脂及多种维生素。与其他食品比较，仅蛋白质一项黄豆比瘦肉多1倍，比鸡蛋多2倍，比牛乳多1倍。黄豆中的皂草苷可延缓人体衰老；黄豆中磷含量可观，对大脑神经非常有益，神经衰弱及体质虚弱者，常食有益；黄豆对缺铁性贫血患者大有裨益。

（4）黑豆：黑豆味甘性平，有补肾强身、活血利水、解毒的功效，特别适合肾虚者食用。黑豆营养丰富，有“豆中之王”“营养之花”之美称。

（5）豌豆：有补中益气、利小便的功效，是脱肛、慢性腹泻、子宫脱垂等中气不足症状的食疗佳品。豌豆含有丰富的β-胡萝卜素，食用后可在体内转化为维生素A，有润肤的作用，皮肤干燥者应该多吃。但要注意豌豆吃多了容易腹胀，消化不良者不宜大量食用。

（6）芸豆：味甘平、性温，有温中下气、利肠胃、止呃逆、益肾补元气等功效。适合心脏病患者和患有肾病、高血压等需低钠及低钾饮食者食用。芸豆还含有皂苷、尿素酶和多种球蛋白等独特成分，具有提高人体自身的免疫能力，增强抗病能力，激活淋巴T细胞，促进脱氧核糖核酸的合成等功能，对肿瘤细胞的发展有抑制作用，因而受到医学界的重视。吃时注意必须煮熟、煮透，否则会引起中毒。

（7）蚕豆：蚕豆性味甘平，有健脾利湿的功效，特别适合脾虚腹泻者食用。但蚕豆不可生吃，也不可多吃，以防腹胀。特别需要注意的是，少数人吃蚕豆后会发生急性溶血性贫血，也就是俗称的“蚕豆黄病”，应尽快送医院救治。

（8）鹰嘴豆：与其他豆类相比，鹰嘴豆的食疗作用特别突出。它盛产于中国新疆，因豆子的外形酷似鹰头而得名。它有止泻、解毒、强身等作用，富含异黄酮、鹰嘴豆芽素等活性成分和膳食纤维，有降血糖的作用，还可以用来治疗支气管炎、黏膜炎、便秘、痢疾、肠胃胀气、皮肤瘙痒、糖尿病、高血脂等疾病。此外，鹰嘴豆还含有丰富的抗炎症功能因子，有炎症的人应该多喝点鹰嘴豆粥。

3. 你喜欢哪种豆？为什么？

4. 生活中我们常常食用的是哪些？都做成了什么？

寻找生活中的豆制品：

豆制品主要分为两大类，即以大豆为原料的大豆食品和以其他杂豆为原料的其他豆制品。大豆食品包括大豆粉、豆腐、豆腐丝、豆浆、豆浆粉、豆腐皮、油皮、豆腐干、腐竹、素鸡、素火腿、发酵大豆制品、大豆蛋白粉及其制品、大豆棒、大豆冷冻食品等。发酵性豆制品如天贝、腐乳、豆豉、酸豆浆、酱油等。

5. 观看酱油的制作视频（http：//www. iqiyi. com/w_ 19rvksluuh. html）。

6. 观看豆腐的制作视频（https：//jingyan. baidu. com/article/e5c39bf5eb213739d76033d5. html）。

7. 豆子大变身。

师：你还见过或者吃过哪些豆子制作成的食品或菜品了？

例如：

食品：零食类的，蚕豆、豌豆、豆沙包、绿豆糕、黑豆浆……

菜品：麻婆豆腐、椒盐黄豆、芹菜炒豆干、凉拌豆皮、豆腐脑、豆花、青豆炒肉、八宝粥……

小结：人类栽培这种作物已有超过 1 万年的历史。豆类是蛋白质的重要的来源，纵观新旧世界历史，至今依然如此。宁可一日无肉，不可一日无豆。

二、“豆”给你看

学生自己制作一道与豆子相关的菜。

（1）准备菜单。

（2）购买食材。

（3）根据菜单制作菜品。

（4）邀请家人品尝。

（5）拍照，制作小报（包含：制作过程、营养价值、家人评价、收获等方面）。

（6）展评小报。

三、豆走世界

大豆已经在亚洲文明中种植了数千年，是当今全球最重要的粮食作物之一。根据它们的使用方式，这些豆类可分为豆类、油籽、蔬菜甚至燃料来源，下面是世界十大盛产大豆的国家，一起来看看有哪些吧。

欣赏相关资料（资料包）。

四、“豆”看世界

1. 了解大豆及其他农产品的进出口情况，以及中美贸易战。

2. 电影《杰克与仙豆》。

附录3：课程实施案例

重庆是我们的家乡，暑假，孩子们通过“山城红”“消暑乐”两个主题活动，用劳动实践来感受家乡的特色。

具体任务清单：

一年级：认识家乡出产的蔬菜，选择三种蔬菜学会择菜方法，完成家庭理菜工作。

二年级：家乡炎热的夏天需要每个孩子自己学会保持身体洁净，学会把袜子洗干净，自己事情自己做。

三年级：家乡菜真美味，学做两种家乡菜，当好小厨师，和家人一起分享。

四年级：夏日清清凉，学做两种消暑饮品，和家人一起分享。

五年级：我是夏日送凉员，认识不同的夏日消暑电器，学会清洗两种家用电器。

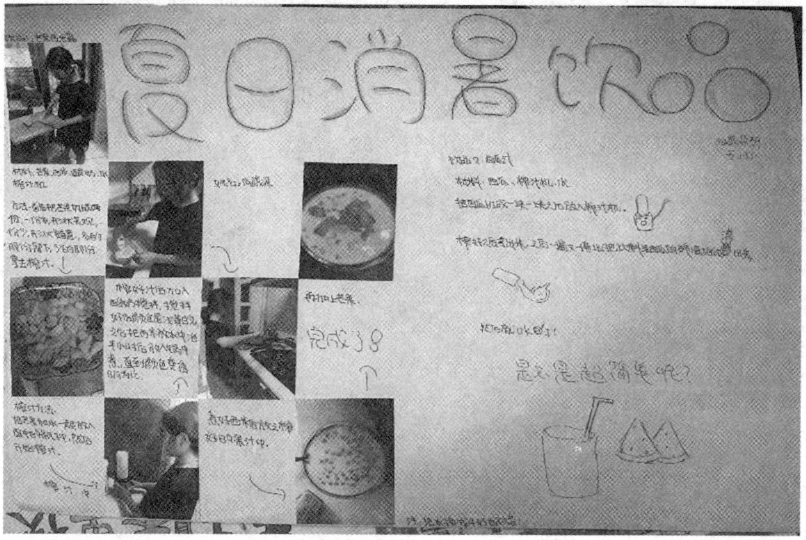

活动形式：

在家中完成相应任务，通过照片、手账、视频、文字、图画等方式记录下劳动的过程。

劳动成果展示与分享：

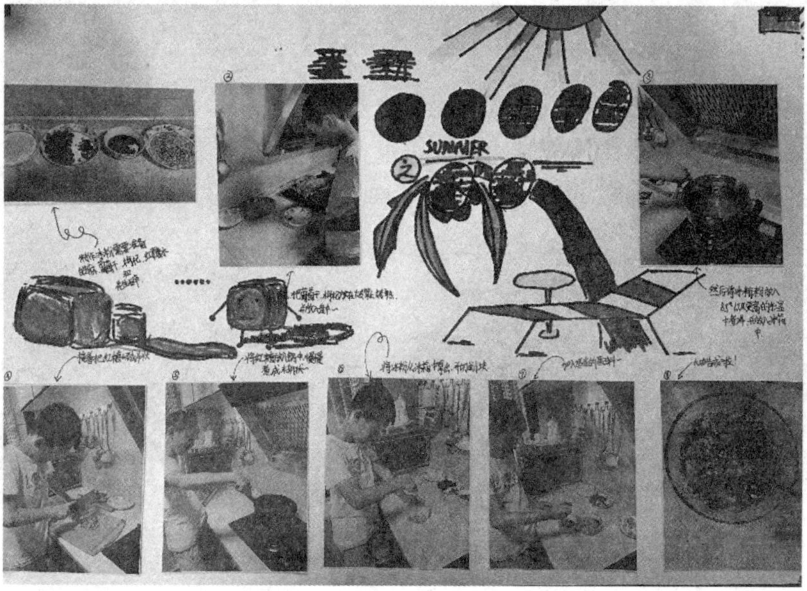

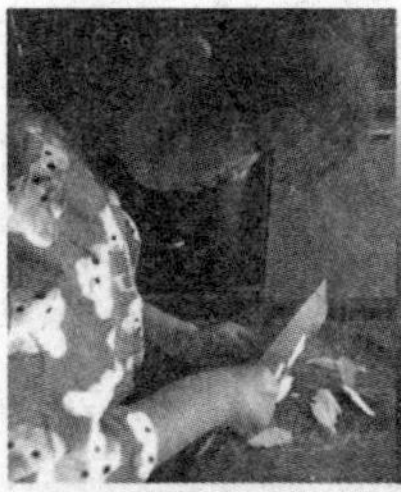

第一步：煮西米

1.水沸腾后放入西米，西米边缘变透明时容易粘锅，所以得不停搅拌。

2.西米中间还有一点点白色时关火。

3.关火后再闷一会儿，再用凉白开泡凉。

经过大家的努力，终于完成了。这可真不是一件简单的事，每个人脸上都挂着汗珠。

享用下午茶前，一年级的学弟学妹们还集体感谢了我们。

第十五章

儿童哲学启蒙教育的实践探索

本研究以《儿童哲学启蒙》校本课程建设为依托，从儿童的思维与认知方式出发，利用儿童与生俱来的探究与思考的优势，探讨小学儿童哲学启蒙教育的教学目标、教学内容、教学形式、实施途径和方法，启迪哲学思想，突出培育儿童爱智慧的能力，培养儿童务本、求真、简洁、系统的思维习惯，帮助儿童形成爱观察、爱思考、爱总结、爱实践的学习、生活方式，实现精神世界的自我建构，开启儿童探究自我与世界的使命；改变教师的教育观念及教学行为，将“教育应发展学生的思维能力”这一理念植入教师观念中；探究小学课堂自觉融入大中小幼一体化德育体系的可能路径。

星湖学校开设《儿童哲学启蒙》课程，源于以下四个思考。一是基于儿童发展需要。儿童是天生的哲学家，与哲学家思维存在内在一致性，对哲学的了解能够满足儿童与生俱来对世界的好奇心。二是基于教育改革需要。当前新课程改革亟待“从“传授知识”转向“培养智慧”，要加强儿童的推理判断能力，最适当的帮助就是哲学中的逻辑和思辨，它们能让儿童更有理性、更会思考。三是国家战略方针。2016 年 5 月 17 日，习近平在哲学社会科学座谈会上的讲话提道：“要按照立足中国、借鉴国外，挖掘历史、把握当代，关怀人类、面向未来的思路，着力构建中国特色哲学社会科学，在指导思想、学科体系、学术体系等方面充分体现中国特色、中国风格、中国气派。”这无疑为星湖学校设计哲学启蒙课程指引了正确的方向。四是基于学校发展实际。哲学是一切学科的基础和源头，小学阶段开设儿童哲学启蒙课程，有助于构建系统衔接的大中小幼一体化德育，形成可持续、可示范、可引领、可辐射、可推广的先进经验和典型做法。

一、儿童哲学启蒙教育实践研究的开展情况

学校校本课程得以进一步完善，编写了涵盖6个年级的校本教材，探索了儿童哲学课程的教学模式，学校知名度和美誉度得到了提升。儿童认识世界的哲学视角和思维方式得以启蒙，激发了儿童学哲学、用哲学的兴趣，拓展了儿童思维发展的宽度与深度。视野宽、格局大，能创新、善实践、具有世界眼光的中国小公民素养正在形成。教师自身哲学素养得以提升，“教育应发展学生的思维能力”这一理念很好地渗透到了教师的观念中。

（一）准备阶段（2018年9月—2019年1月）

一是本研究全面梳理国内外相关校本教研的学术性、实践性文献，广泛查阅中国知网电子图书、纸质图书、专业报刊等，认真研读已有研究成果，形成本课题的理论基础。二是自拟信度、效度较高的访谈提纲，分别对校长、教师、教研人员、教育行政领导和知名专家进行深度访谈，分层召开开设儿童哲学启蒙课程的意见征求会，掌握发展需求和建议。三是组织专家，走进学校实地考察、观摩、研究儿童哲学方面的开展情况，总结成绩、梳理问题，提出建议。四是分层分批组织专家进行论证，广泛征求相关领域教师和学校意见，阅读参考文献资料，制定研究方案。五是召开专家咨询会，对课程进行可行性论证；召开课题组成员研讨会，培训课题组成员。六是撰写课题方案。

（二）实施阶段（2019年2月—2019年9月）

首先，筹备、编写《儿童哲学启蒙》校本教材。在全面调查学生哲学素养发展水平，研读国内儿外童哲学教育相关文献的基础上，制定校本教材编写方案如下：课程内容（经典文句）梳理（2019年2月）；教材体例架构，听取课程专家建议（2019年3月）；教材编写（2019年4月）；教材审校（2019年5月）；教材印刷（2019年6月）。其次，编写《儿童哲学启蒙课程纲要》。再次，开展《儿童哲学启蒙》课例研究。在校本教材编写研究过程中，且思且行，将编写的初稿实践于课堂，在实践中探究论证课堂教学模式，开展连续的课堂实操演练。最后，发布课程：2019年6月12日，在两江新区星湖学校举办《儿童哲学启蒙》课程发布会。

（三）总结阶段（2019 年 9 月—2019 年 11 月）

一是收集整理资料。归类收集实验过程中各种资料、统计分析，撰写研究报告，完成工作成果报告。二是出版教材《儿童哲学启蒙》。三是提炼儿童哲学课程教学实施模式。四是依照相关模式，在全校各学科广泛展开儿童哲学启蒙教育。五是汇编精品教案集。搜集整理星湖教师教案集，建立精品课例集等资源库。六是推广交流，成果鉴定。

二、儿童哲学启蒙教育实践研究的取得成果

（一）构建了《儿童哲学启蒙》校本课程体系

1. 编写了《儿童哲学启蒙》课程纲要

纲要明确了《儿童哲学启蒙》课程性质、基本理念、课程目标与内容、实施建议、原则与评价。纲要指出：儿童哲学启蒙课程教育目标是启蒙学生哲学思想，突出培育儿童爱智慧的能力，培养儿童务本、求真、简洁、系统的思维习惯，帮助儿童形成爱观察、爱思考、爱总结、爱实践的学习、生活方式，力求从思维习惯和生活方式上为学生未来学习、生活和工作奠定重要的基础。

2. 出版了《儿童哲学启蒙》校本教材

（1）教材编写基本理念

①中国风格

选择有中国风格、中国气派的先贤经典经文为切入点，结合中国传统故事，培养视野宽、格局大，能创新、善实践、具有世界眼光的中国小公民。

②重在哲思

以启迪儿童智慧为目的，培养儿童发现、辨析、判断、创造能力的学问，培养儿童务本、求真、简洁、系统的哲学思维习惯，帮助儿童形成爱观察、爱思考、爱总结、爱实践的学习、生活方式。

③聚焦启蒙

每学期 18 句，每学年 36 句，力图通过小学六年 216 句经典经文的熏陶，系统培养小学生哲学思考能力。

（2）教材编写基本原则

①体现民族核心价值观

教材内容选择上体现民族核心价值观和典范汉语特色，以中华传统文化典籍为基本内容，采取“撮其精要，整合再现”的方式组织教材。

②遵循哲学本质特点

哲学来源于社会、自然，人生既是世界观，也是方法论。教材编写内容选择坚持“以物悟道，哲学从自然中来；以事悟道，哲学从社会中来；以人悟道，哲学从人生中来”三条基本路径。

③遵循儿童认知规律

儿童的认知发展主要包括：感知觉能力、注意力、记忆力、问题解决能力、推理能力等很多方面。儿童认知能力的发展是随着大脑不断发育成熟而逐渐提升的。教材内容编排顺序遵循儿童认知规律，结合教材学习重在哲思的特点，以守正出奇思维、对立统一思维、守柔贵雌思维、利他思维、胜己思维、不争思维等哲学思维为基础，根据汉字简短度、道理浅显度，由浅入深，螺旋编排，循序渐进，有限读经，推动儿童各项核心素养的发展，呵护儿童的好奇心和探究精神，提升智力发展的宽度与深度。

（3）教材编写体例

①哲学经文

从我国古代的经典书籍中挑选适合该年龄阶段学生学习的哲理名句。

②原文大意

用简洁的语言对经文的意思进行解释。

③哲学视角

从哲学角度理解经文中的哲学意蕴。

④哲学启示

经文蕴含的哲理在生活中的运用。

⑤哲理故事

通过阅读与经文相关的故事，给孩子提供更广阔的思维空间。

表 19 《儿童哲学启蒙》校本教材课程内容一览表

主题	哲学经文	哲学视角	课时
初识·播下智慧种子	合抱之木	量变和质变的关系	1
	天下难事	事物的发展变化先从细小处开始	1
	五色令人目盲	做事要有度	1
	金玉满堂	矛盾双方相互贯通	1
	祸兮，福之所倚	矛盾是对立统一的	1
	贵以贱为本	世间万物对立统一	1
	大器晚成	事物发展的规律	1
	不以规矩	凡事有规律可循	1
	严家无悍虏	事物有特殊性	1
	己所不欲	矛盾的双方既有同一性又有斗争性	1
	满招损，谦受益	事物对立统一	1
	博学之	认识具有无限性	1
	审问之	实践与认识	1
	慎思之	意识具有能动性	1
	明辨之	透过现象认识本质	1
	笃行之	实践是认识的最终目的	1
	知之为知之	求真求实	1
	学而时习之	理论到实践	1
	学而不思则罔	认识是不断发展的	1
	甘瓜苦蒂	事物之间对立统一	1
	人谁无过	矛盾双方是互相转化的	1
	流水不腐	运动是物质的根本属性	1
	投我以桃	矛盾双方相互联系、相互依赖	1
	信言不美	通过现象看本质	1
	病从口入	时空与物质运动是不可分离的	1
	右手画圆	抓住重点和关键	1
	一手独拍	整体与部分的关系	1
	一目之视也	学会全面看问题	1
	德薄而位尊	矛盾内部双方不平衡	1
	天地与我并生	人与自然和谐统一	1

续表

主题	哲学经文	哲学视角	课时
启蒙·萌发哲思幼芽	染于苍则苍	人是社会环境的产物	1
	远水不救近火	一切从实际出发	1
	不积跬步	量变到质变	1
	百闻不如一见	实践出真知	1
	耳闻之不如目见之	实践出真知	1
	欲穷千里目	认识是不断深化发展的	1
	会当凌绝顶	用发展的眼光看问题	1
	多易必多难	事物发展过程中的对立统一	1
	三思而后行	意识具有能动作用	1
	欲速则不达	一切从实际出发	1
	人一能之，己百之	量变的积累会引起质变	1
	德不孤，必有邻	追求真理，坚持真理	1
	自见者不明	凡事过度就会相反方向转化	1
	知人者智	人是认识的主体	1
	知足者富	树立正确的世界观、人生观和价值观	1
	以德报怨	正确认识矛盾	1
	礼尚往来	联系是客观世界的普遍特性	1
	兼听则明	认识过程中要尽可能避免片面性	1
	言顾行，行顾言	主观要和客观相统一	1
	轻诺必寡信	发挥主动能动性要和尊重客观规律性相统一	1
	凡事预则立	按客观规律办事，正确发挥主观能动性	1
	三人行，必有我师焉	认识是有局限性的	1
	学然后知不足	实践是探索和改造客观世界的能动活动	1
	操千曲而后晓声	整个世界是无限发展的	1
	知之而不行	认识世界的目的是为了改造世界	1
	道虽迩，不行不至	发挥主观能动性	1
	锲而舍之，朽木不折	正确地发挥人的主观能动性	1
	强行者有志	内因是事物发展的根本动力	1
	勿以恶小而为之	树立正确的价值观	1
	志不强者智不达	矛盾的同一性和斗争性	1

续表

主题	哲学经文	哲学视角	课时
探究·生长思维枝叶	高岸为谷	一切事物都是在运动变化的	1
	天下之事，不进则退	事物的运动变化发展是永恒的	1
	慎终如始	矛盾的转化有一个从开始到结束的过程	1
	慎易以避难	透过事物的现象去认识事物的本质	1
	差之毫厘	联系是事物的关系	1
	玩人丧德	树立正确价值观	1
	君子坦荡荡	正确的认识事物运动发展规律	1
	以肉去蚁，蚁愈多	矛盾各有其特殊性	1
	亡羊而补牢	认识与实践	1
	良医之门多病人	对立统一，相辅相成	1
	知足之足，常足矣	适度	1
	胜人者有力	人既是认识的主体也是认识的对象	1
	知者不博	认识需要不断深化发展	1
	文质彬彬，然后君子	形式和内容的统一	1
	工欲善其事	主客观要统一	1
	欲成其事	否定之否定规律	1
	博观而约取	要重视量的积累	1
	宜未雨而绸缪	认识事物矛盾运动的规律	1
	士虽有学	学以致用，知行合一	1
	知不知，尚矣	努力做到主观与客观一致	1
	泰山不立好恶	事物的发展需要各种条件	1
	人无远虑	事物在相互联系中运动发展	1
	博学而笃志	树立正确的价值观	1
	礼之用，和为贵	各个方面的配合协调，多样性的统一	1
	君子和而不同	矛盾的同一性和斗争性	1
	躬自厚而薄责于人	善于正确地认识矛盾，化解矛盾	1
	有力者疾以助人	根据矛盾双方特点解决矛盾	1
	君子不镜于水	现象和本质，形式与内容	1

续表

主题	哲学经文	哲学视角	课时
探究·生长思维枝叶	仰不愧于天	以求真务实的态度来提高自己的修养	1
	爱人者，人恒爱之	矛盾双方相互联系、相互依赖	1
	天时不如地利	正确发挥人的主观能动性	1
	得道多助	只有人民才是创造历史的动力	1
	穷则独善其身	正确认识和把握社会历史规律的客观性	1
	生于忧患而死于安乐	认识与实践的辩证关系	1
	故天将降大任于是人也	失败是成功之母	1
	甘井近竭	事物都不是孤立存在的	1
	君子之交淡若水	树立正确的价值观	1
	有力者疾以助人	根据矛盾的特点，采用不同的方法	1
	君子不镜于水，而镜于人	现象的本质，形式与内容	1
	从善如登	量变和质变的关系	1
	不识庐山真面目	实践和认识的关系	1
理解·静待品格花开	仰不愧于天	以求真务实的态度来提高自己的修养	1
	爱人者，人恒爱之	矛盾和发展的关系	1
	天时不如地利	在条件一定的情况下，人的主观能动性是解决问题的关键	1
	穷则独善其身	认识和把握社会的规律	1
	生于忧患死于安乐	辩证关系	1
	君子之道，譬如远行，必自迩	量变产生质变	1
	尺有所短	事物都具有自己的特点	1
	水能载舟	全面认识事物性质和特点	1
	公生明	因果关系	1
	人之于文学也	通过量的积累才能实现质的飞越	1
	山重水复疑无路	事物总是发展变化的	1

续表

主题	哲学经文	哲学视角	课时
理解·静待品格花开	玉在山而草木润	外因通过内因起作用	1
	为之于未有	凡事预则立，不预则废	1
	沉舟侧畔千帆过	新事物一定能战胜旧事物	1
	水利万物而不争	透过表面现象看事物的本质	1
	弱之胜强	矛盾双方在一定条件下可以相互转化	1
	功成而弗居	事物发展有自身的规律	1
	君子喻于义	树立正确的价值观	1
	美言可以市尊	事物都是相互联系和变化发展的	1
	知其雄，守其雌，为天下溪	辩证的观点	1
	祸莫大于不知足	凡事知足，过度则会走向反方向	1
	慈故能勇	辩证的观点	1
	君子贤其贤而亲其亲	人的价值观不同，选择不同	1
	善不积不足以成名	事物的发展总是由量变到质变	1
	日月之行	物质运动的多样性	1
	非淡泊无以明志	矛盾有主次之分	1
懂得·结出德行硕果	大德必得其位	内因是事物发展的根据	1
	天行健	树立正确的价值观	1
	不吹毛而求小疵	树立正确的价值观	1
	巧诈不如拙诚	形式和内容一致	1
	必有忍	世界上一切运动着的事物，都是互相联系、互相制约，遵循一定的规律，在一定的范围内有秩序地运动的	1
	成事不说	大局意识和全局观念	1
	和大怨	不激化矛盾，才能化解矛盾	1
	贫生于富	矛盾双方在一定条件下相互转化	1
	大直若曲	矛盾的对立统一	1
	大勇若怯	透过现象看本质	1

续表

主题	哲学经文	哲学视角	课时
懂得·结出德行硕果	日中则移	事物发展的辩证法	1
	业精于勤	事物发展离不开内因和外因	1
	智者千虑	一分为二的观点	1
	求其上	经过反复实践把握事物规律	1
	是故置本不安者	主要矛盾和次要矛盾	1
	君子性非异也	外因是事物发展的外部条件	1
	不明察	从实际出发	1
	一鼓作气	认识规律，善于利用规律	1
	尽信书则不如无书	理论要和实际相结合	1
	射人先射马	事物的矛盾有主次之分	1
	一念收敛	树立正确价值观和人生观	1
	蚍蜉撼大树	一切从实际出发	1
	观众器者为良匠	实践和真知	1
	察己则可以知人	事物是普遍联系和变化发展的	1
	和氏之璧	客观存在不以人的主观意志为转移	1
	上善若水	真理及其客观性	1
	夫唯不争	辩证法	1
	天下之至柔	矛盾双方在一定条件下可以相互转化	1
	知我者谓我心忧	现象与本质的辩证关系	1
	前不见古人	物质运动的无限性	1
领悟·收获人生价值	将欲歙之	创造条件，促成矛盾的转化	1
	将欲弱之	物极必反	1
	将欲废之	盛极而衰	1
	将欲取之	事物的发展和变化是相辅相成的	1
	持而盈之	凡事都要适可而止，不能过度	1
	仁者无敌	以民为本	1
	仁者以财发身	发展生产力的目的是为了实现我们最高的社会理想	1
	己欲立而立人	个人离不开社会	1

续表

主题	哲学经文	哲学视角	课时
领悟·收获人生价值	不以物挫志	树立正确的人生观	1
	高山仰止	树立正确的人生观、价值观	1
	至誉无誉	树立正确的人生观、价值观	1
	才聚则民散	树立正确的价值观	1
	言悖而出者	事物都是互相联系和变化发展的	1
	货悖而入者	事物都是互相联系和变化发展的	1
	刺骨，故小痛在体而长利在身	整体和部分	1
	以铜为镜，可以正衣冠	矛盾双方在一定条件下可以相互转化	1
	穷则变	量变的积累引起质变	1
	不失其所者久	意识具有能动作用	1
	太刚则折	正确认识矛盾及矛盾的主次	1
	大成若缺	矛盾的普遍性	1
	曲则全	对立统一	1
	夫物盛而衰	对立统一	1
	善行，无辙迹	透过表面现象看事物的本质	1
	万物并育而不相害	事物在相互联系中存在发展	1
	无为而无不为	遵循客观事物的自然规律	1
	天之道	事物都是相互联系和变化发展的	1
	人法地	认识运动规律	1
	先天下之忧而忧	树立正确的价值观	1
	皮之不存	事物是相互联系的	1
	出淤泥而不染	内因，是决定事物运动发展变化的决定性因素	1

编写《儿童哲学启蒙》教材使用说明：

①汉语拼音

教儿童读准字音，方便自主诵读。

②哲学经文

理解背诵，积累中华传统文化知识，获得中华传统文明的情感体验。

③原文大意

多元合作，粗知大意。

④哲学视角

主要作用是帮助教师教学，学生在学习过程中略有感知即可。

⑤哲学启示

利用哲理故事，引入社会热点问题、国际时事、家庭教育、校园生活、实践活动、绘本阅读等话题辅助初步理解。

⑥哲理故事

亲子共读，合作阅读、自主阅读，粗知大意，辅助理解哲学经文。

（二）探寻出儿童哲学启蒙教育的基本路径

哲学来源于社会、自然、人生，哲学既是世界观，也是方法论。在对儿童进行哲学启蒙的过程中，遵循哲学源于自然、社会、人生的本质特点选取教学素材，引导儿童在实践中开启哲学思考。

以物悟道，哲学从自然中来；以事悟道，哲学从社会中来；以人悟道，哲学从人生中来。星湖学校围绕这三条基本路径，坚持“开放性、人文性、启智性、活动性、合作性”五原则推进课程实施，让学生在学习中感受哲学务本求真、简洁自然之美，激发学哲学、用哲学的浓厚兴趣。

聚焦培养学生爱哲学、爱智慧的能力，具体体现在以下四方面：

一是爱观察。鼓励学生观鸟兽虫鱼，知天下万事，从人生经历、社会活动、自然规律中发现哲学意蕴，感受哲学的本真美。

二是爱思考。培养善于发现问题，提出问题，思考问题，让思维动起来，感受哲学的思维美。

三是爱总结。提倡学生把零碎的经验整合联系在一起，通过系统的记忆和理解，分析总结出深刻的感悟，体会哲学的逻辑美。

四是爱实践。帮助学生通过把自己总结出来的经验宇规律落实到实践中，让理论联系实际，让孩子感悟生活，爱上生活，更好生活，激发哲学的创造美。

（三）探寻出儿童哲学启蒙教育的一般原则

1. 实践性原则

立足中国传统文化，紧扣立德树人，培养有中国风格的新时代儿童。儿童哲学启蒙教育从学生的现有生活经验出发，结合教学内容，使新知呈现形式贴近学生的生活经验，贯彻“教学做合一”的思想，通过加强与学生生活的联系，沟通哲学与生活，提高学生生活实践的能力，培养良好的个性品质。

2. 趣味性原则

根据小学生好动、好奇、注意力不容易集中的年龄特点，精心设计教材，为学生提供生动有趣的情境，如故事、辩论、情景剧等，唤起学生学习儿童哲学的热情，激发学生学习儿童哲学的欲望。

3. 现实性原则

小学生的思维具有较强的形象性，从现实生活中选取生动形象的典型故事和情境，把哲学知识生活化，把现实生活哲学化，让学生体会哲学与生活的紧密联系，降低学生学习儿童哲学的难度，增强学生学习儿童哲学的乐趣。

4. 动态性原则

在教学中根据所教内容、学生的生活经验和现有的条件创设情境，通过多媒体、表演、操作等使情境动态化。

5. 开放性原则

创建的课堂情境促使学生思维呈现活化状态，学生思考的空间广阔，可以从不同的角度提出问题，用不同的方法来解决问题，学生分析问题的方法不唯一，解决运用的途径不唯一，结论和答案不唯一。

（四）构建了儿童哲学启蒙教育课堂教学模式

通过对项目进行持续实施和深入研究，形成了儿童哲学启蒙教育课堂教学模式。

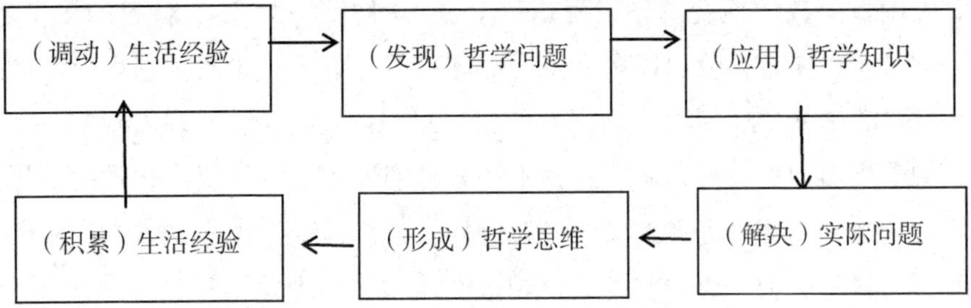

图 2　儿童哲学启蒙教育课堂教学模式图

三、儿童哲学启蒙教育实践研究的队伍成长

（一）实现了教师从“以传授知识为主”到“以人为本”教育观念的转变

老师们查阅当今世界发达国家基础教育理念，特别是小学哲学教学的教学理念和实施方略，认识到哲学的“根”深植于生活的沃土之中，在人向着高质量的生活需求方向迈进的过程中，需要哲学不断支持，是生活催生了哲学，是生活丰富了哲学，是生活发展了哲学。老师们一致认为要在课堂上、在实际教学中将学生、生活与哲学有机结合起来。有了这样的教育理念，大家边学习边研究，教师的教育观念转变很快。在课堂教学中，不再只是在形式上把情感、过程目标排列在第一，而是实实在在地把情感、过程目标作为教育教学的重点。在教学中重知识教学，更重学生在获取知识过程中的情感投入，及为获取知识并形成相应的能力而进行的探索过程。这样的目标定位，反映了教师从以“知识教学为本”向以“人的教育为本”，以“人”的发展为本的教育观念的重大转变。

（二）提升了教师的业务水平

为了切实提高教师的教育教学业务水平，课题组在课题论证立项之初，就重视对教师进行理论补课。在整个实验过程中，我们通过教师自学，课题组集体研讨，上网查阅现有研究成果，邀请专家作专题讲座等多种路径，扩大教师在理论上的积累。同时，我们在课堂教学中挖掘教学内容与生活，特别是与学生所关心的实际生活的联系，围绕教学目标精心重构教学内容，教师不再唯教材、教参是从。在教学目标的设定、教学内容的选择、教学方法的应用、教学评价多元等方面，教师发挥了更大的自主性。整个课堂教学过程，教师作为教学情境的创设者、教学过程的组织者、教学材料的提供者、教学评价的组成者，他们以多元整合的教育服务者身份出现。这里显示的不仅仅只是教师从“主宰型”到“服务型”意识的转变，更体现教师实际教学上的服务能力的提高。在实验过程中，教师们实现了由线状式教学向版块式教学的转变，一部分优秀教师已经能够比较熟练地应用框架式教学。教师重组教学内容的能力、组织教学的调控应变能力、自主设计教学过程、分析他人教学过程时所显示的理论水平、教学中的心理承受能力等都大为增强。

四、儿童哲学启蒙教育实践研究的经验总结

（一）哲学生动化

归根到底，哲学是一门“说教”的科学。所谓“说教”，一般都带有一定批评和啰嗦的意味，而这两点往往连成人都很反感，更别说我们准备“说教”的对象是一群天真活泼的孩子了。哲学要讲道理，还要讲得让孩子们能接受，那么我们的课程内容就必须得让儿童喜欢。这就要求教师举例要生动，内容要有趣，语言也要简练且有吸引力，最重要的是，要让孩子们参与其中，爱上我们的哲学课堂。

（二）有哲学味

哲学是一门形而上学的学科，很多时候都让手中有一种只可意会不可言传的感觉。我们的哲学课堂，必须打破“意会”的屏障，让孩子们有所“得”。那么“屏障”破碎后的哲学性从何而来呢？举例和情境。孩子们在例子和情境中初步领会表象的道理，再通过举例子、小组讨论和教师的引导，就能够慢慢接近哲学课堂的内核，认清哲学原理。同时，在课堂教学中也要注意，哲学的意义要有，却不能太深，也不能只是浮于表面，要注重教学中的“度”。比如有关质变和量变的哲理，孩子们太小了，肯定无法准确地理解，但是他们可以根据自己的已有生活经验有所感知，所以一定要讲出累积变化的这个过程，但是不能过于生硬深刻，可以通过一个生动有趣的“秃头理论”让孩子们感悟到。

（三）有生活气

哲学教育一定要“落地”。人们常说一门学科抽象性越强，那么它的应用就会越广，影响也越深远。哲学在所有学科中，可谓是最为抽象的学科，所以哲

学是最好"落地"却也是最难"落地"的学科。哲学可以从自然中来，哲学可以从社会中来，哲学可以从人生中来，每个学科、每个行业、每件事情都能找到哲学的影子，但是要让例子能够独特，能够发人深省，很不容易。为了能让哲学教育落地，教师必须主动积累更多的知识与经验，涉猎更广泛的学科，这样才能有更多的素材可以提供给孩子们，让孩子们从鸟兽虫鱼、大事小事、人生经历、社会活动、自然规律中发现万事万物的本质，感受哲学的本真。

（四）有实践性

儿童哲学的学习，要能在生活中践行，能让孩子们据此制定清晰可行的目标，能给孩子们指引行动的方法，学以致用。例如《笃行之》课堂的最后，孩子们积极地制定本学期的学习目标，决心笃行以致远，脚踏实地地践行所学，达到自己制定的目标。这就是儿童哲学可以给予孩子们的精神动力。我们的哲学启蒙课程通过把孩子们自己总结的经验规律落实到实践中，让理论联系实际，让他们感悟生活，爱上生活，更好生活。

（五）尊重多样

开放的学科，需要开放的课堂；开放的课堂，尊重开放的思维；开放的思维，培养开放的孩童；开放的孩童，才能创造开放的未来。如同一千个读者心中有一千个哈姆雷特，由于哲学解读的多维性，对于同一个哲学故事，一千个人心中会有一千种不同的见解。那么在课堂上，多样回答的存在就是必然的。只要孩子们言之有理，就是最棒的回应，教师也应该更尊重孩子们回答的多样性。

附录（儿童哲学启蒙课例）

"和合之美"

——君子和而不同，小人同而不和

教学内容：君子和而不同，小人同而不和。——《论语·子路》

教学目标：

1. 理解"君子和而不同，小人同而不和"的涵义。

2. 学生对身边有关"和而不同"事例的认识和思考，用辩证的思维看待问题。

重难点：学生在人际交往中懂得尊重不同并能与人和谐相处，进而理解事物的多样性面貌、万物并存共处的道理。

教学过程：

导课

欣赏编钟与乐队的演奏

师：同学们，让我们一起来欣赏编钟的演奏，听一听，这件来自“孔子时代的乐器”会发出怎样的声响？听完后，还要说一说除了编钟，你还认识其中哪些乐器？（播放视频）

生：略。

师：在刚刚演奏的乐器中，同学们说到了有编钟、手风琴、琵琶、竹笛、长号、小提琴等（出示乐器图片），同学们有没有发现——这其中既有中国民族乐器，也有西洋管弦乐器；既有近代乐器，更有像编钟一样在2000多年前就已绽放光芒的古老乐器——它们的声音交织在一起，穿越时空，悦耳动听。

不同的音色，却能奏出和谐的交响。我们可以叫它——

（板书：“和而不同”）

“和而不同”最早出现在孔子的《论语》里。我们可以怎样理解它呢？——就像天上的星星每一颗都不同，但是它们却一起照亮了夜空；还比如人的手指，长短不一、粗细不同，但它们却彼此相连、成了能够帮助我们做更多、更精细事情的一双手。

接下来，也请同学们从身边的建筑、美术、服饰、饮食等方面也来谈一谈对“和而不同”的理解。我们分成“和美组”“和睦组”和“和谐组”分组进行讨论，由组长做总结汇报。

生分组讨论（填写学习单，组长做展示与汇报；共分三个组，板书用思维导图的方式贴标签）。

师：说到过年，我们也来看看我国南方和北方过年习俗的那些事。

新授内容

1. 南北年俗——团圆和睦

师：有请第一组的同学们。

学生1：“二十三糖瓜粘，二十四写福字，二十五扫尘土，二十六炖年肉，二十七宰公鸡，二十八把面发，二十九蒸馒头，三十晚上熬一宿。”

学生2：春节期间，星湖小记者走访了南北不同的两个家庭，为你窥探春节年俗的——

合："和而不同"。

（1）都有团年饭

学生1：左图是重庆照母山周俊杰小朋友家的汤圆。

学生2：右图是东北李相宇家自制的手工大蒸饺。

合：都有团年饭。

（2）都为"年"而忙

学生1：北方的小年从腊月二十三开始。

学生2：我们南方的小年是从腊月二十四开始。

合：都为"年"而忙。

（3）都吃年夜饭

学生1：南方的腊肉。

学生2：北方的鱼。

合：腊肉和鱼，分别是南北方年夜饭餐桌上必不可少的美食。

（4）都有传统节目

学生1：南方——逛花街。

学生2：北方——逛庙会。

合：年俗虽有异，祝愿却相同。（谢谢大家）

（板书：团圆和睦）

师：谢谢同学们，这是一幅其乐融融的景象，让老师也感受到了万家团聚、年味浓浓的温暖。我给第一组的年俗介绍贴上"团圆和睦"的标签。

2. 福建土楼——和合而居

师：说完了年俗，接下来我们要去建筑里寻找关于"和而不同"的奥秘。先来欣赏电影《大鱼海棠》的片段，同时注意思考：电影中，你看到的是一座怎样形状的房子？房子又蕴含了什么样的涵义？

（视频播放）

生答：圆形。

师：是的，影片中的这些圆形房子叫作土楼，位于福建省境内。土楼高大，通常有三到四层，高度可达十二三米。高高的窗户，厚实的墙基，再加上封闭的大门，犹如一座堡垒。

来看一看它们现实中的照片。(播放 PPT)

师：这些土楼的建造者为什么要建造这些土楼呢？

生讨论（和你的小伙伴讨论讨论）。

师：原来，这些土楼是西晋末年，迁徙至此的客家人建造的，同一个祖先的子孙们住在同一幢土楼里。因外有倭寇入侵、野兽出没，内有战乱、盗匪四起，所以闽南人选择了这种既有利于家族团聚，又能防御战争的建筑方式。

师：那这座土楼跟“和而不同”又有怎样的联系呢？先想一想土楼里的“不同”表现在哪儿？

生：“不同”是指不同的家庭在同一幢土楼里生活——他们的生活习惯不同，作息时间可能也不太一样，做的三餐也有差异，家庭成员的构成也有差别；而土楼里的“和”呢，是指和睦而居、齐心抵御外敌的那份团结。

师：说得很好，土楼里蕴藏着“和而不同”的涵义。我们可以叫做——风雨同舟，和合而居。

(板书“和合而居”)

同学们，还有哪些建筑跟土楼一样也蕴藏着“和而不同”的哲理？(北京四合院)

生答。

师：圆形本身就蕴含了一定的哲学道理，不仅是建筑，还有吃饭的圆桌，弹奏的古琴的面板，都跟“圆”和“和”有联系。如果把大家刚刚说到的这些“不同”比喻为一颗颗珍珠的话，那么“和”——就是串起这些“珍珠”的丝线。

子曰：“君子和而不同，小人同而不和”，那么，在现实中，君子是怎样的人？我们又应该怎样与人相处呢？——请看视频，说一说谁是君子，谁是小人。(播放视频)

君子是指品德高尚的人，看待问题有自己的见解，不苟且认同、人云亦云。君子更不分男女老幼，有高尚品德的人都可以叫作君子。小人就不同了，小人只顾自己的利益，别人即使是对的也会加以反驳。小到个人、大到国家也是同样的道理。

最近，咱们国家和美国在打贸易战，结合你对君子的理解，说一说你是怎么看待美国的做法的。

3. 放眼世界——和谐交融

师："君子和而不同，小人同而不和"，让我们再把目光看向世界。(切换PPT)

师：阳光有七种颜色，世界也是多彩的。世界上有200多个国家和地区、2500多个民族和宗教。如果我们只有一种生活方式、一种语言，同学们，你们觉得那样的世界精彩吗?

生答。

师：我们的祖先，在很早以前就向着世界出发了！——大约2100年前，西汉的张骞出使西域；约1400年前，唐朝的玄奘大师西行取经；约600年前，明朝郑和七下西洋——我们的祖先，书写了无数与世界互联互通的传奇。(播放PPT)

师：同学们，你们还知道哪些我们与其他国家沟通交流、共同发展的事例?

生：习爷爷提出了"一带一路"的倡议等。

师：回答得太好了。"一带一路"是拓展文明交流的大道通途。我们和其他文明交流互鉴、取长补短、美美与共。

(板书："和谐融合")

师：同学们，南北年俗让我们感受到了祖国南北"团圆和睦"的气氛；福建土楼的样貌让我们理解了和衷共济、"和合而居"；这里，中国与世界文明的交流，我们可以用放眼世界、"和谐交融"来概括。

拓展小结

师：当编钟与乐队合奏的乐曲再次响起的时候，耳边又传来东方"以和为贵"的思想，我们叫它——"和合之声"。(播放视频)

师：这些民族乐器，不仅见证了祖国日新月异的变化，也拉近了中国与世界的距离。正所谓"五色交辉、相得益彰，八音合奏、终和且平。"(出示PPT)

最后，让我们一起用最美的声音念出来——天人和美、身心和乐、家和则兴、国和则强。(出示PPT)

师："君子和而不同，小人同而不和"——和合之道，让我们能够走向世界，能够有文化自信，更能讲好中国的故事。

今天的分享就到此结束，同学们，再见。

参考文献

［1］马克思恩格斯全集，第1卷［M］．北京：人民出版社，1956.

［2］马克思恩格斯选集，第1－4卷［M］．北京：人民出版社，2012.

［3］邓小平文选，第2卷［M］．北京：人民出版社，1994.

［4］习近平．决胜全面建成小康社会 夺取新时代中国特色社会主义伟大胜利——在中国共产党第十九次全国代表大会上的报告［M］．北京：人民出版社，2017.

［5］习近平．习近平谈治国理政［M］．北京：外文出版社，2014.

［6］习近平．深化群众性精神文明创建活动 着力培养担当民族复兴大任的时代新人［N］．人民日报，2019－09－06（01）．

［7］习近平．用新时代中国特色社会主义思想铸魂育人 贯彻党的教育方针落实立德树人根本任务［N］．人民日报，2019－03－19（01）．

［8］习近平．坚持中国特色社会主义教育发展道路 培养德智体美劳全面发展的社会主义建设者和接班人［N］．人民日报，2018－09－11（01）．

［9］习近平．在全国宣传思想工作会议上强调 举旗帜聚民心育新人兴文化展形象 更好完成新形势下宣传思想工作使命任务［N］．人民日报，2018－08－23（01）．

［10］习近平．在纪念马克思诞辰200周年大会上的讲话［N］．人民日报，2018－05－04（02）．

［11］习近平．在全国高校思想政治工作会议上的讲话［N］．光明日报，2016－12－09（01）．

［12］习近平．在庆祝中国共产党成立95周年大会上的讲话［N］．人民日报，2016－07－02（02）．

［13］十八大以来重要文献选编（中）［M］．北京：中央文献出版社2016.

［14］党的十九大报告辅导读本［M］．北京：人民出版社，2017.

［15］中共中央宣传部．习近平总书记系列重要讲话读本［M］．北京：学习出版社，2014.

［16］冯刚，王树荫．思想政治教育研究热点年度发布［M］．北京：团结出版社，2018.

［17］《思想政治教育原理》编写组．思想政治教育原理［M］．北京：高等教育出版社，2018.

［18］李德顺．价值论：一种主体性的研究［M］．北京：中国人民大学出版社，2013.

［19］潘玉腾．推进社会主义核心价值体系大众化研究［M］．北京：社会科学文献出版社，2012.

［20］杨晓慧．当代大学生成长规律研究［M］．北京：人民出版社，2010.

［21］夏志芳．地域文化·课程开发［M］．合肥：安徽教育出版社，2008.

［22］石中英．知识转型与教育改革［M］．北京：教育科学出版社，2001.

［23］于显洋．组织社会学［M］．北京：中国人民大学出版社，2001.

［24］张焕庭．西方资产阶级教育论著选［M］．上海：上海教育出版社，2001.

［25］埃米尔·涂尔干．社会分工论［M］．北京：生活·读书·新知三联书店，2000.

［26］戴维·珀金斯．为未知而教，为未来而学［M］．杭州：浙江人民出版社，2015.

［27］冯刚．新时代文化育人的理论考察［J］．学校党建与思想教育，2019（03）．

［28］冯刚．提升新时代青年问题认识水平 增强辅导员解决问题工作能力［J］．学校党建与思想教育，2019（03）．

［29］冯刚．思想政治教育工作质量评价的时代特征［J］．思想教育研究，2018（05）．

［30］冯刚，严帅．改革开放40年高校思想政治教育管理的发展历程

[J]. 北京师范大学学报, 2018 (01).

[31] 檀传宝. 劳动教育的概念理解——如何认识劳动教育概念的基本内涵与基本特征 [J]. 中国教育学刊, 2019 (02).

[32] 代玉启. 思想政治理论课教师与辅导员协同育人探究——基于"思想道德修养与法律基础"课程的思考 [J]. 思想理论教育导刊, 2018 (09).

[33] 金生鈜. 学校教育生活之于儿童的意义 [J]. 教育研究, 2018 (06).

[34] 秦苗苗, 曲建武. 改革开放以来高校师德建设发展研究发展述评 [J]. 思想教育研究, 2018 (05).

[35] 赵荣辉. 论劳动教育的实践取向 [J]. 教育学报, 2017 (01).

[36] 杨建义. 以红色文化涵育社会主义核心价值观的中国特质 [J]. 思想教育研究, 2016 (08).

[37] 李德顺. 价值观教育的哲学理路 [J]. 中国德育, 2015 (09)

[38] 张煜. 论师德师风在高校思想政治理论课中的重要性 [J]. 学校党建与思想教育, 2014 (15).

[39] 兰久富. 倡导社会主义核心价值观的理论前提 [J]. 哲学研究, 2014 (08).

[40] 赵锋. 关于高校辅导员队伍职业化问题的思考 [J]. 思想教育研究, 2014 (06).

[41] 高峰. 论社会秩序的功能 [J]. 理论探讨, 2013 (02).

[42] 王志华, 苗洪霞. 论高校辅导员专业道德涵养 [J]. 国家教育行政学院学报, 2012 (04).

[43] 史慧明. 高校辅导员职业伦理的几个基本问题 [J]. 思想理论教育, 2012 (10).

[44] 甘泉, 骆郁廷. 社会动员的本质探析 [J]. 学术探索, 2011 (12).

[45] 李应建. 辅导员伦理精神培养初探 [J]. 学校党建与思想教育, 2010 (20).

[46] 中共中央国务院印发 新时代公民道德建设实施纲要 [N]. 人民日报, 2019-10-28 (1).

[47] 韩庆祥. 习近平新时代中国特色社会主义思想的理论精髓 [N]. 光明日报, 2018-05-25 (01).

后　记

党和国家高度重视公民道德建设，作出了一系列重要论述、重大部署，推动思想道德建设取得显著成效。2019 年，中共中央、国务院印发了《新时代公民道德建设实施纲要》，成为新的历史条件下培育公民良好思想品德和高尚人格素养、建设社会主义精神文明、推动中国特色社会主义事业不断进步的重要遵循。学校作为育人重地，更应认真领会其精神、贯彻其要求，自觉承担起“立德树人”的根本任务；大、中、小各级学校必须树立新理念、构筑新格局、开创新局面，提升育人育德水平，培养勇担民族复兴大任的时代新人。基于此，笔者依托中国教育发展战略学会思想道德建设专委会的力量对新时代大中小学思想道德建设的若干重要问题进行了深入探索，形成了一系列研究成果。

本书由北京师范大学思想政治工作研究院院长冯刚教授负责全书策划和框架设计。全书具体分工如下：绪论（冯刚、徐文倩）、第一章（邓卓明、陈波）、第二章（张书明、石瑞宝）、第三章（白永生）、第四章（桂富强、刘晓玲）、第五章（赵君、马秀明）、第六章（匡促联、李明）、第七章（李洪波、李宏刚）、第八章（孙雷）、第九章（唐华山、全伟）、第十章（谭秀森、高洁、曲乐、化磊、胡彤）、第十一章（王帅）、第十二章（朱小芳）、第十三章（欧健、付新民、曾志新、殷振洋）、第十四章（杨浪浪、陈燕、刘欣）、第十五章（张先彬，谈小莎）。冯刚、孙雷、王帅、唐华山、刘晓玲等负责统稿工作。张欣、梁超锋、史宏月、姜玉源、朱宏强、张芳、王莹、徐文倩等协助完成有关组织工作和文献资料选编。

本书涵盖了学理研究、案例分析、经验总结和实际应用等领域，力图在理论与实践相结合的基础上为新时期学校思想道德建设的有效开展提供指导与帮助。本书的出版得到华东师范大学国家教育宏观政策研究院项目的支持，也是该院2019年交委托研究课题“高校思政课堂教学综合改革实践研究”（项目编号21901003）研究成果。本书也是中国教育战略发展学会思想道德建设专业委员会发布课题的年度研究成果汇编，有的成果已部分在期刊公开发表，特此说明。本书出版得到沈阳市哲学社会科学专项课题大学文化与城市文化品位关系研究（18WT001）项目的支持，中国书籍出版社对本书出版给予积极努力和认真编辑，在此一并表示谢意！由于时间有限、涉及面广，不足与局限之处在所难免，敬请各位专家、读者批评指正。

编者

2020年4月